大学英语教学与评价研究

王暖 于晓 著

九州出版社
JIUZHOUPRESS

图书在版编目（CIP）数据

大学英语教学与评价研究／王暖, 于晓著．－－北 京：
九州出版社，2023.12
ISBN 978-7-5225-2448-1

Ⅰ．①大… Ⅱ．①王…②于… Ⅲ．①英语－教学研
究－高等学校 Ⅳ．①H319.3

中国国家版本馆CIP 数据核字（2023）第 207273号

大学英语教学与评价研究

作　　者	王　暖　于　晓　著
责任编辑	刘　嘉
出版发行	九州出版社
地　　址	北京市西城区阜外大街甲 35 号（100037）
发行电话	（010）68992190/3/5/6
网　　址	www.jiuzhoupress.com
印　　刷	唐山才智印刷有限公司
开　　本	787 毫米×1092 毫米　16 开
印　　张	13
字　　数	260 千字
版　　次	2024 年 1 月第 1 版
印　　次	2024 年 1 月第 1 次印刷
书　　号	ISBN 978-7-5225-2448-1
定　　价	68.00元

前　言

在经济与文化全球化的背景下，语言全球化的现象确实越来越显著。英语作为一种全球通用的交际工具，对于大学教育和职业发展变得愈发重要。对于大学英语教师来说，确实需要不断更新教学模式和内容设计，以提高课堂实际教学成效。总之，大学英语教师在全球化的语言背景下，需要灵活适应变化，不断改进教学方法和内容，以提高教学质量，帮助学生更好地应对全球化的语言需求。

大学英语作为高等教育中的关键课程，的确对学生的英语学习能力和综合素质的提高具有至关重要的作用。传统的教学方法在某些情况下可能会显得过时，需要不断创新和适应当前时代的需求。当前，创新的大学英语教学方法和模式可以更好地满足学生的需求，提高他们的英语学习效果，并更好地适应当今社会的发展和需求。这需要教师不断学习和尝试新的教学策略，以确保他们的教育方法与时俱进。

本书首先对大学英语教学的理论基础，大学英语教学的构成因素以及大学英语教学开展的原则做了简要介绍；其次阐述了大学英语的教学模式，其中包括生态化教学模式，支架式教学模式，翻转课堂教学模式以及多维互动教学模式。然后对大学英语线上线下教学、互联网＋与大学英语教学、大学英语教学组织和实施进行了深入的研究，最后从多维度阐述了大学英语教学评价的理论与方法，充分反映了21世纪我国在大学英语教学与评价研究方面的前沿问题，力求让读者充分认识大学英语教学与评价研究的重要性和必要性。本书兼具理论与实际应用价值，可供高校英语教学相关工作者参考和借鉴。

为了提升本书的学术性与严谨性，在写作过程中，作者参阅了大量的文献资料，引用了诸多专家学者的研究成果，因篇幅有限，不能一一列举，在此一并表示最诚挚的感谢。由于时间仓促，加之作者水平有限，在写作过程中难免出现不足的地方，希望各位读者不吝赐教，提出宝贵的意见，以便作者在今后的学习中加以改进。

目 录

第一章 大学英语教学概述

第一节 大学英语教学的理论基础

语言学理论和心理学理论为大学英语教学提供了理论基础，帮助教师更好地理解学生的学习需求和过程，并制定更有效的教学策略。这些理论不仅有助于提高英语教学的质量，还有助于适应不断变化的教育需求和社会需求。因此，大学英语教师应该不断更新他们的教学方法，以更好地满足学生的需求。

一、语言学理论

（一）语言功能理论

韩礼德（M. A. K. Halliday）是英国功能语言学派的重要代表之一，他的语言功能理论对现代语言学产生了深远的影响。他强调语言不仅仅是一种沟通工具，还反映了社会和文化的需求[①]。韩礼德是英国功能语言学派的重要代表之一，他的语言功能理论对现代语言学产生了深远的影响。他强调语言不仅仅是一种沟通工具，还反映了社会和文化的需求。

1. 微观功能

韩礼德将儿童语言学习过程中的功能划分为七种微观功能，这些功能包括个人功能、控制功能、想象功能、启发功能、工具功能、相互关系功能和信息功能。这些功能反映了儿童在语言发展早期如何使用语言来满足不同的需求和目的。

2. 宏观功能

宏观功能是从微观功能中演变而来的，它更加复杂、抽象，包括实用功能和理性功能。实用功能将语言视为实现目标和控制他人行为的工具，而理性功能将语言视为学习和认知的工具。宏观功能代表了儿童从早期语言阶段向成人语言发展的过渡。

3. 纯理功能

纯理功能包括人际功能、篇章功能和概念功能。这些功能反映了语言在社会交往、

---

① 龚彦知，何周春．语言学理论流派及其对英语语法教学产生的影响［J］．成都航空职业技术学院学报，2023，39（02）：13—16.

文本构建和思维表达方面的作用。韩礼德认为，几乎每个句子都同时具有这三种功能，它们在语言使用中相互交织。

韩礼德的语言功能理论对语言教育产生了深远的影响，尤其是在交际法和功能语言教学方面。这个理论强调了语言的实际应用和社会文化背景的重要性，因此在语言教育中强调了实际交际能力的培养。

总的来说，韩礼德的语言功能理论为语言学研究和语言教育提供了有力的理论框架，帮助我们更深入地理解语言的多层次功能和语言学习的过程。这个理论也为语言教育提供了新的教学方法和策略，以更好地满足学生的语言需求。

（二）克拉申的二语习得理论

克拉申（Stephen Krashen）是著名的语言学家，他在 20 世纪 80 年代提出了二语习得理论，该理论在二语习得领域引起了广泛的关注和争议。这个理论主要包括以下五个部分[①]。

1. 习得—学习假设

克拉申的"习得—学习假说"强调了学习第二语言的两种不同途径：

（1）学习（Learning）：学习是一种有意识的过程，通过课堂学习、语法书籍、教师的指导等方式，学习者有意识地掌握语言的语法规则和结构。这是一种外部导向的学习方式，学习者通常会思考、分析语言规则，并试图将它们应用到语言中。然而，克拉申认为学习并不是习得语言的主要途径，因为它通常无法带来真正的语言流利度。

（2）习得（Acquisition）：习得是一种无意识的过程，类似于儿童学习母语的方式。通过沉浸在语言环境中，听、说、阅读和写作，学习者逐渐习得了语言的能力，而不需要意识到语法规则。这是一种内在化的过程，通过语言的实际使用来建立语言能力，它更加自然和流畅。

克拉申强调了"习得"作为获取真正语言流利度的主要途径，而"学习"通常只能提供语言知识的框架，但不足以使学习者具备流利的口语和交际能力。这个理论对语言教育产生了深远的影响，鼓励教育者提供更多的语言输入和实际语言使用机会，以促进学生的语言习得过程。习得与学习的区别具体如表 1-1 所示。

表 1-1　习得与学习的区别

习得	学习
不知不觉的过程	意识到的过程
内化隐含的语言规则	获得明示的语言知识
正式学习无助于习得	正式学习有助于语言知识获得

---

① 张天爱. 关于克拉申二语习得理论对大学英语教学的启示［J］. 英语广场，2022（03）：77-79.

2. 自然顺序假设

克拉申的自然顺序假设是他二语习得理论的重要组成部分之一，强调了语言习得的自然、内在性质。这个自然顺序假设强调了语言习得的自然性和内在性，反对了过于强调教学中机械的语法教学。它为语言教育提供了一个更灵活、更适应学习者个体差异的方法，强调了实际语言使用和交流的重要性。然而，这个观点也引发了争议，因为有些教育者认为语法教学仍然有其价值，尤其在特定情境下。因此，自然顺序假设仍然是二语习得领域的一个有争议的话题。

3. 输入假设

克拉申的输入假设是他二语习得理论的核心概念之一，强调了在语言学习中提供适当的输入的重要性。这个假设包括以下四个关键特点：

（1）足够的输入（$i+1$）：克拉申提出了著名的"$i+1$"公式，其中"i"代表学习者当前的语言水平，而"$i+1$"表示稍微超过学习者当前水平的语言输入。这意味着输入应该对学习者来说具有一定的挑战性，但仍然是可理解的。通过提供适当难度的输入，学习者能够逐渐扩展他们的语言能力，实现自动化的语言习得。

（2）可理解性：输入必须是可理解的。如果学习者无法理解输入，那么这种输入对于他们的语言习得是无益的。可理解性是语言习得的基本前提，因为学习者需要理解语言才能开始使用它。

（3）趣味性和关联性：克拉申强调输入应该具有趣味性和关联性。有趣的输入可以激发学习者的兴趣，使他们更积极地参与学习。与学习者的兴趣和现实生活经验相关的输入更容易被学习者接受和记忆。

（4）非语法程序：克拉申提出，在语言习得的过程中，不必强调严格的语法教学。相反，教学应该注重提供可理解的输入，而不是强调语法规则的教导。学习者可以通过接触和理解语言的自然用法来逐渐习得语法规则，而无需过多关注规则本身。

总之，输入假设强调了提供适当难度、可理解、有趣且与学习者相关的语言输入的重要性。这个概念对于语言教育产生了深远的影响，鼓励教师创造富有趣味性和相关性的语言环境，以促进学生的语言习得过程。这也强调了语言教育应该注重实际语言使用和交流，而不仅仅是机械的语法教学。

4. 监察假设

克拉申的监察假设强调了有意识学习的有限作用，特别是在语言使用中。以下是该假设的关键概念：

（1）监察作用：监察作用指的是有意识学习（知识或规则）在语言使用中的监视或审核作用。这意味着学习者可以在语言输出之前或之后对语言形式进行监视和检查。监察作用的目的是确保语言使用符合语法规则和规范。

（2）条件：克拉申指出，监察作用只在满足特定条件时发挥作用。这些条件包括有足够的时间，学习者知道相关语法规则，以及学习者关注语言的形式。如果这些条件不被满足，监察作用可能会受到限制或失效。

（3）不同的交际效果：克拉申认为，监察作用在不同的语言交际活动中会导致不同的效果。例如，在口头表达中，由于时间有限，学习者更难有足够的时间来进行监察。因此，口头表达可能更依赖于习得而非学习。相比之下，在书面表达中，学习者有更多的时间来进行监察，因此学习的知识和规则可能更多地参与到书面语言的生成中。

总的来说，监察假设强调了在语言使用中有意识学习的有限性，尤其是在实际口头交际中。它认为语言习得（通过自然的语言输入和使用）在口头交际中更为重要，而有意识学习主要在书面表达和某些特定情境下才发挥重要作用。这个假设有助于理解语言习得与学习之间的关系，以及在不同语言交际活动中的角色差异。

5. 情感过滤假设

情感过滤假设是克拉申二语习得理论的一个重要组成部分，强调了情感对语言学习的影响。以下是关于这个假设的详细说明：

（1）情感的作用：情感包括学习者的动机、需求、信心、忧虑和情感状态。根据情感过滤假设，这些情感因素会充当一种过滤器，影响着学习者对语言输入的接受和处理。积极的情感态度可以促进对目标语言的接受，而消极的情感态度可能会过滤掉或阻碍语言输入的吸收。

（2）积极情感的影响：当学习者拥有积极的情感态度时，他们更有可能愿意接受新的语言输入。积极情感可以包括对学习目标的兴趣和热情，以及对自己语言学习能力的信心。这些积极的情感有助于学习者更自觉地暴露于目标语言环境中，从而促进语言习得。

（3）消极情感的影响：相反，消极的情感态度，如焦虑、沮丧或对学习任务的不信任，可能会成为语言输入的过滤器。这些消极情感可以导致学习者对语言输入产生抵触情感，甚至在学习中感到挫折。这可能会限制语言习得的进程。

（4）教学策略：基于情感过滤假设，教师可以采取一些策略来创造积极的学习环境。这包括鼓励学习者参与有趣和有意义的学习活动，提高他们的自信心，减轻焦虑，并避免给学生过大的学习压力。创造一个轻松、积极的学习氛围有助于学习者更积极地接受和处理语言输入。

总之，情感过滤假设强调了情感因素在语言学习中的重要性。学习者的情感态度可以影响他们对语言输入的反应，因此教育者应努力创造支持积极情感态度的学习环境，以促进语言习得的成功。这个理论也提醒教育者在教学中关注学生的情感需求，并采取适当的教育策略来应对不同的情感挑战。

（三）斯温的输出假设

斯温的输出假设强调了语言学习中语言输出的重要性，这对于教育者和教师在英语教学中提供更全面的语言学习经验非常重要[①]。以下是一些与输出假设相关的关键观点：

1. 检验假设

语言输出可以帮助学习者检验他们的语言假设和理解是否准确。通过实际使用语言，学习者可以发现他们是否能够正确应用语法规则和词汇，以及他们是否能够有效地传达他们的意思。这种反馈有助于学习者不断改进他们的语言技能。

2. 强化语言形式

语言输出有助于学习者侧重把握语言形式。通过实际使用语言进行口头或书面表达，学习者更容易注意到语法、拼写、词汇和发音等语言形式的细节。这有助于他们更准确地使用语言。

3. 自我反思

语言输出也使学习者能够有意识地进行自我反思。当他们发现自己在语言表达中犯了错误或遇到了困难时，他们可以思考问题所在并尝试改进。这种自我反思有助于学习者更深入地理解语言，提高语言水平。

4. 教学应用

对于英语教师来说，斯温的输出假设提醒他们在教学中提供丰富的语言输出机会。这可以包括口语活动，如小组讨论和角色扮演，以及书面表达任务，如写作和辩论。教师可以通过鼓励学生参与实际的语言交流活动，帮助他们提高语言技能。

总之，斯温的输出假设强调了语言学习的全面性，不仅需要注重语言输入，还需要给予学习者机会进行语言输出。通过实际运用语言，学习者可以更好地理解、掌握和改进他们的语言技能。因此，在英语教学中，教育者和教师应考虑如何设计和引导学生参与有益的语言输出活动，以促进他们的语言学习过程。

（四）言语行为理论

1. 奥斯汀言语行为理论

奥斯汀的言语行为理论对语言学和语用学领域产生了深远的影响[②]。这一理论强调了言语的不同层次和言语行为的复杂性，下面是一些与奥斯汀言语行为理论相关的关键观点：

（1）表述句与施为句。奥斯汀将言语分为两大类别，即表述句和施为句。表述句用于陈述客观事实，可以验证真假。而施为句则用于执行某种行为，不能验证，也没有真假之分。这个区分对于理解言语的目的和效果非常重要。

例如：Jim is lying in bed.

---

① 王烈琴，李建魁. 克拉申的输入假设与斯温纳的输出假设的比较研究［J］. 宝鸡文理学院学报（社会科学版），2009，29（02）：87—91

② 姚紫烨. 奥斯汀言语行为理论研究［J］. 今古文创，2023（22）：62—64.

如果 Jim 确实在床上躺着，这句话就为真；反之则为假。

（2）言语行为三分说。奥斯汀在原有的表述句与施为句分类基础上，进一步提出了言语行为三分说，将言语行为分为以言指事、以言行事、以言成事三个层次。这个分类更加细化了不同类型的言语行为，并有助于更深入地分析语言使用。

（3）以言行事行为。奥斯汀强调了以言行事行为，即通过言语实施行为。这一层次的言语行为表明说话人的意图和目的，可以进一步细分为不同的类别，如评价、施权、承诺、论理和表态行为。这有助于理解言语如何影响社会互动和行为。

（4）以言成事行为。奥斯汀的理论中，以言成事行为指的是通过言语导致的后果。这一层次的言语行为与说话人的意图无关，而是强调了言语在社会交往中的实际影响。这个概念提醒我们言语的重要性，因为它可以改变或塑造现实世界。

奥斯汀的言语行为理论为语用学的发展提供了重要的框架，帮助我们更深入地理解言语的功能和影响。这个理论的核心思想已经成为语言学习和交际领域的基石，对研究语言使用和教育语言学习都具有重要价值。

2. 塞尔的言语行为理论

塞尔对奥斯汀的言语行为理论进行了进一步的深化和分类，特别是他的间接言语行为理论为语用学领域增添了更多的维度和理论工具[①]。以下是一些关于塞尔的主要贡献的关键观点：

（1）重新分类以言行事行为。塞尔重新对以言行事行为进行分类，将其分为承诺、表达、断言、宣告和指令等五个类别。这个分类更具细化和实用性，使我们更好地理解了不同类型的以言行事行为以及它们的语用特征。

（2）间接言语行为理论：塞尔引入了间接言语行为的概念，强调了言语行为不仅可以直接表达意图，还可以通过实施其他行为来间接实现。这一理论考虑了社交因素和语境对言语行为的影响，对于解释为什么人们有时会用间接方式表达意图具有重要价值。

（3）规约性间接言语行为和非规约性间接言语行为：塞尔进一步细分了间接言语行为，将其分为规约性和非规约性两类。规约性间接言语行为通常更容易理解，因为其语用意图可以从语法结构中立即推断出来。而非规约性间接言语行为可能更复杂，需要依赖更多的语境信息和共知信息来进行解释。

（4）对礼貌和语用策略的关注：通过引入规约性间接言语行为的概念，塞尔强调了礼貌和语用策略在语言交际中的重要性。这对于理解不同文化背景下的交际方式和社交规范具有重要意义。

总之，塞尔的贡献丰富了言语行为理论，特别是他的间接言语行为理论为研究者提供了更多的工具来分析和解释语言使用中的复杂性和多样性。这些理论观点不仅对语言学研究有影响，还对实际的语用分析和交际研究有着实际应用的价值。

---

① 李刚. 约翰·塞尔的言语行为理论及意向性问题探析［J］. 理论界，2023（07）：49—56.

二、心理学理论

(一) 行为主义心理学

华生和斯金纳是行为主义学习理论的重要代表人物，他们的观点对于心理学和教育领域产生了深远的影响。总的来说，华生和斯金纳的行为主义理论强调了环境对于个体行为的塑造和控制，他们的研究对于心理学、教育学和行为管理产生了深远的影响。他们的观点帮助我们理解了学习和行为控制的基本原理，同时也引发了关于自由意志和环境影响之间关系的许多哲学和伦理讨论。

1. 华生经典行为主义理论

约翰·B·华生的行为主义观点强调了对可观察行为的科学研究，强调了环境对行为的塑造和控制。他的观点可以总结如下：

(1) 行为的基本成分：华生将所有有机体应对环境的活动称为行为。行为的基本成分是反应，分为习得的反应和非习得的反应[①]。习得的反应包括复杂的习惯和条件反射，而非习得的反应是指在条件反射和习惯形成之前的婴儿期的反应。

(2) 刺激－反应（S－R）理论：华生的 S－R 理论认为，任何复杂的环境变化最终都可以通过物理或化学变化转化为刺激，而刺激必然引发某种反应。这一理论建立了刺激和反应之间的关系，通过刺激可以预测反应，通过反应可以推测刺激。

(3) 学习过程：华生认为，学习是一种以一种刺激替代另一种刺激建立条件反射的过程。他强调了学习的重要性，认为人类大部分行为都是通过条件反射建立新的刺激－反应连接而形成的。

(4) 环境决定论：华生主张心理学应该关注可观察的刺激和反应，而不需要涉及主观的意识和意象。他认为环境决定了一个人的行为模式，无论是正常的行为还是病态的行为，都可以通过学习来改变。

(5) "黑箱作业"：华生提出了"黑箱作业"的概念，意味着心理学研究应该关注刺激和反应之间的关系，而不需要深入研究中间的心理过程。他认为，通过了解刺激和反应之间的关系，可以预测和控制个体的行为。

总的来说，约翰·B·华生的行为主义观点强调了环境对于行为的塑造和控制，他的研究对于后来的行为主义心理学和教育心理学产生了深远的影响。他的观点也引发了关于主观意识和可观察行为之间关系的哲学和心理学争议。

2. 斯金纳新行为主义理论

斯金纳的《言语行为》（Verbal Behavior）[②] 一书中强调了斯金纳的操作制约理论

---

① 郑佳瑶. 对华生行为主义理论的认识——关于音乐学习的思考 [J]. 大众文艺，2021 (10)：93－94.

② 陈大柔. 斯金纳操作行为理论若干问题的剖析 [J]. 心理学报，1982 (02)：157－164.

以及正向强化的概念。这些理论观点确实对我们理解语言习得和言语行为产生了深远影响，并在教育和心理学领域产生了广泛的应用。

斯金纳的操作制约理论强调了学习过程是通过操作、强化和反馈来塑造和加强行为的。在语言习得方面，这一理论指出，语言行为也可以通过重复的操作和正向强化来形成和巩固。这对于教育者和教育实践具有重要意义，因为它强调了在教学中提供正向强化和反馈的重要性，以促进学生的语言习得。同时，斯金纳还指出了环境中的各种因素，包括其他人的声音、手势和表情等，可以作为强化的手段，这使得教育者可以更好地设计教学策略，以帮助学生建立适应性的语言行为。然而，行为主义学习理论也有其局限性，它倾向于忽视了内在的认知和情感因素，这些因素在语言习得和使用中也扮演着重要的角色。因此，在现代教育和心理学中，通常采用综合性的方法，将行为主义观点与认知心理学、社会文化理论等其他理论结合起来，以更全面地理解和解释语言习得和言语行为。

行为主义学习理论强调了外部刺激在塑造和习得行为方面的关键作用，特别是在初级阶段的语言学习中。这些原则在教育和教学实践中仍然具有一定的重要性，尤其是在教授基本技能和习得基本知识方面。同时，行为主义学习理论也存在一些不足之处，如忽视了内在心理机制和主观能动性。这些是对该理论的合理批评，因为学习过程往往涉及更复杂的认知和情感因素，而不仅仅是外部刺激和反应。因此，现代教育理论和实践更多地考虑了学习者的多样性和复杂性，综合不同学派的观点，以更好地理解和支持学生的学习和发展。

总的来说，行为主义学习理论为教育领域提供了重要的思考框架，但现代教育方法更倾向于综合不同的理论，以更好地适应多样化的学习需求和环境。这种综合方法有助于更全面地理解和促进学生的学习和发展。

（二）人本主义心理学

人本主义学习理论强调个体的内在需求、情感因素和自我实现的重要性，与传统的行为主义学习理论有很大的不同[①]。其中，人本主义学习理论的核心思想是，教育不仅仅是知识的传递，更重要的是帮助学生成为全面发展的、自我实现的个体[②]。这一理论在教育领域中推动了更关注学生情感和心理健康的教育方法，以及更注重学生参与和自主学习的教育模式的发展。

1. 学习动机论

学习动机理论是基于马斯洛的需求层次理论和罗杰斯的自我实现观点，强调了学习动机和个体的自我发展之间的关系。下面对学习动机理论进行了如下阐述：

（1）马斯洛的需求层次理论：马斯洛的理论将人的需求分为五个层次，从基本的

---

① 刘悦. 马斯洛人本主义心理学对当代高校教育的启示［J］. 课程教育研究，2017（39）：23—24.
② 唐继亮. 罗杰斯和马斯洛人本主义教育思想的比较［J］. 台州学院学报，2017，39（05）：53—56.

生理需求（如食物、水、安全）到更高级的社交需求、尊重需求和自我实现需求。自我实现需求被视为最高层次的需求，它指的是个体追求个人潜力的需求，包括追求个体的梦想、目标和自我成长。马斯洛认为，满足这一需求可以激发学习动机，因为人们通常会努力学习和成长以实现自己的潜力。

（2）罗杰斯的自我实现阶段：罗杰斯进一步发展了马斯洛的理论，提出了自我实现的三个阶段。在这个过程中，个体从受外部要求影响（映射阶段）逐渐走向自我意识和内在动机的阶段（自我实现阶段）。在自我实现阶段，个体更有可能追求自己的兴趣、目标和愿望，并在学习和成长中找到满足感。

（3）学习动机策略：基于马斯洛的理论，教育者可以采取一些策略来激发学生的学习动机。这些策略包括鼓励学生积极参与学习、创造积极的学习环境，提供支持和鼓励，以及帮助学生建立积极的自我概念和自我实现需求。

（4）心理障碍的避免：马斯洛也指出了一些心理障碍，如低俗化和约拿情结，可能妨碍个体的自我实现。低俗化是指对美好和神圣事物的怀疑和贬低，而约拿情结是指对自己的潜力和成功感到恐惧和抵制。教育者可以帮助学生克服这些障碍，鼓励他们积极面对学习和生活的挑战。

总的来说，基于马斯洛和罗杰斯的理论，教育者可以更好地理解学生的学习动机和自我实现需求，并采取相应的策略来激发学生的学习兴趣和积极性，帮助他们实现自己的潜力。这种理论强调了个体的内在动机和需求在学习中的重要性，有助于塑造积极的学习环境和培养自主学习者。

2. 学习类型论

罗杰斯对学习类型论进行了详细的描述，特别是他将学习分为无意义学习和有意义学习，并强调了有意义学习的重要性[①]。以下是一些要点：

（1）无意义学习：无意义学习通常与缺乏个人意义和情感联系的学习任务相关。这类学习可能被认为是无聊和快速被遗忘的，因为它们缺乏与学生的个人经验和意义的联系。学生可能发现，许多课堂内容对他们来说是缺乏吸引力和重要性的。

（2）有意义学习：有意义学习与个人参与、自我发起、渗透性和学生自我评价相关。这种学习涉及到将认知和情感方面整合在一起，学生投入了整个自己，主动去探索、理解和发现知识。有意义学习不仅增加了知识，还能够改变学生的行为、态度和个性。

有意义学习的要素：有意义学习包括四个重要要素。首先，它需要个人参与，学生的认知和情感都参与其中。其次，它是自我发起的，学生自愿去追求知识。第三，有意义学习是渗透性的，它改变了学生的整体表现。最后，学生对自己的学习进行自我评价，了解学习是否满足他们的需求[②]。

---

① 刘洁. 学习无意义感滋长，如何激发孩子学习动力［J］. 教育家，2021（26）：10—13.
② 刘荣华. 有意义学习的情境、任务与活动设计策略［J］. 小学语文教师，2023（02）：4—8.

这些观点强调了学习应该是有深度和个人参与的过程，而不仅仅是为了应付考试或获取信息。罗杰斯的教育理念鼓励教育者创建激发学生自我发现和自我实现的学习环境，以便他们能够获得更有意义的学习经验。这种教育方法强调了学生的主动性和自主性，以及教育的目标应该包括整体个体的发展。

3. 学习实质论

人本主义学习理论强调学习应该是有深度、有意义和个体参与的过程。教育者的任务是创建鼓励学生自主学习和自我实现的环境，以便他们能够获得有价值的知识和经验，并发挥他们的学习潜能。这一理论强调了教育的目标应该是整体个体的发展，而不仅仅是知识的传授。人本主义学习理论对学习实质论进行了详细的描述，强调了以下四个关键方面：

（1）学习即"形成"：人本主义学习理论强调，学习不仅仅是获取现成知识的过程，更是通过参与学习活动、自我发现、自我评价和自我创造，形成和获得有价值和有意义的经验。学习方法的学习和掌握对于学生非常重要，因为它们能帮助学生学会如何进行学习。

（2）学习即理解：罗杰斯强调，学习是一个心理过程，是个体对知觉的解释。不同的人对相同的情境可能会有不同的反应，因为他们的解释和认知不同。因此，了解学生如何解释外界情境对于理解他们的学习过程至关重要。

（3）学习即潜能的发挥：人本主义学习理论认为，人类具有自然的学习倾向和内在潜能。学习是一种自发的、有目的的、有选择的过程。教师的任务是创造一个激发学生学习潜能的环境，鼓励学生选择并塑造自己的学习路径。

（4）学习是对学生有价值的学习：学习的内容应该对学生有意义和价值。学生通常更容易学习和保持那些他们认为对他们有用、有价值的知识或经验。因此，教师需要考虑学生的兴趣和需求，为他们提供有意义的学习体验。

（三）认知心理学

认知学习理论关注学习与认知过程之间的关系，强调学习是一个积极的、有组织的认知过程，而不仅仅是刺激和反应的简单关联[①]。皮亚杰的认知发展阶段理论将儿童的认知发展划分为不同的阶段，从感知运动阶段到具体运算阶段，强调了儿童的认知能力随着年龄的增长而逐渐发展和演变。这些理论对于教育领域非常重要，教育者可以根据不同年龄段学生的认知发展水平来设计教学内容和方法，以更好地促进他们的学习和思维发展。这些认知发展阶段对理解儿童的认知和思维发展提供了重要的框架。每个阶段都具有独特的特征和发展任务，从感知运动到形式运算，儿童经历了逐渐复杂和抽象的思维方式的发展过程。这对于教育者来说非常有价值，因为他们可以

---

① 陈英和．皮亚杰学派与现代认知心理学关于儿童认知发展观点之比较［J］．北京师范大学学报（社会科学版），1995（01）：91—97.

根据儿童所处的认知阶段来设计适当的教育活动和教学方法，以促进他们的认知发展。

此外，成熟、练习和经验、社会性经验以及平衡化也强调了认知发展是一个受多种因素影响的复杂过程。这些因素在儿童的认知发展中都起着重要的作用。

大学英语教学不仅仅是传授语言知识，还应该激发学生的学习兴趣、培养他们的积极主动性和创造性思维。同时，理解和应用教育心理学的原理和方法也对于提高教学效果至关重要。教师应该采用各种方法来使学生对英语课程感到兴趣，使学习不再仅仅是为了考试而存在，而是一个有趣和有益的学习过程。学生的积极主动性是学习的重要动力之一。教师可以通过鼓励学生参与课堂互动、提出问题、进行研究等方式来培养他们的积极主动性。通过采用适当的教学方法和资源，教师可以提高课堂效率，确保学生更好地理解和掌握英语知识。教师应该了解学生的个性心理特征，以更好地满足他们的学习需求。此外，合理地应用教育心理学原理可以解决教学实践中的各种心理问题，提高教学效果。总的来说，综合运用语言学的理论和教育心理学的原理，可以帮助教师更好地设计和实施大学英语教学，促进学生的全面发展和学术成功。

第二节　大学英语教学的构成因素

一、教师

随着教育理念的不断演进，教育者们开始更加关注学生的主动学习、思考能力、团队合作以及与实际生活和职业相关的技能。这种变革也影响到了大学英语教学和教师角色的认识。建构主义理论强调了学习者的主动参与和知识的共同建构。在这种视角下，教师的角色发生了显著的改变。以下是一些关于大学英语教师角色的重要观点：

（1）合作伙伴和引导者：大学英语教师不再仅仅是知识的传授者，而是学生学习过程的合作伙伴和引导者。他们鼓励学生积极参与，提出问题，展开探索，并共同构建知识。

（2）个性化学习：教师应该关注每个学生的个性和学习需求，以便更好地满足他们的需求。这可以通过不同个性化教学方法来实现，以确保每位学生都能够取得进步。

（3）培养思维技能：除了语言技能，教师还应该注重培养学生的批判性思维、问题解决能力和创造性思维。这些技能对于学生未来的职业和生活都非常重要。

（4）教育技术的运用：教师可以利用教育技术来支持学生的学习，包括在线学习平台、多媒体教材、虚拟实验室等。这可以增强学生的互动和参与。

（5）终身学习者：教师应该充当激发学生终身学习兴趣的榜样。通过示范和鼓励，他们可以帮助学生建立持续学习的习惯。

（6）反思和专业发展：教师应该定期反思自己的教学方法，并参与专业发展活动，以保持教育理念和教育技术的更新。

总的来说，大学英语教师的角色已经从传统的知识传授者演变为更多的学习支持者和引导者。这种转变有助于培养更具批判性思维和创造性思维的学生，使他们更好地适应现代社会的需求。同时，教师的专业素养、师德素养和人格素养也对于塑造良好的教育环境和学术氛围至关重要。

（一）专业素养

1. 大学英语教师的专业知识构成

（1）科学文化知识：大学英语教师需要具备广泛的科学文化知识，以便更好地理解和沟通各种不同专业背景的学生。这有助于教师更好地了解学生的需求，并在教学中提供相关的背景知识，使学生更好地理解英语材料。

（2）中外文化知识：了解英语国家和其他国家的文化，包括历史、宗教、社会风俗等，有助于提供更丰富和深入的语言教育。此外，对本国文化的了解也可以帮助教师更好地理解学生的思维和学习需求。

（3）语言专业知识：大学英语教师需要具备扎实的语言专业知识，包括语法、词汇、发音和语用等方面。这有助于教师更好地传授语言技能，并为学生提供正确的语言示范。

（4）教育专业知识：除了语言专业知识，教师还需要了解教育学、心理学等教育领域的知识。这有助于教师更好地理解学生的学习过程，采用合适的教学策略，以及解决教育中的问题。

（5）实践性知识：实践性知识是从教学实践中积累的，包括教学经验、教育信念、策略性知识等。这些知识对于指导教学和与学生建立良好的互动关系非常重要。

总的来说，大学英语教师需要综合运用各种知识和技能，以满足学生的学习需求，促进他们的语言发展和综合素质提高。此外，教育领域的知识也有助于教师更好地理解和应对不同的教育挑战，使教育更具效果。这些专业知识的综合运用有助于培养出色的大学英语教师，为学生提供高质量的英语教育。

2. 大学英语教师的专业能力

（1）教学能力：大学英语教师需要具备出色的教学组织和课堂控制能力，以确保有效的教学和学生积极参与。这包括良好的语言表达能力、教育心理学和教育学方面的知识，以及灵活运用教育方法和技术的能力。他们还应该具备课程设计和评估的能力，以确保教学的有效性。

（2）教育科研能力：科研工作可以帮助大学英语教师不断提高自身素质并改进教学方法。他们应该具备教育科研的意识，能够选择和研究与英语教育相关的课题，并将研究成果应用到实践中。这有助于不断提高教学质量，并为学生提供更好的教育体验。

（3）创新能力：大学英语教师应该具备创新的教学模式、方法和内容。他们需要不断更新自己的教育理念，积极探索新的教学方式，以满足学生的需求并提高教学效果。创新能力还包括将新思想和方法应用到教育实践中,并对问题提出独特的见解和解决方案。

(4)反思能力:反思是教育工作者不断提高的关键。大学英语教师应该能够反思自己的专业发展,包括自我观察、判断、评价和规划。他们还应该反思课堂内外的教学活动,包括教学内容、方法、学生互动等方面。这有助于改进教学实践,提高自身的专业水平。

综合来说,大学英语教师需要在多个领域具备强大的专业能力,以便为学生提供高质量的英语教育。这些能力包括教学、科研、创新和反思等方面,有助于教师不断提高自身的教育素质,并推动教育的进步。

3. 大学英语教师的专业情意

专业情意在教育工作者的职业生涯中起着至关重要的作用。以下是关于大学英语教师的专业情意的更详细描述:

(1)教育信念:大学英语教师应该建立坚定的教育信念,包括对教育的价值观、学生的潜力和教育活动的目标等。这些信念将指导他们的教学方法和决策,确保他们的教育工作具有连贯性和目标导向性。

(2)教育热情:大学英语教师需要对教育充满热情和动力。这种热情将激发他们不断提高自己的教育水平,努力改进教学方法,并积极参与教育活动。教育热情也会传播给学生,激发他们的学习兴趣。

(3)学生关怀:大学英语教师应该关心学生的学术和个人发展。他们应该建立积极的师生关系,提供学术指导和支持,鼓励学生充分发挥潜力。关怀学生的需求和挑战,有助于创造积极的学习环境。

(4)自我发展:大学英语教师应该自觉地追求自我发展。这包括不断提高语言水平、教学能力、教育科研能力等素质。他们应该寻找学习机会,积极参与专业发展活动,以适应外语教学领域的不断变化和进步。

(5)合作精神:大学英语教师应该具备与同事和学生合作的能力。合作有助于分享经验和资源,共同解决教育难题,促进教育的进步。教师还可以通过与同事互动,互相启发,不断提高自己的专业水平。

(6)反思和改进:大学英语教师应该具备反思和改进的习惯。他们应该定期审视自己的教育实践,寻找改进的机会,不断优化教学方法和课程设计。这种持续的反思有助于提高教学质量。

综合来说,专业情意对于大学英语教师的成功和教育质量至关重要。教师应该拥有坚定的教育信念、热情、学生关怀、自我发展意愿、合作精神以及反思和改进的能力。这些情感和态度将有助于塑造一名杰出的大学英语教师。

(二)师德素养

师德师风建设对于教育工作者和整个教育体系都至关重要。师德不仅是教师的基本职业素养，也是塑造学生成长的重要因素。以下是关于大学英语教师在师德师风建设方面的一些建议：

（1）坚定的理想信念：大学英语教师应该坚定理想信念，明确教育的价值和意义。他们的教育工作不仅是传授知识，更是培养学生的综合素养和社会责任感。因此，教师要忠于教育事业，积极参与学生的思想引导和品德培养。

（2）传播社会主义核心价值观：在多元文化交流的背景下，大学英语教师有责任传播社会主义核心价值观。他们可以通过教学内容、课堂讨论、社会实践等方式引导学生形成正确的价值观，培养他们的社会责任感和文化自信心。

（3）爱岗敬业：爱岗敬业是师德的基本要求之一。大学英语教师应该对自己的工作兢兢业业，不断提高教育教学水平，不怕辛苦，不怕困难，为学生的成长付出辛勤努力。

（4）言传身教：大学英语教师要以身作则，用自己的行为和言谈影响学生。他们应该展现出积极向上、诚实守信、团结协作等良好品质，成为学生学习和生活的楷模。

（5）关心学生发展：大学英语教师应该关心学生的个体发展，关注他们的学习进展和心理健康。建立积极的师生关系，为学生提供必要的指导和支持，帮助他们克服困难，实现自己的梦想。

（6）不断自我反思和提高：师德师风建设是一个不断提高的过程。大学英语教师应该不断反思自己的教育实践，接受同行和学生的评价，积极参与教育培训和专业发展，提高自己的教育水平和教育能力。

总之，大学英语教师作为教育事业的一支重要力量，应该积极践行师德，不仅是为了自身的职业发展，更是为了培养出更多有理想、有道德、有文化、有纪律的优秀学生，为社会的进步和发展贡献力量。师德的根本目标是为学生的全面发展提供坚实的道德和智力支持。

（三）人格素养

在教育领域中，良好的人格素养对于教师的职业发展和学生的成长都至关重要。以下是一些与人格素养相关的要点，对大学英语教师的职业发展和教育工作都具有重要意义：

（1）道德品行：教师应该树立崇高的道德标准，成为学生的榜样。正直、诚实、守信是教师应当具备的基本品质。通过自己的言行示范，传递给学生正确的价值观和道德观。

（2）个人性格：乐观、耐心、善良、有同情心和尊重他人的性格特征有助于建立良好的师生关系。教师的个人性格也会影响到学生的情感状态和学习氛围。

（3）宽容和谦逊：宽容和谦逊是建立和谐师生关系的关键。教师应该容忍学生的不足，鼓励他们不断进步，并且愿意接受学生的反馈和建议，以便自己不断提高。

（4）自我意识和自我提升：教师应该具备正确的自我认知，了解自己的优势和不足，以便有针对性地改进。同时，不断自我提升，通过教育培训、学术研究等方式提高自己的专业水平。

（5）心理素质：教育工作中常常面临压力和挑战，因此教师需要具备较强的心理素质，能够应对各种情况，保持冷静和稳定，以确保教学工作的顺利进行。

（6）人际交往：教师需要善于与学生、家长和同事建立良好的人际关系。沟通技巧、倾听能力、解决问题的能力等都对教师的人际交往至关重要。

（7）工作态度：教师的工作态度直接关系到教学效果。积极耐心、有责任感和敬业精神的工作态度能够激发学生的学习兴趣和动力。

总之，人格素养是大学英语教师的核心素养之一，它不仅关系到教育教学工作的质量，也影响到学生成长成才的道路。通过不断提升自己的人格素养，大学英语教师可以更好地履行教育使命，培养出更多有品德、有才华的优秀学生，为社会和国家的发展做贡献。

二、学生

学生是课堂的主体，了解学生的差异性是非常重要的，尤其在大学英语教育中。了解和尊重学生的差异可以帮助教师更好地满足他们的学习需求，提高教学的有效性。总之，考虑到学生的差异性是教师成功教授大学英语课程的关键。个性化教育方法和关注每个学生的需求可以提高课堂效果，培养出更有信心和能力的英语学习者。这里重点分析一下学生在各方面存在的差异。

（一）语言潜能差异

了解和考虑学生的语言潜能差异对于教学非常重要。不同学生的语言潜能确实会影响他们学习英语的方式和速度。以下是一些针对不同语言潜能的教学策略：

（1）个性化的学习计划：教师可以与学生一对一或小组讨论，了解他们的语言潜能和学习风格。然后，为每个学生制定个性化的学习计划，以满足他们的需求。例如，对于那些语音编码和解码能力较强的学生，可以强调口语练习和听力训练；而对于那些归纳性语言学习能力更强的学生，可以更侧重于阅读和写作。

（2）差异化教学：在同一课堂中，教师可以采用不同难度的教材或任务，以满足不同语言潜能的学生。这可以通过提供额外的挑战任务或提供额外的支持来实现。

（3）多样化的教学方法：使用多种教学方法，以满足不同学生的需求。例如，使用视觉、听觉和动手的方法，以满足不同类型的学习者。

（4）鼓励自主学习：帮助学生认识到他们的语言潜能，并鼓励他们积极参与自主学习。提供学习资源和建议，以帮助学生根据他们的潜能和学习目标选择适合的学习方法。

（5）定期反馈和评估：定期与学生交流，了解他们的学习进展和需求。根据反馈结果调整教学方法和学习计划，以确保每个学生都能够充分发挥他们的潜能。

总之，了解学生的语言潜能并采取相应的教学策略可以帮助教师更好地满足每个学生的学习需求，提高他们的英语学习效果。通过个性化和差异化的教学方法，可以确保每个学生都有机会发展其语言潜能，达到更高水平的语言能力。

（二）认知风格差异

了解和尊重学生的认知风格差异是教学中的重要方面。以下是一些针对不同认知风格的教学策略：

（1）多元教学法：采用多种不同的教学方法和活动，以满足不同认知风格的学生。例如，使用视觉、听觉和动手的学习活动，以满足视觉型、听觉型和动手型学习者的需求。

（2）提供多样性的学习资源：教师可以提供不同类型的学习资源，包括文本、图像、音频、视频等，以满足学生不同的信息加工方式。这可以帮助学生更好地理解和记忆学习材料。

（3）个性化辅导：与学生进行一对一的讨论，了解他们的认知风格和学习需求。然后，根据这些信息为每个学生提供个性化的辅导和建议。

（4）鼓励合作学习：通过合作学习活动，学生可以相互补充，充分利用彼此的认知风格和技能。例如，将视觉型和听觉型学生配对，以互补对方的学习方式。

（5）灵活的评估方式：使用不同类型的评估方式，包括考试、项目、演示等，以满足不同认知风格的学生。这样，每个学生都有机会展示他们的知识和技能。

（6）鼓励反思和元认知：帮助学生了解他们自己的认知风格和学习策略，以及哪种策略在不同情境下更有效。这有助于学生提高自主学习的能力。

总之，教师应该倾听和尊重学生的认知风格差异，采取适当的教学策略，以满足每个学生的学习需求。通过个性化和差异化的教学方法，可以帮助学生更好地理解和掌握学习材料，提高他们的学术成就。此外，教师还可以鼓励学生发展和运用元认知策略，帮助他们更好地管理自己的学习过程。

（三）情感因素差异

学生的情感因素包括学习动机、性格和态度，对英语学习的成功与否都有着重要的影响。了解和管理这些情感因素可以帮助教师更好地满足学生的学习需求，提高他们的学术成绩和学习体验。以下是一些针对不同情感因素差异的教学策略：

（1）激发学习动机：教师可以通过各种方式激发学生的学习动机。这包括将学习与他们的兴趣和目标联系起来，提供具体的奖励和激励，以及创造积极的学习环境，让学生感到学习是有趣和有意义的。

（2）适应不同性格：教师应了解学生的性格特点，采取不同的教学方法和策略来满足不同性格类型的学生。例如，外向型学生可能更喜欢与他人合作学习，而内向型学生可能更适合独立学习。

（3）倡导积极态度：教师可以通过示范积极的学习态度来影响学生。表现出对学习的热情和好奇心，鼓励学生积极参与课堂活动，并提供积极的反馈和支持。

（4）个性化辅导：对于一些学生可能需要额外的支持和辅导，以帮助他们克服情感因素带来的困难。教师可以与这些学生一对一地合作，了解他们的需求，并提供个性化的建议和指导。

（5）建立积极学习氛围：创造一个积极的学习氛围，让学生感到安全和受尊重。这包括鼓励学生分享他们的想法和观点，避免批评和歧视，以及支持学生的自我表达和发展。

（6）引导情感管理：帮助学生发展情感管理的能力，使他们能够处理学习中的挫折和困难。教师可以教授应对压力和焦虑的技巧，鼓励学生寻求支持和建立积极的情感应对策略。

总之，教师在英语教学中应综合考虑学生的情感因素差异，采取相应的教学策略，以促进学生的积极学习体验和学术成就。了解学生的学习动机、性格和态度，以及如何适应这些差异，是提高教学效果和学生满意度的关键因素之一。通过与学生建立积极的互动关系，教师可以更好地满足他们的学习需求，帮助他们取得成功。

三、教学内容

教学内容在英语教育中起到了关键作用，教师在教学内容方面的选择和应用应考虑学生的特点和需求，采用多样化的教学方法和资源，以提供丰富、有趣和挑战性的学习体验，帮助学生全面提高英语语言技能和文化素养。同时，教师的反馈和调整也是教学内容的重要组成部分，有助于提高教学质量和学生的学习成果。一般来说，教学内容包括以下几个方面：

（一）语言知识

在教授语言知识时，教师应确保教材和教学内容具有一定的难度和挑战性，以促使学生不断提高他们的语言技能。此外，教师还应鼓励学生积极参与口语练习、写作任务和阅读理解练习，以帮助他们巩固和应用所学知识。

（二）语言技能

听、说、读、写是英语学习的核心技能。教师可以采用多样化的教学方法，包括角色扮演、小组讨论、口语演讲、阅读理解和写作练习等，以帮助学生全面发展这些技能。此外，为了提高学生的英语听力技能，教师可以使用多媒体资源和真实语境下的录音材料。

（三）情感态度

教师可以通过激发学生的兴趣，提供有趣和有挑战性的教学内容，以及积极的反馈和鼓励来促进学生的情感态度。此外，教师还可以与学生建立亲近的师生关系，了解他们的需求和关注点，以更好地支持他们的学习。

（四）文化意识

在教授文化意识时，教师可以引导学生探索不同文化之间的相似性和差异性，促使他们更好地理解和尊重其他文化。通过文化教育，学生可以更深入地理解英语所属国家的历史、价值观和社会背景，从而更好地理解和使用英语。

（五）学习策略

教师可以帮助学生开发和应用各种学习策略，以提高他们的自主学习能力。这包括识别学习目标、制定学习计划、使用记忆技巧、积极参与课堂讨论和反复练习等。教师可以向学生介绍不同的学习策略，鼓励他们发展适合自己的策略。

（六）教材选择和灵活应用

教师在选择教材时应根据学生的水平、需求和兴趣来进行合理选择。同时，教师在教学过程中应根据学生的反馈和学习情况，灵活调整教材的使用方式，确保教学内容与学生的实际需求相符。

四、教学环境

教学环境是学习的重要背景，它可以促进或阻碍学生的英语学习。为了取得最佳效果，学校、教育部门、教师和学生应共同努力，创造积极、支持性和富有挑战性的英语教育环境，以便学生能够更好地发展英语语言技能和文化意识。教学环境的构成要素如下：

（一）学校环境

学校环境包括课堂设施、教材资源、教师团队等。学校可以通过提供现代化的教育技术设施，丰富的图书馆资源，以及定期的英语角、英语竞赛等活动来促进英语学习。教师团队的素质和教学方法也在学校环境中发挥关键作用。

（二）社会环境

社会环境中的英语教育政策和国家的英语教育方向会直接影响学校和教师的英语教学。同时，社会对英语学习的需求也会影响学生的学习兴趣和动机。教育部门和社会团体可以通过支持英语教育项目和英语角等方式，积极促进英语学习。

（三）个人环境

学生的个人环境包括家庭、朋友和社交圈子。家庭对学生英语学习的支持和鼓励至关重要。学生的朋友和社交圈子也会影响他们的英语学习动机，因此，鼓励学生参与英语学习社交活动可以帮助他们更好地融入英语学习环境。

（四）多媒体环境

现代教育技术和多媒体资源可以丰富英语教学的环境。通过使用交互式课件、在线学习平台和虚拟教室，教师可以更好地满足学生的学习需求，并提供更具吸引力和互动性的学习体验。

五、教学方法

最佳的教学方法取决于学生的需求、教学目标以及教学内容。因此，教师应该根据具体情况灵活运用这些方法，结合不同的教学工具和资源，以创造积极的学习环境，帮助学生全面提高英语语言技能。此外，不断的教育研究和专业发展也有助于教师更好地选择和运用不同的教学方法。

（1）直接法（Direct Method）：这种方法强调通过英语来教授英语，避免使用学生的母语。教师会使用图片、肢体语言和实际情境来解释和教授新的单词和语法。这种方法有助于学生形成直接的语言思维和表达能力，适用于初学者和口语训练。

（2）交际法（Communicative Approach）：交际法关注英语的实际应用，强调学生在真实情境中交流。教师鼓励学生进行对话、角色扮演和小组讨论，以提高他们的交际能力。这种方法适用于培养学生的口语和听力技能。

（3）任务型教学法（Task－Based Language Teaching）：这个方法侧重于让学生完成特定的任务，例如制定旅行计划或解决问题。通过实际任务，学生不仅学习语言，还学习如何应用语言来解决实际问题。这有助于提高学生的语言实用性。

（4）结构法（Grammar－Translation Method）：这个方法侧重于教授语法规则和翻译技巧。虽然不太强调口语交际，但可以帮助学生理解语法结构和阅读文本。

（5）沉浸法（Immersion）：沉浸法是在使用目标语言的环境中进行的教学方法，通常用于双语或多语教育。学生在目标语言环境中学习，这有助于他们更自然地掌握语言。

（6）个性化学习（Personalized Learning）：这个方法强调根据每个学生的需求和学习风格来制定个性化的教学计划。教师可以使用技术和在线资源来支持学生的自主学习。

第三节　大学英语教学开展的原则

一、以学生为中心原则

以学生为中心的原则在英语教学中非常重要，它强调了个性化教育，关注每个学生的需求、兴趣和学习方式，以提高教学的效果。以学生为中心原则主要体现在以下两个方面：

（一）教材分析要以学生为中心

这意味着教师应该深入了解学生的背景、水平和学习需求。不同年龄、水平和兴趣的学生可能需要不同类型的材料和任务。例如，对于初学者，教材可以包括简单的日常用语和情境对话，而对于高级学生，可以包括更复杂的文本和语法。教师还可以根据学生的兴趣和学科偏好选择相关的话题和内容，使教材更具吸引力和实用性。

（二）教学方法和手段的选择要以学生为中心

教师应该灵活运用各种教学方法，以满足不同学生的学习需求。某些学生可能更适合通过视觉方式学习，因此使用图片、视频和图表可以有效地吸引他们。其他学生可能更喜欢听觉方式，所以教师可以使用录音和音频材料来提高他们的听力技能。同时，教师也可以鼓励学生参与课堂活动，例如小组讨论、角色扮演和实践任务，以提高他们的口语和交际能力。

总之，以学生为中心的原则要求教师在教学过程中不断关注学生的需求和反馈，调整教学策略和方法，以确保每个学生都能够有效地学习和发展。这种个性化的教育方法有助于提高学生的学习动力和兴趣，提高他们的学习成绩。

二、循序渐进原则

循序渐进原则在英语教学中非常重要，它有助于学生逐步建立坚实的语言基础，提高他们的语言能力。以下三层含义涵盖了循序渐进原则的核心思想。

（一）口语优先原则

从口语开始学习英语是非常有效的方法。口语是语言的核心，也是实际交流的基础。通过口语的学习，学生可以更快地掌握基本的语音、词汇和句子结构，并在实际交流中运用它们。这为后续的书面语学习奠定了坚实的基础。

（二）听说重于读写原则

在英语学习的早期阶段，听和说应该是重点。这可以帮助学生建立自信，培养他们的听力理解和口语表达能力。一旦学生具备了良好的听说能力，他们将更容易理解书面材料并逐渐过渡到读写技能的培养。

（三）循序渐进、循环迭代原则

学习英语是一个渐进的过程，需要不断的重复和巩固。每一轮循环都应该在前一轮的基础上提高难度，深化理解。这有助于学生逐渐建立复杂的语言体系，同时巩固已学知识和技能。同时，将新知识和技能与学生已有的知识和技能联系起来，帮助他们更好地理解和应用新内容。

总之，循序渐进原则有助于确保学生在学习英语时有系统性和连贯性的进展。它不仅适用于英语教学，也适用于其他语言和学科的教育。通过逐步建立学生的语言能力，教师可以更好地满足他们的学习需求，帮助他们在语言学习中取得成功。

三、输入优先原则

输入优先原则在英语教学中是非常重要的，因为它强调了语言学习中接触和理解语言的重要性。以下几个方面对于实施输入优先原则非常有指导意义：

（一）多样化的输入内容和形式

为了吸引学生的兴趣和提供可理解的语言输入，教师应该采用多种形式和内容的教学材料。这可以包括音频、视频、图片、文字等。多样化的内容能够满足不同学生的兴趣和学习风格。

（二）增加学生的语言接触面

教师可以通过创造性的方式将英语引入学生的日常生活和学习中。这可以包括在课堂内外使用英语，利用实际生活中的例子和场景进行教学，以及鼓励学生积极参与英语语境中的活动。

（三）强调理解能力

确保学生能够理解所接触到的语言材料是非常重要的。这意味着教师应该选择适合学生水平的材料，并创造一个支持学生理解的环境。学生需要有信心和动力去理解语言，这将有助于他们更好地吸收和运用所学。

（四）鼓励模仿

模仿是语言学习中的重要环节。通过模仿，学生可以更好地理解语言结构和语言用法，并将其应用到实际情境中。教师可以设计模仿练习，让学生参与真实情景的模拟，从而提高他们的语言运用能力。

总的来说，输入优先原则强调了学生需要大量接触和理解语言的重要性，这为他们建立坚实的语言基础和提高语言能力奠定了基础。通过多样化的教学材料和方法，教师可以更好地支持学生的语言学习，使他们在语言输入方面取得更好的成绩。

四、兴趣性原则

兴趣性原则在英语教学中确实扮演着重要的角色，能够激发学生的学习兴趣，提高他们的学习效果。以下是关于如何在英语教学中应用兴趣性原则的一些具体方法和策略：

（1）了解学生的兴趣和需求：教师应该与学生建立良好的沟通，了解他们的兴趣、爱好以及学习英语的动机。这可以通过问卷调查、小组讨论或与学生的一对一交流来实现。根据学生的兴趣，教师可以调整课程内容和教学方法，使之更贴近学生的需求。

（2）多样化的教学方法：采用多样化的教学方法可以激发学生的兴趣。例如，使用多媒体资源、故事讲解、角色扮演、游戏和实地考察等方式来呈现课程内容，使学习更具趣味性。这些方法有助于学生积极参与，提高他们的学习动力。

（3）与实际生活相关的内容：将课程内容与学生的日常生活联系起来，让学生能够看到学习英语的实际用途。例如，通过讨论实际情境、处理实际问题或学习实际用途广泛的词汇和表达方式，让学生感到学习英语是有意义的。

（4）鼓励学生的自主学习：激发学生的兴趣还可以通过鼓励他们自主学习来实现。教师可以提供额外的资源、阅读材料和学习项目，让学生根据自己的兴趣和学习速度进行深入学习。

（5）创造积极的学习氛围：教师在课堂上应该创造积极的学习氛围，鼓励学生分享他们的想法和观点，提问并回应学生的问题。这种互动能够增强学生对英语学习的兴趣。

（6）个性化教育：每个学生的兴趣和学习方式都可能不同，因此个性化教育非常重要。教师可以根据学生的水平和兴趣，为他们提供适合的教材和任务，以确保每个学生都能够在学习中找到兴趣和动力。

总之，兴趣性原则在英语教学中是非常重要的，能够激发学生的学习热情和动力，有助于提高教学效果。通过了解学生、多样化的教学方法、与实际生活联系、鼓励自主学习、创造积极氛围和个性化教育，教师可以更好地应用兴趣性原则，使英语教学更具吸引力和效果。

五、系统性原则

系统性原则在英语教学中是非常重要的，它有助于学生更好地理解和掌握所学内容，建立知识的有机结构，提高学习效果。以下是一些关于如何应用系统性原则的具体方法和策略：

（一）有计划的备课

教师在备课时要仔细计划教学内容和步骤，确保每节课都有明确的教学目标和安排。逐步深入和有层次地呈现知识可以帮助学生更好地理解和消化所学内容。

（二）渐进性教学

英语课程应该按照从易到难的顺序组织，逐渐提高难度。这有助于学生建立坚实的语言基础，并确保他们能够顺利掌握新的知识和技能。

（三）知识的分步教授

不要一次性向学生灌输大量新知识，而是将知识分成小块，逐步教给他们。这可以避免学生的困惑和混淆，帮助他们更好地吸收知识。

（四）复习和巩固

系统性原则要求经常性的复习和巩固学习内容。教师应鼓励学生进行定期的复习和练习，以确保他们能够长期记忆和应用所学内容。

（五）关注学生学习方法

教师应该关注学生的学习方法，指导他们如何更有效地学习。每个学生可能有不同的学习风格和需求，因此需要个性化的指导。

（六）平时学习的重要性

教师要强调平时学习的重要性，鼓励学生在日常课堂和作业中认真对待学习，而不是仅仅依赖临时的突击来备考。

（七）持续监测和反馈

教师应定期监测学生的学习进展，提供反馈和建议。这有助于学生及时纠正错误，改进学习方法。

（八）课内课外的有机结合

将课内教学与课外实际运用有机结合起来，让学生能够将所学知识应用到实际生活中，从而更好地理解和记忆。

总之，系统性原则在英语教学中有助于构建有条理和有深度的学习体验，使学生能够更好地掌握英语知识和技能。教师在教学中要有计划、有条理地组织教学内容，鼓励学生持续学习和巩固，同时关注学生的学习方法，确保他们能够有效地学习和应用所学内容。这样能够提高英语教学的质量和效果

六、真实性原则

真实性原则在英语教学中强调教学内容和教学方法的真实性，以培养学生的综合语言运用能力为总目标。以下是一些关于如何应用真实性原则的具体方法和策略：

（一）明确语用目的

在教学中要明确语用目的，即学生需要在特定情境下如何运用英语。这包括理解语句的语用功能、对话的交际目的以及短文的信息传递目的。教师应在课程设计中明

确这些目标。

（二）选用真实语境的教材

选择与实际生活相关的教材，包括真实的对话、文章、广告和多媒体资源，以便学生能够在课堂中接触到真实的英语语境。这有助于学生更好地理解英语的实际用途。

（三）设计语用真实的教学活动

在课堂教学中，教师应设计与真实生活情境相关的教学活动，如角色扮演、情景模拟、实际问题解决等。这些活动可以帮助学生练习在真实情境中运用英语的能力。

（四）提供反馈和评估

教师应提供及时的反馈和评估，以帮助学生不断改进他们的语用能力。评估可以包括口语表达、书面作业、对话表现和项目成果等方面的考核。

（五）鼓励自主学习

教师可以鼓励学生主动寻找和使用真实语境的英语资源，如英语新闻、电影、社交媒体等，以增强他们的语用能力。这有助于学生将课堂学习与实际生活相结合。

（六）强调交际能力

真实性原则也强调交际能力的培养。教师应注重教授学生如何在真实情境中进行有效的交流，包括表达意见、提出建议、解决问题等。

（七）示范和模仿

教师可以示范真实语境下的英语用法和交际方式，让学生模仿并逐步提高他们的语用能力。

总之，真实性原则在英语教学中强调将学习与实际应用相结合，培养学生的语用能力，使他们能够在真实生活情境中流利地运用英语。通过明确语用目的、选用真实教材、设计相关教学活动、提供反馈和评估，教师可以更好地应用真实性原则，提高英语教学的质量和效果。

七、课内外活动相结合原则

课内外活动相结合原则是非常重要的，它可以帮助学生更全面地发展各方面的能力，提高英语教育的质量。以下是一些关于如何有效应用这一原则的具体方法和策略：

（一）激发学生的兴趣和主动性

在课堂教学中，教师可以引导学生参与讨论、小组活动、角色扮演等互动性强的活动，以激发他们的学习兴趣和主动性。这有助于将课内活动变得更具吸引力和互动性。

（二）设立学生自主学习的机会

在课外活动中，学生可以根据自己的兴趣和需求选择参加不同的英语学习项目，如英语角、语言交换、在线课程等。教师可以为学生提供相关资源和指导，鼓励他们自主学习。

（三）整合课内外教育资源

教师可以与学校的课外英语学习项目合作，将课堂教学与这些项目有机结合起来。例如，课堂上学习的知识可以与课外英语角活动相结合，学生有机会在实际交流中运用所学内容。

（四）鼓励学生参加英语竞赛和活动

学校可以组织各种英语竞赛、演讲比赛、戏剧表演等活动，鼓励学生积极参与，提高他们的英语表达能力和自信心。

（五）定期评估学生的课外活动成果

学校可以设立一些评估机制，以监测学生在课外活动中的学习进展和成果。这可以帮助学生更有针对性地选择适合自己水平和兴趣的活动。

（六）鼓励跨学科学习

将英语教学与其他学科相结合，例如，将英语与科学、历史、艺术等学科的内容融合在一起，以促进学生的跨学科综合能力。

（八）培养终身学习意识

教育学生终身学习的重要性，鼓励他们在毕业后继续自主学习英语，不断提高语言能力。

总之，课内外活动相结合原则有助于提高英语教育的质量，培养学生综合语言能力。学校和教师应鼓励学生积极参与课外英语学习活动，提供支持和指导，确保学生能够充分发挥课内外活动的互补作用，达到更好的教育效果。

八、合理使用母语原则

合理使用母语原则在英语教学中确实具有重要意义。它可以帮助学生更好地理解和掌握英语知识，同时避免母语对英语学习的不利影响。以下是一些关于如何有效应用这一原则的具体方法和策略：

（一）确定使用母语的时机

教师应在合适的时机使用母语，通常这包括解释难以理解的概念、概念的对比、词汇的意义等方面。确保使用母语是为了帮助学生更好地理解英语，而不是替代英语。

（二）限制母语的使用

教师应限制母语的使用，避免过多地依赖母语。这可以通过设定规则或使用计时器来控制。例如，教师可以规定每节课只能使用母语的时间不超过 10%。

（三）提供双语教材

使用双语教材可以帮助学生更好地理解英语教材，因为它们提供了母语和英语之间的对照。这种教材可以用来解释生词、短语、文法规则等。

（四）鼓励学生使用英语

教师应鼓励学生在课堂内外使用英语，提供机会让学生用英语进行口语表达和书面写作。这有助于学生逐渐适应英语环境。

（五）反馈和指导

教师可以提供反馈和指导，帮助学生改进他们的英语表达能力。这可以通过口头或书面形式来完成，以帮助学生发现和纠正错误。

（六）培养英语思维习惯

教师应帮助学生培养用英语思考的习惯，鼓励他们在日常生活中尽量使用英语进行思考和交流，以提高英语的运用能力。

总之，合理使用母语原则在英语教学中可以帮助学生更好地理解和掌握英语知识，但教师需要在使用母语和使用英语之间取得平衡，确保母语的使用是为了促进学习，而不是代替学习。教师的角色在于引导和帮助学生，以便他们能够逐渐提高英语的使用能力。

九、最优化原则

最优化原则在英语教学中非常重要，它强调了选择最适合学习的方法和工具，以提高教学效果。以下是一些关于如何应用最优化原则的具体方法和策略：

（一）选择最适合的教学媒体

在英语教学中，教师可以选择不同的教学媒体，如多媒体课件、视频、音频、互动应用等，以根据教学内容和学生的需求来提供最佳的学习体验。确保所选媒体能够有效地传达教学内容。

（二）优化教学方法

教师应根据学生的特点和学习目标，选择适合的教学方法。例如，可以采用任务型教学法、交际法等，以促进学生的语言运用能力和交际能力。

（三）合理安排教学结构

教师应合理组织教学内容，确保教材的结构清晰，内容有机衔接。避免过多冗余信息和难度跳跃，确保学习过程连贯而有层次。

（四）角色搭配最优化

在英语教学中，教师和学生的角色分配也非常重要。教师应该是指导者、鼓励者和激励者，而学生则应是积极参与、合作学习的主体。确保教师和学生的互动是有益于学习的。

（五）个性化教学

考虑到学生的不同学习风格和能力水平，教师可以采用个性化教学方法，根据学生的需求和兴趣调整教学内容和方法，以提高学生的学习动力和效果。

（六）学习者自主度

提高学生对学习过程的控制权和自主度，鼓励他们根据自己的节奏和需求学习。使用课件和多媒体工具时，确保学生能够方便地操作和控制学习过程。

（七）反馈和评估

及时提供学生的学习反馈，帮助他们了解自己的学习进展，并提供建议和指导以改进。定期评估教学方法和工具的效果，根据反馈进行调整。

总之，最优化原则强调了在英语教学中选择最适合的方法和工具，以提高教学效果和学习体验。教师应不断关注学生的需求和反馈，灵活调整教学策略，确保教学过程是高效的、个性化的，能够满足学生的学习需求。同时，教师还应关注教材和教学资源的质量，确保它们能够提供有价值的学习支持。

十、精讲多练原则

"精讲多练原则"在英语教学中非常重要，它强调了在语言学习中的两个关键方面：语言知识和语言技能的培养。以下是关于如何应用这一原则的一些具体方法和策略：

(一）语言知识的讲解

在英语教学中，教师应该确保学生获得必要的语言知识，包括词汇、语法规则和句型结构等。教师可以通过讲解这些知识点，帮助学生建立坚实的语言基础。这包括词汇的教学、语法规则的解释以及句型的示范。

(二）有意义的操练

一旦学生获得了一些语言知识，教师应鼓励他们进行有意义的操练，以确保他们能够运用所学的知识。这可以通过角色扮演、对话练习、情景模拟等方式来实现。有意义的操练有助于学生将知识转化为实际的语言技能。

(三）交际性操练

语言交际是英语学习的最终目标，因此，教师应该引导学生进行更加真实和实际的交际性操练。这可以包括讨论话题、展开对话、演讲、写作等活动，以提高学生的交际能力。

(四）情境模拟

教师可以在课堂中创造各种情境，让学生在这些情境中使用英语。例如，在餐厅、商店、机场等情境中模拟交流，帮助学生熟悉和运用相关的语言表达方式。

(五）反复练习

学习英语需要不断的练习和反复。教师应鼓励学生反复练习相同的语言内容，以巩固记忆并提高熟练度。

(六）个性化练习

考虑到学生的不同水平和需求，教师可以提供个性化的练习，以满足每个学生的学习需求。这可以包括额外的练习题、扩展阅读、自主学习任务等。

(七）定期评估

教师应定期对学生的语言技能进行评估，以确定他们的进步和需要改进的领域。这有助于调整教学方法和内容，以满足学生的需求。

总之，精讲多练原则强调了语言知识和语言技能的相互促进。教师在教学中应平衡讲解语言知识和进行有意义、交际性的操练，以确保学生能够全面发展他们的英语能力。通过反复练习和不断挑战，学生将能够更好地应用英语，提高他们的交际能力。

第二章 大学英语的教学模式

第一节 生态化教学模式

生态位是生态学中的重要概念，用于描述一个生物在其生态系统中的角色和位置。将生态学的理念应用于教育中，构建生态化教学模式，是一种有创新性的教育方法，旨在创造有利于学生学习和发展的环境，促进学生的积极参与和合作，提高教学效果和教学质量。总之，将生态学的理念应用于教育中可以帮助构建更加有益于学生学习和发展的教育环境，同时培养学生的合作能力、适应能力和可持续性发展能力。这种生态化教育模式可以为教育领域的创新和改进提供有益的思路和方法。

一、生态化教学模式的内涵及重要组成元素

（一）生态化教学模式的内涵

生态化教学模式是一种具有灵活性和开放性的教育理念，其目标是通过引入生态学相关的原则，构建更适应学生需求和教育发展的教学环境。它鼓励教育者不断创新，根据具体情境和需求，自主地探索适合自己和学生的教育方式。这个概念在教育领域的发展和实践中仍在不断演化和丰富，以适应不断变化的教育需求和挑战。

（二）生态化教学模式的组成元素

1. 交互性元素

生态化教学模式强调学生之间、教师与学生之间以及教师之间的互动和交流。这种交互不仅仅是信息的传递，还包括合作、合作学习和协同创意等方面的互动。通过积极的交互，学生可以更好地理解和吸收知识，教师可以更好地了解学生的需求，课堂氛围也更加活跃和积极。

2. 共生性元素

共生性元素强调了在教育生态系统中，不同的个体（包括教师和学生）相互联系和相互作用的重要性。教育过程中，学生和教师应该在共同的学习环境中相互融合，形成一个协同合作的生态系统。这种共生性有助于创造一个更有利于学习和成长的

环境。

3. 竞争性元素

竞争性元素不仅仅是指学生之间的竞争，更重要的是学生内部的自我竞争和不断进步。在生态化教学模式中，学生被鼓励不断挑战自己，超越自己的学习能力和成就，以实现个人成长和发展。这种竞争性元素可以激发学生的积极性和自主性。

4. 仿生性元素

仿生性元素强调学生之间相互学习和模仿的过程。学习不仅仅是被动地接受知识，还包括主动地观察、模仿和借鉴他人的学习方法和策略。在生态化教学模式中，学生被鼓励分享自己的学习经验，互相启发，共同提高。

这些组成元素共同构建了一个生态化的教育环境，其中教育过程更加互动、合作、积极和有益。生态化教学模式的应用旨在培养学生的综合能力，提高他们的学习效果和满足他们不断成长的需求。同时，它也促进了教育领域的创新和发展，将教育过程视为一个有机的整体，强调了个体与集体、学生与教师之间的协同作用。

二、生态化教学模式在大学英语教学中的应用策略

（一）科学整合与优化生态化教学资源

整合与优化教学资源对于实现生态化教学模式在大学英语教学中的应用确实非常重要。以下是一些具体的策略和建议，可以帮助实现这一目标：

1. 学习资源的多样性

确保提供多样化的学习资源，包括文字材料、音频、视频、互动课程、在线学习平台等。这有助于满足不同学生的学习风格和需求。

2. 课程内容的实际性

将课程内容与实际生活和职业需求相结合。教师可以引入实际案例、行业资讯和真实情境，以便学生将所学知识应用到实际中。

3. 个性化学习资源

根据学生的学术水平和学习需求，提供个性化的学习资源。这可以包括不同难度级别的材料、扩展阅读、学术论文等。

4. 反馈和评估工具

提供学生可以使用的反馈和评估工具，以帮助他们自我评估和改进。这可以包括自测考试、写作反馈、口语练习等。

5. 互动学习平台

建立在线学习平台，促进学生之间的合作和交流。这样学生可以在虚拟环境中分享资源、讨论问题，并共同解决难题。

6. 教师培训与支持

为教师提供培训和支持，以帮助他们更好地使用和整合多样的学习资源。这包括教育技术培训和教学设计指导。

7. 定期更新与改进

不断评估和改进学习资源，以确保其与学术和行业趋势保持一致。定期更新教材和课程设计，以反映最新的发展和变化。

8. 学生参与与反馈

鼓励学生积极参与资源的选择和评估。他们的反馈和建议对于改进学习资源和课程设计非常重要。

通过这些策略，学校和教育管理者可以更好地支持生态化教学模式的应用，使大学英语教学更具吸引力和实用性，有助于提高学生的学习成果和满意度。

（二）注重大学英语生态化教学环境的构建

关于构建大学英语生态化教学环境的观点非常重要。在实现这一目标时，以下是一些具体的策略和方法，可以帮助高校教育管理者、教师和学生共同努力：

1. 建立学生中心的教学环境

确保学生在课堂中处于主导地位，鼓励他们提出问题、参与讨论、分享见解，以及参与课程设计和评估过程。教师应充当指导者和鼓励者的角色，以帮助学生发展自主学习能力。

2. 鼓励合作与互动

创建鼓励学生合作和互动的环境，例如小组项目、讨论板、在线协作工具等。这有助于学生分享资源、互相学习，并培养团队合作和沟通技巧。

3. 引导独立思考

通过提出开放性问题、案例研究和课堂讨论，激发学生的独立思考和问题解决能力。教师可以充当引导者，鼓励学生提出问题并自行探索答案。

4. 提供反馈机会

为学生提供定期反馈，帮助他们了解自己的学术表现，并提供改进建议。这可以通过作业反馈、个人会议、在线测验等方式实现。

5. 实践性学习

将理论知识与实际情境相结合，鼓励学生参与实际项目、实验、实习等。这有助于将所学知识应用到实际中，增加学习的实用性。

6. 教师的角色转变

教师需要逐渐从知识的传授者转变为学习的导师和促进者。这包括培养学生的学习动力和自主性，帮助他们建立学术和职业技能。

7. 学生反馈与参与

鼓励学生提供反馈，以帮助改进课程和教学方法。同时，激励学生积极参与决策，例如课程设计、资源选择等方面。

8. 定期评估与改进

教育管理者和教师应该不断评估生态化教学环境的有效性，并进行必要的改进。这可以通过教学评估、学生反馈、教师培训等方式实现。

通过上述策略，学生可以更好地参与到学习中，教师可以更好地引导和支持他们，从而创造出更具生态性和和谐性的大学英语教学环境，有助于提高学生的学术成就和综合能力。

（三）注重完善生态化教学模式的教学评价体系

教学评价体系在推动生态化教学模式的实施和提升教学质量方面扮演着关键的角色。您提到的创新评价方式、注重多元化发展，以及鼓励学生参与评价，都是非常重要的措施。多元化的评价方法可以更全面地反映学生的能力和表现，不仅仅侧重于传统的考试成绩。通过包括课堂表现、小组讨论、作业、项目等在内的多种评价方式，可以更好地评估学生的综合素质和学科能力。此外，学生参与评价过程可以增强他们的自我认知，激发学习兴趣，并提高他们的责任感和自主学习能力。教师可以利用多元化的评价数据来更好地了解每个学生的学习情况，根据个体差异来调整教学策略，提供个性化的支持和反馈，以更好地满足他们的学习需求。这有助于提高教学效果和教学质量，促进生态化教学模式的成功应用。

综上所述，生态化教学模式为适应经济全球化发展和英语专业人才的需求提供了有力的教学工具和方法。高校英语教育者应该深刻理解生态化教学模式的概念和价值，并积极探索其在实际教学中的应用。通过更加开放、平等、互动、合作的教学方式，可以更好地激发学生的学习兴趣，培养他们的自主学习能力，提高教学质量，为社会培养更多的高素质英语专业人才。同时，教育管理者、教育政策制定者以及高校领导也应该支持和鼓励生态化教学模式的推广和实施，为教育改革提供政策和资源支持。这样可以更好地满足社会对于英语专业人才的需求，促进教育体系的不断创新和发展。

第二节　支架式教学模式

一、"支架式教学"模式的教育学理论基础

"支架式教学"模式基于建构主义教育学观点，强调学习者的主动建构、学习者以

自己的方式建构知识以及教师是教学过程的主导者和合作者。以下是对支架式教学"模式这一观点的进一步说明：

（一）学习是学习者的主动建构

建构主义认为学习是一个个体的心智活动，学习者通过与外界互动，根据他们已有的知识和经验主动构建新的知识和理解。这一观点强调学习的主体性，学习者在学习过程中扮演了积极的角色，他们不仅仅是被动地接受信息，还在构建自己的知识结构。

（二）学习者以自己的方式建构知识

每个学习者都有独特的经验和知识背景，因此他们对待和理解新知识的方式也会不同。支架式教学模式考虑到了这一点，鼓励学生根据自己的经验和理解来构建知识。这也促使了多元化的学习方式和结果，因为不同学生可能会有不同的视角和解释。

（三）教师是教学过程的主导者和合作者

在建构主义观点下，教师的角色发生了变化。教师不再仅仅是知识的传授者，而是学生学习过程中的引导者和合作者。他们创造学习环境，提供支架，鼓励学生提出问题、探索、交流和总结。这种合作的教学方法有助于激发学生的主动学习，帮助他们更好地理解和应用知识。

总的来说，支架式教学模式是一种符合建构主义教育学观点的教育方法，它强调了学习者的积极参与和主动建构知识的能力，同时也赋予教师更多的角色，使他们成为学习过程中的合作者和引导者。这种方法有助于促进学生的深层次理解和知识的持久性学习。

二、"支架式教学"模式在大学英语教学中的应用

《大学英语课程教学要求（试行）》明确了大学英语教学的不同层次的要求，根据学生的英语水平来设定不同的学习目标。这种分层次的教学要求有助于个性化学习和自主式学习的发展，同时也强调了学生在教学过程中的主体地位。

将支架式教学模式与现代信息技术相结合，确实可以是实现《教学要求》精神的有效方式。这种教学模式鼓励学生主动参与学习，根据他们的水平和需求来构建知识，同时也可以利用现代信息技术来提供更多的学习资源和工具，以支持个性化学习。以下是支架式教学与现代信息技术相结合的一些潜在优势：

（1）个性化学习：支架式教学模式允许学生根据自己的需求和兴趣来构建知识，而现代信息技术可以提供各种各样的学习资源，以满足不同学生的需求。学生可以根据自己的学习进度和兴趣选择学习材料和活动。

（2）自主学习：支架式教学强调学生的主动参与，而现代信息技术可以提供在线

学习平台和工具，帮助学生自主学习。学生可以随时随地访问学习资源，进行自主学习，不受时间和地点的限制。

（3）合作学习：支架式教学模式还鼓励学生之间的合作学习，而现代信息技术可以提供在线协作工具，促进学生之间的交流和合作。这有助于学生共同构建知识，分享观点和经验。

（4）实时反馈：现代信息技术可以提供实时反馈机制，帮助学生了解他们的学习进度和表现。这种反馈可以帮助学生调整学习策略，更好地达到学习目标。

总的来说，将支架式教学模式与现代信息技术相结合，可以更好地满足大学英语教学的要求，促进学生的个性化学习和自主式学习，提高教学的效果和效率。这种教学模式有助于培养学生的综合英语能力，使他们更好地适应现代社会的需求。以下是"支架式教学"模式操作的要点：

1. 搭建支架

将"支架式教学"模式与《教学要求》的不同层次要求相结合，根据学生的现有发展水平和潜在发展水平搭建不同层次的概念框架是非常合理的方法。这种个性化的教学方法有助于满足不同学生的需求，提高他们的学习积极性和潜力。

以下是一些可能的实施步骤，以将支架式教学与不同层次的学生要求相结合：

（1）课程设计和分层教学：首先，教师可以根据《教学要求》中的不同层次要求，进行课程设计，并将学生分为不同层次的班级或小组。每个层次的学生将有不同的教学内容和学习目标。

（2）概念框架的构建：教师可以为每个层次的学生构建不同的概念框架，包括所需的词汇量、词组量、积极词汇等。这些概念框架可以作为教学的基础，帮助学生逐步构建他们的英语知识体系。

（3）多媒体教材的设计：根据不同层次的学生需求，教师可以设计多媒体教材，包括文字、图像、声音、动画等。这些教材可以通过现代信息技术呈现给学生，以增强他们的学习兴趣和参与度。

（4）个性化学习和自主学习：支架式教学模式强调学生的主动参与和自主学习。教师可以为学生提供不同的学习路径和资源，以满足他们的不同需求。学生可以根据自己的学习速度和风格来选择学习材料和活动。

（5）实时反馈和评估：教师可以利用现代信息技术来提供实时反馈机制，帮助学生了解他们的学习进度和表现。这有助于学生调整学习策略，并确保他们达到了不同层次的要求。

综合而言，将支架式教学与《教学要求》的不同层次要求相结合，可以为学生提供个性化的学习体验，有助于满足他们的学习需求和提高英语学习的效果。这种教学方法充分利用了现代信息技术的优势，为英语教育提供了更多的可能性。

2. 进入情景

基于建构主义的教学方法强调学生的主动参与、情境化学习和多样性的学习资源。这种方法有助于激发学生的学习兴趣，提高他们的学习效果，并培养他们的问题解决能力和批判性思维。同时，教师在这一过程中扮演了重要的指导和支持角色，帮助学生构建他们的知识体系。以下是一些进一步的考虑和建议：

（2）情境化学习：确保学生在学习中处于具体的情境中。这可以通过选择与学生日常生活或兴趣爱好相关的话题或问题来实现。例如，如果学生正在学习环境保护的话题，可以提供与环境问题相关的真实案例或新闻文章，让学生更容易理解和关联这些内容。

（2）多样性的学习资源：确保提供多样性的学习资源，包括文字、图像、声音、视频等。这可以帮助满足不同类型的学习者的需求。有些学生可能更喜欢通过阅读文章来学习，而其他学生可能更喜欢通过观看视频或听音频来学习。

（3）自主学习和问题解决：鼓励学生在学习过程中提出问题、探索解决方案，并积极参与解决真实问题的过程。教师可以扮演指导者和引导者的角色，引导学生思考和解决问题，而不仅仅是传授知识。

（4）适应不同层次要求：根据不同层次要求的学生，提供不同难度和复杂度的学习任务和材料。这可以帮助每个学生在适当的挑战水平上学习，同时提供支持和反馈，以确保他们能够逐渐提高自己的能力。

（5）互动和合作：鼓励学生之间的互动和合作，让他们分享观点、想法和解决方案。这有助于学生从彼此的经验中学习，并构建知识。

3. 独立思索

建构主义教育强调学生的积极参与、思考和个性化学习。这种方法有助于培养学生的自主学习能力，激发他们的创造性思维，并提高他们的问题解决能力，使他们能够更好地应对复杂的学习任务和现实世界的挑战。教师在这一过程中发挥着重要的引导和支持作用，促使学生建构深刻的理解。以下是一些进一步的想法：

（1）启发性问题：鼓励学生提出问题，这些问题应该具有启发性，能够激发他们的好奇心和求知欲。这些问题可以有助于学生更深入地思考和探索主题，而不仅仅是回答问题。

（2）反思和讨论：在学生探索知识的过程中，鼓励他们反思他们的理解和观点，并与同学进行讨论和分享。这有助于学生更全面地理解主题，同时培养他们的批判性思维和沟通能力。

（3）自主学习：培养学生的自主学习能力是建构主义教育的一个关键目标。教师可以逐渐减少对学生的引导，鼓励他们独立思考和自主解决问题。这有助于学生培养自信心和学术自律性。

（4）实践和应用：将学习与实际应用相结合，让学生在真实情境中应用他们的知识。这可以帮助他们更好地理解和记忆所学内容，并将其转化为实际技能。

（5）个性化学习：了解每个学生的学习风格、兴趣和需求，并根据这些因素提供个性化的支持和资源。不同的学生可能需要不同的学习路径和资源来达到相同的学习目标。

4. 合作学习、进行讨论

合作学习是建构主义教育的一个关键组成部分，它强调学生通过社会互动和合作来建构知识。这种方法有助于培养学生的批判性思维、交流技能和问题解决能力，为他们未来的学术和职业生涯提供了重要的基础。以下是一些与合作学习和建构主义相关的关键观点：

（1）合作学习的优势：合作学习有助于学生通过互相交流和讨论来建构知识。在小组或团队中，学生可以分享他们的观点、提出问题，并共同探索答案。这种协作过程可以促进深入的学习和理解。

（2）社会性建构：建构主义理论中强调社会性建构，即通过与他人互动，学习者共同建构知识。通过与同学一起思考、讨论和解决问题，学生可以从多个角度看待问题，获取不同的观点和见解。

（3）反思和调整：合作学习也可以帮助学生反思他们的思考过程。通过解释自己的观点和听取他人的反馈，学生可以调整他们的理解和观点，从而改进他们的学习策略。

（4）促进交流和表达能力：合作学习不仅有助于学术知识的建构，还有助于学生的交流和表达能力的提高。学生必须清晰地表达他们的想法，倾听和理解他人的观点，这对他们未来的职业和社交生活都具有重要意义。

（5）多样性和包容性：在合作学习环境中，不同背景、经验和观点的学生可以共同学习。这种多样性可以促进理解和尊重不同文化和观点的重要性。

5. 总结、评价

在大学英语教学中，特别是在满足《教学要求》中的较高和更高要求时，教师需要采用不同的教学和评估方法来支持学生的高级学习。以下是一些教学和评估策略，有助于学生在英语学习中取得高级学习：

（1）案例研究和实际应用：将英语学习与实际案例和现实生活情境相结合。通过让学生解决真实问题、参与项目或模拟情境，他们可以将所学的语言和技能应用到实践中，提高高级学习的能力。

（2）批判性思维：鼓励学生提出问题、分析信息、评估观点，而不仅仅是记住信息。让学生思考和探索不同的观点，培养他们的批判性思维能力。

（3）小组合作：通过小组合作项目，学生可以共同解决问题，分享观点，并相互学习。这有助于他们发展合作和交流技能，并从彼此的经验中受益。

（4）项目作业：设计有挑战性的项目作业，要求学生综合运用他们所学的英语技能，如口语表达、书面表达和翻译，来完成复杂的任务。

（5）自主学习：鼓励学生主动探索和学习，提供资源和指导，但让他们在一定程度上独立思考和解决问题。这有助于培养他们的自主学习能力。

（6）定期反馈：提供及时的反馈，帮助学生了解他们的学术进展，并提供改进的建议。这可以促使学生不断改进他们的学习方法和技能。

大学英语教学需要更强调高级学习的目标和方法，通过与实际情境的联系、批判性思维和深度学习来培养学生的综合能力。教师在设计课程和评估方法时，应考虑如何支持学生在高级学习方面取得成功。这样，他们可以更好地满足《教学要求》中的较高和更高要求。

建构主义的支架式教学模式强调学习者的主动性、目标导向性和社会性互动，对于教学改革和学习成效都具有重要的意义。这种模式有助于激发学生的学习兴趣，提高他们的自主学习能力，培养批判性思维和合作技能，更好地满足不同层次和需求的学生。此外，支架式教学模式也与现代技术的发展和在线学习的兴起相结合，为学生提供了更多的学习资源和工具，可以实现个性化学习和跨时空的学习体验。这对于满足大学英语教学要求中的不同层次和更高要求，以及提高英语教学的效果和质量，都是非常有利的。总之，建构主义的支架式教学模式有助于培养学生的综合素养和自主学习能力，推动了教学改革和教育的现代化，对于提高学生的英语水平和应对现代社会的需求具有积极的影响。

第三节　翻转课堂教学模式

翻转课堂是一种教育模式，它的核心理念是颠覆传统课堂的教学方式，将学生的学习活动从课堂内移到课堂外，强调了学生的主动参与和自主学习。这种教育模式可以利用现代信息技术，如在线教育平台、视频教学、在线讨论等，来支持和促进学生的学习过程。总之，翻转课堂是一种有潜力提高教育质量的教育模式，它强调了学生的主动学习和实际应用，有助于培养学生的自主学习能力和批判性思维。在大学英语教学中，翻转课堂也可以应用，以提高学生的英语语言技能和交流能力。

一、翻转课堂概述及优势

（一）概述

翻转课堂的核心思想是重新调整课堂内外的学习时间，将传统的课堂讲授转移到课前自主学习，从而让课堂时间更加充实和有针对性。这种模式强调学生的主动学习，培养了他们的自主学习能力、合作能力和批判性思维能力。同时，翻转课堂也充分利用了现代信息技术，提供了多样化的学习资源和工具，可以更好地满足学生的个性化学习需求。学生可以在课前根据自己的学习进度和需求预习相关材料，然后在课堂上与教师和同学共同讨论、解决问题，这种互动式的学习体验可以激发学生的学习兴趣和动力。此外，翻转课堂也适应了互联网时代的教育趋势，使得学习更加灵活和可访问。学生可以通过在线资源随时随地学习，而不仅仅局限于传统的课堂环境。这种模式也有助于提高教育的效率和质量，为学生提供更具深度和实际应用的学习体验。总之，翻转课堂是教育领域的一项创新，有助于适应现代学习需求和技术进步，提高学生的学习体验和学习成效。

（二）优势

翻转课堂教学模式适应了现代学习的需求和技术发展，为学生提供更多的学习机会和方式，同时也为教师提供更多的教育工具和机会，从而提高了教育的质量和效率。翻转课堂教学模式的优势主要体现在以下几个方面：

1. 自主学习能力的培养

翻转课堂鼓励学生在课前独立学习和掌握知识，这有助于培养他们的自主学习能力，提高对学习的主动性。

2. 教学信息的明确性

翻转课堂的教学视频通常会更加清晰和有针对性，因为教师可以精心策划、编辑视频内容，确保学生在短时间内获取关键信息。

3. 学习流程的优化

通过在课前引入知识，课堂时间可以用于深入讨论、解决问题、互动交流，这样的学习流程更有助于深度理解和知识应用。

4. 及时反馈和复习

学生可以通过翻转课堂模式及时了解自己的学习进展，发现并解决问题，提高复习效率。同时，教师也可以更好地监测学生的学习情况。

5. 学生参与和合作

翻转课堂模式鼓励学生在课堂上积极参与、互相合作，这有助于培养团队合作和交流技能。

二、翻转课堂对大学英语教学的意义

翻转课堂对大学英语教学的意义非常具有价值。翻转课堂模式的引入确实有助于改善大学英语教学的方式和效果，以下是一些重要的意义：

（一）树立学生的"进阶意识"

翻转课堂强调自主学习，使学生在大学阶段更多地承担学习的责任。这有助于树立学生的进阶意识，提高他们的学术独立性和主动性。

（二）新型师生关系

翻转课堂打破了传统的教师中心模式，鼓励教师与学生之间的平等互动。这种新型师生关系可以提高学生的参与积极性，促进更深入的学习。

（三）培养文化认知

翻转课堂可以将英语教学与文化探索相结合，帮助学生更好地理解英语所承载的文化内涵。这不仅提高了语言能力，还丰富了学生的文化认知。

（四）适应学生的学习习惯

翻转课堂利用现代信息技术，符合学生碎片化和网络化的学习习惯。学生可以根据自己的时间和方式来学习，提高了学习的自由度和灵活性。

总之，翻转课堂不仅提供了新的教学模式，还培养了学生的学术能力、合作精神和文化认知，有助于更好地满足大学英语教育的需求，提高了教育的质量。这一教育创新对于现代大学英语教学具有积极而深远的影响。

三、大学英语翻转课堂教学流程的设计

翻转课堂的这种重新分配课堂时间和学习活动的方式有助于更好地满足学生的学习需求，并提供了一种更加灵活和个性化的学习体验。总的来说，翻转课堂的课前自学和课中学习相辅相成，使学生能够更充分地利用课堂时间，更好地理解和应用知识。这种教学模式强调了学生的主动性和参与度，有助于提高他们的学习效率和成就感。同时，教师在这个过程中也扮演了更多的指导和支持角色，以确保学生的学习顺利进行。

（一）课前学习环节的教学设计

课前学习环节的教学设计非常详细和有条理，这些步骤和策略对于成功实施翻转课堂教学非常重要。以下是一些关于课前学习环节的教学设计的进一步思考：

1. 预设性学习资源

在制作预设性学习资源时，教师可以考虑将内容模块化，以便学生更容易理解和吸收。此外，可以提供不同形式的材料，如教学视频、文本、练习题等，以满足不同学生的学习偏好。还可以使用在线测验或小测验来帮助学生评估自己的学习进度，这些测验可以在课前自学阶段提供及时反馈。

2. 课前练习活动

练习活动的设计应依据教学目标和学生的水平，从简单到复杂，逐渐引导学生进入课题。任务型学习是一个很好的方法，可以将练习活动设计成与实际生活情境相关的任务，让学生在解决问题的过程中运用英语。同时，教师可以在这个阶段提供一些提示或指导，以帮助学生克服困难。

3. 观看课程教学视频

学生观看教学视频时，教师可以提供一些引导性问题或讨论主题，以激发学生的

思考和讨论。这有助于学生更深入地理解视频内容，而不仅仅是积极地接受信息。此外，教师还可以建议学生做一些笔记或总结，以便在课堂上分享。

4. 课前互动性学习活动

这一环节的目的是促进同学之间的合作和讨论，教师可以提供一个在线平台，让学生分享他们的看法、问题和答案。教师还可以参与到这些讨论中，解答学生的问题，提供额外的解释或示例。这种互动性活动有助于建立学习社区，让学生感到更有动力和参与度。

总的来说，教学设计策略要符合翻转课堂的核心理念，即通过前置学习和在线资源来激发学生的主动学习兴趣，同时在课堂上更好地应用所学知识。这样的教学方法有助于提高学生的学习效果和参与度，同时也为他们提供了更多自主学习的机会。

（二）课堂学习活动环节的教学设计

翻转课堂强调了学生的主动学习和合作学习，但教师仍然扮演着关键的引导和支持角色。他们的目标是促进学生的深度思考、问题解决能力和合作技能的培养。因此，教师在翻转课堂中仍然发挥着不可或缺的作用。翻转课堂的课堂教学设计流程如下：

1. 总结课前，确定问题

通过将课前学习情况和未解决的问题引入课堂，教师可以根据学生的需求和反馈来调整课程，确保课堂活动更具针对性和互动性。这种方法也有助于培养学生的自主学习和问题解决能力，同时营造了积极的学习氛围。总结课前，确定问题主要包含以下内容：

（1）综合评价学生的课前学习情况：在开始正式的课堂活动之前，教师可以要求学生以个人或小组的形式对他们在课前的自学情况和讨论情况进行汇报。这可以通过学生代表或小组代表的方式进行。学生可以分享他们的学习体验、掌握的知识和遇到的困难。这种汇报可以帮助教师了解学生的学习进度和需求，同时也可以让学生对自己的学习过程进行自我评价。此外，可以鼓励学生之间进行互评，以便他们从彼此的经验中获得启发和建议。

（2）深入研究未解决的问题：如果在课前的讨论中出现了一些未能解决的问题或困惑，教师可以将这些问题带入正式的课堂环境。在课堂上，教师可以与学生一起深入研究这些问题，提供更多的背景信息、解释和指导。这有助于促进课堂的互动性和学习的深度。教师可以通过提出进一步的问题、组织小组讨论或鼓励学生自己探索答案的方式来引导学生。

2. 独立思考，自主探究

独立思考和自主探究是培养学生自主学习、创新和问题解决能力的关键方法。通过这个过程，学生将不仅愿意积极获取知识，而且可以激发学生的学习兴趣。这有助于他们培养自主学习、批判性思维和解决问题的能力，这些技能在大学和将来的职业生涯中都非常重要。同时，这种教学方法也有助于营造积极的学习氛围，激发学生的学术热情。独立思考，自主探究主要包含以下内容：

（1）兼顾个体差异性：教师在设计探究问题时应考虑学生之间的差异，包括学术水平、兴趣和学习风格等。这意味着教师应该提供一系列不同难度和复杂性的问题，以满足不同层次学生的需求。一些问题可以更基础，适合初学者，而其他问题可能更具挑战性，适合已经有一定基础的学生。这样，每个学生都可以在自己的水平上进行独立思考和自主探究。

（2）学生自主选择问题：在教师提供了一系列探究问题之后，学生应该有自主选择问题的权利。他们可以根据自己的兴趣、学术需求和目标来选择一个问题。这有助于激发学生的主动性，因为他们可以选择他们认为最有趣或最重要的问题进行探究，从而更有动力投入学习。

（3）小组合作：学生可以按照选择的问题自由组成小组，每个小组负责一个子问题。小组成员之间可以共同探讨问题，分享各自的见解和研究成果。这种合作方式有助于促进学生之间的互动和协作，同时也鼓励他们从不同的角度思考和解决问题。

（4）整合思考和汇总：每个小组成员在独立探究子问题后，将他们的思考和研究成果汇总在一起，以形成整体式的探究结果。这个过程鼓励学生从各个方面综合思考问题，并通过小组内部的交流和讨论进一步完善他们的理解。

3. 团队协作，合作学习

合作学习在翻转课堂中确实是一个非常有价值的教学策略，有助于学生更深入地理解和应用所学内容。以下是一些关于如何有效组建小组或团队以促进合作学习的建议：

（1）均衡差异性：您强调了这一点，确保小组内的学生具有一定的平衡，包括学术水平、学科兴趣、学习风格和能力等方面。这有助于避免一个小组中某些学生过于强势，而其他学生则被较强的学生所压制。差异性的平衡有助于鼓励每个学生发挥自己的长处，同时也能提供不同观点的丰富性。

（2）小组组建方式：教师可以使用不同的方式来组建小组，如随机分组、学生自由选择、教师指定等。随机分组可以确保多样性，但学生可能不熟悉彼此，需要一些时间来建立合作关系。学生自由选择允许他们与志趣相投的同学一起工作，但可能导致一些小组在能力上不够均衡。教师指定可以根据自己的了解和判断来构建均衡的小组。通常，这些方式可以结合使用，以满足不同的学习目标和任务。

（3）小组大小：您提到每个小组成员 4－6 人最佳，这是一个合理的范围。较小的小组可能更容易管理，但可能缺乏多样性。较大的小组可以提供更多的观点和资源，但可能需要更多的组织和管理。根据具体情况，可以调整小组的大小，但确保小组不要太大，以免失去个体学生的参与感。

（4）组长角色：每个小组可以选择一位组长，负责组织和监督小组的学习活动。组长可以轮换，以便每个学生都有机会担任这个角色。组长的任务包括确保小组按时完成任务、促进讨论和协作、提出问题并与教师交流。组长的存在可以帮助管理小组并保持学习进度。

（5）合作活动：您提到可以使用辩论、话剧、竞争等模式进行合作。这些模式可以根据教学目标和任务来选择。例如，辩论可以帮助学生锻炼辩论和说服技巧，话剧可以促进表达和演绎能力，竞争可以激发学生的积极性。选择适当的合作活动有助于学生更深入地理解课程内容。

通过有效的小组组建和合作学习策略，教师可以促进学生之间的积极互动、深层次学习和团队协作，从而提高教学效果。同时，这也培养了学生的团队合作技能，这对他们未来的职业发展非常有帮助。

4. 成果展示，交流互动

成果展示是翻转课堂教学中非常关键的一环，它有助于学生巩固所学知识，提高表达能力，并促进同学们之间的互动和合作。以下是一些关于如何有效进行成果展示的建议：

（1）选择合适的展示方式：教师可以酌情选择不同的展示方式，包括课堂展示、课下录像展示或在线平台上的展示。每种方式都有其优势和适用场合。课堂展示可以增加面对面互动，但可能需要更多的时间。录像展示可以提前安排，让学生有更多时间准备，但可能缺乏实时互动。在线平台展示可以提供更大的灵活性和便捷性。

（2）明确展示内容：学生在展示之前应明确展示的内容，包括他们的研究问题、方法、结果和结论。这可以帮助确保展示的重点和目标明确，避免遗漏重要信息。

（3）时间控制：教师应该合理安排展示的时间，确保每个小组有足够的时间来展示他们的成果，同时不要超出课程计划的时间范围。如果有很多小组需要展示，可以考虑将展示分成多个课堂，以免时间太长。

（4）评价和反馈：在展示结束后，教师和同学可以提供反馈和评价。这有助于学生了解他们的表现，知道自己做得好和需要改进的地方。教师可以提供具体的建议和指导，以帮助学生进一步提高。

（5）鼓励互动：鼓励同学们在展示期间提问和互动。这可以促进深入思考和讨论，帮助学生更好地理解和吸收所学内容。

（6）分享优秀成果：教师可以选择几个优秀的小组成果，与全班分享。这有助于其他学生学习和借鉴成功的经验和方法。

（7）记录展示成果：小组的展示成果可以记录下来，以便学生在日后复习和回顾。这也有助于建立学习档案，追踪学生的进展。

（8）激励学生：教师可以为展示成果设立一些奖励或激励措施，以鼓励学生积极参与和表现出色。

通过精心安排和有效的组织，成果展示可以成为翻转课堂的高潮，帮助学生更好地理解和应用所学知识，并提高他们的自信和表达能力。

5. 评价反馈，建议改进

教学评价在教育中扮演着至关重要的角色，无论是在传统的英语正式授课还是翻转课堂中，都有助于检验学生的学习成果、指导教学改进、鼓励学生积极参与学习。以下是关于英语翻转课堂教学评价的一些补充建议：

（1）多元化的评价方式：除了自评、互评、教师评价外，可以考虑采用多元化的评价方式，如作业、小组项目评价、口头演讲、参与度评估等。多种评价方式可以更全面地了解学生的学习情况和能力。

（2）及时反馈：教师应该尽早提供反馈，帮助学生在课程中纠正错误和改进。这有助于学生在学习过程中不断进步，而不仅仅是在期末考试前才发现问题。

（3）反思和目标设定：教师可以鼓励学生参与反思，帮助他们了解自己的学习风格和问题。学生可以设定学习目标，制定改进计划，并定期审查和更新这些目标。

（4）强调学习过程：除了关注学生的知识掌握，也要注重学习过程中的表现。这包括学生的参与度、合作能力、问题解决能力和批判性思维等方面的评价。

（5）鼓励自主学习：教师可以激发学生的自主学习动力，鼓励他们积极参与翻转课堂的各个环节，并在评价中反映出学生的自主学习能力。

（6）定期反馈会议：教师可以定期与学生进行反馈会议，讨论他们的学术进展、困难和需求。这可以帮助教师更好地理解学生的情况，并提供有针对性的支持。

（7）适应性评价：教师应该根据学生的个体差异进行适应性评价，考虑到不同学生的学习风格和需求，以便更好地满足他们的学术需求。

（8）课程改进：教师应该将学生的评价和反馈用于不断改进课程设计和教学方法，以提高教育质量。

教学评价应该是一个综合的、有针对性的过程，旨在促进学生的学习，鼓励他们积极参与，并为他们提供改进和成长的机会。同时，评价也有助于教师更好地了解学生，满足他们的学术需求，提高教育质量。

总而言之，大学英语翻转课堂的确是一种能够打破传统教学方式的现代教育模式。通过充分利用互联网和现代技术，翻转课堂能够更好地激发学生的自主学习动力、提高他们的参与度和学习效果。大学英语翻转课堂为学生提供了更多自主学习和合作学习的机会，有助于培养他们的创新能力和主动探索能力。同时，教师在这一过程中也需要不断发展和适应，以更好地满足学生的需求和教育的未来挑战。这种教学模式对于提高教育质量和学生综合素养的发展具有重要意义。

第四节 多维互动教学模式

多维互动教学模式在大学英语教学中确实具有重要的价值，可以提高教学效果和学生的学习积极性。与此同时，多维互动教学模式可以丰富大学英语教学的形式和内容,提高学生的学习积极性和深度参与度。教师在应用这一模式时,需要有意识地创造多种互动机会,引导学生思考和探讨,建立积极的学习氛围,从而更好地实现教学目标。同时,不断的反馈和改进是保持教学模式活力和有效性的关键。

一、大学英语教学中多维互动教学模式应用价值

语言环境的合理营造:确保课堂环境充满英语语言,鼓励学生使用英语进行沟通。教师可以使用多媒体资源、英语游戏、角色扮演等方式来创造互动的语言环境。此外,鼓励学生参加英语角、英语俱乐部等课外活动,提高他们的英语实际应用能力。

(一)学生主动参与

为了激发学生的学习兴趣和主动性,可以采用问题导向的教学方法,鼓励学生提出问题并共同解决问题。教师还可以提供挑战性的任务和项目,让学生在团队合作中发挥创造性和主动性。

(二)多维互动情景的构建

教师可以根据不同的教学内容和学习目标,构建多种多样的互动情景。例如,通过模拟真实生活中的场景,让学生练习实际英语应用,提高他们的交际能力。这种情景教学可以更好地满足英语学科的实际需求。

(三)反馈机制

建立有效的反馈机制对于多维互动教学至关重要。教师可以及时回应学生的提问和疑惑,同时鼓励学生互相提供反馈。这有助于纠正错误,促进学习的持续改进。

(四)跨学科融合

在多维互动教学中,可以考虑将英语与其他学科融合,创造跨学科的学习机会。这有助于学生更全面地理解英语在不同领域中的应用,提高他们的综合素养。

总之,多维互动教学模式的科学应用需要综合考虑教育环境、学生需求和课程内容,以确保学生能够更全面地发展英语语言技能和综合素养。同时,不断的教学创新和改进也是提高教育质量的关键。

二、多维互动教学模式应用策略

(一)转变传统教学理念

多维互动教学需要教师的不断努力和持续改进,以满足学生的需求,并使他们成为自主学习者和具有创新能力的个体。通过积极引导和培养学生的学习兴趣,教师可以在大学英语教育中实现更高水平的教学效果。以下是一些关键的建议,以帮助教师

实现多维互动教学的科学应用：

1. 教学理念的转变

教师需要逐渐从传统的知识传授者转变为学生的学习引导者和合作伙伴。这意味着教师要鼓励学生自主学习，激发他们的兴趣和好奇心，帮助他们主动构建知识。

2. 学生主体地位

确保学生在教学过程中处于中心位置。让学生参与决策、提出问题、分享观点，并参与教学设计的过程。鼓励他们负责自己的学习，培养他们的自我管理能力。

3. 问题意识的培养

帮助学生培养批判性思维和问题解决能力。鼓励他们提出问题、质疑观点，并帮助他们寻找答案。问题导向的教学可以激发学生的好奇心，提高他们的主动学习兴趣。

4. 创新和应用能力的培养

多维互动教学的目标之一是培养学生的综合素养，包括创新和应用能力。教师可以设计项目和任务，要求学生将所学知识应用于实际情境，解决现实问题，从而提高他们的创新和实际能力。

5. 持续反馈和改进

教师应定期与学生进行反馈交流，了解他们的需求和反馈，根据学生的反馈不断调整教学策略。这种教师和学生之间的互动有助于提高教学质量。

6. 教育技术的应用

利用教育技术工具和在线资源来支持多维互动教学。这些工具可以帮助学生更好地参与互动，个性化地学习，并提供实时反馈。

（二）科学开展小组合作

学生之间的有效互动交流对于英语学习效果的提升和学生个性发展非常重要。以下是一些关键点，有助于教师在大学英语教学中有效引导学生之间的互动交流：

1. 小组合作和组长设置

教师可以根据学生的英语水平和学科特点，科学划分不同的小组。每个小组可以选择一位组长，负责协调和组织小组的活动，同时也要鼓励组员之间的相互合作和交流。

2. 合理的主题设置

在小组讨论中，教师应该设置具有挑战性和启发性的主题，能够激发学生的兴趣和思考。这有助于引导学生进行深入的讨论和互动。

3. 引导和监督

教师在小组讨论中要扮演引导者的角色，及时为学生提供反馈和指导。如果小组内成员意见不统一或出现问题，教师需要适时进行干预和引导，确保讨论顺利进行。

4. 观察和评估

教师需要密切观察各小组讨论的进展和成果，以便更好地了解学生的表现。评估学生的互动和贡献，这可以作为一种评价学生参与度和合作能力的方式。

5. 语感和语言表达培养

通过模拟教材文本的人物或情境，学生可以更好地培养英语语感和提高语言表达能力。教师可以鼓励学生在小组内进行角色扮演和讨论，这有助于实际运用所学知识。

6. 课外拓展学习

鼓励学生参与课外英语活动，如英语角、辩论比赛、文化交流等。这可以帮助学生在日常生活中更广泛地应用英语，提高他们的语言综合素质。

总之，通过合理设置小组合作和引导学生之间的互动交流，教师可以在大学英语教学中提升学生的学习效果和个性发展。多样化的教学方法和实际应用英语的机会将有助于学生更全面地掌握英语知识和技能。

（三）保障学生主体地位

保障学生的积极性、尊重学生的个体差异以及科学引导学生的重要性，这些都是在多维互动教学中有效引导学生的关键因素。以下是一些进一步的建议，以确保学生在大学英语教学中积极参与和充分发展：

1. 建立积极的学习氛围

教师可以通过鼓励积极的学习态度、尊重学生的意见、倡导开放的讨论和合作等方式，创建积极的学习氛围。这有助于激发学生的兴趣和参与积极性。

2. 个性化教育

考虑到学生的个体差异，教师可以采用个性化教育的方法，根据学生的学习风格、兴趣和能力水平，为他们提供不同的学习资源和支持。这有助于确保每位学生都能找到适合自己的学习路径。

3. 激发学生的好奇心和独立思考

教师可以提出引人入胜的问题，激发学生的好奇心，鼓励他们独立思考和提出问题。这有助于学生在课堂上积极参与讨论和互动。

4. 鼓励自我表达

教师可以通过各种方式，如小组讨论、演讲、写作等，鼓励学生表达自己的观点和想法。同时，给予积极的反馈和鼓励，帮助学生提高语言表达能力。

5. 引导学生解决问题

在多维互动中，教师不仅要传授知识，还要培养学生解决问题的能力。教师可以提供问题解决的方法和策略，引导学生在互动中运用这些技能。

6. 提供反馈和评估

及时提供学生的反馈和评估，帮助他们了解自己的学习进展和改进的方向。这有助于学生更好地参与和调整学习策略。

综合来说，通过以上方法，教师可以在大学英语教学中确保学生的积极性和参与度，同时尊重学生的个体差异，引导他们在多维互动中充分发展，提高英语学习效果。

（四）强化师生情感交流

多维互动教学理念的应用对于改进大学英语教学中的师生互动非常重要。以下是一些方法和建议，以促进更平等、多维的师生互动：

1. 建立平等的师生关系

教师应该视学生为平等的合作者，而不仅仅是知识传授者。建立一种互相尊重的师生关系，鼓励学生积极参与讨论和提出问题。

2. 鼓励情感表达

教师可以通过开放性问题、分享个人经验、提供支持和理解等方式，鼓励学生在课堂上表达情感和意见。这有助于创建一个情感开放的学习环境。

3. 关注学生的需求

了解学生在学习过程中的需求和挑战，对学生提出的问题给予关注和支持。可以定期进行反馈和讨论，以确保课程和教学方法符合学生的学习需求。

4. 多元化的互动方式

除了传统的提问和回答，还可以采用小组讨论、角色扮演、项目合作等多种互动方式。这有助于激发学生的创造力和合作精神。

5. 鼓励学生批判性思考

培养学生的批判性思维能力，鼓励他们对教材和课堂内容提出质疑和思考，而不仅仅是积极地接受信息。

6. 提供及时反馈

给予学生及时的反馈，帮助他们改进学习方法和表达技巧。反馈不仅应包括学术方面，还可以包括学习过程中的情感和情绪方面。

7. 多维互动的评价

在评价学生时，除了考察他们的知识水平，还可以考察他们的批判性思维、解决问题的能力、沟通技巧等多个维度。这有助于全面了解学生的表现。

通过以上方法，教师可以创建一个鼓励情感表达、平等对话和多维互动的学习环境，有助于学生更全面地发展并提高英语学习的效果。

（五）改进英语教学形式

改进教学形式、鼓励自主学习、多种教学方法和创设多种情景都是优化大学英语教学的重要策略。以下是一些具体建议，以实现这些目标：

1. 角色互换和小组合作

教师可以设计课堂活动，要求学生在不同角色中表演和合作，这有助于学生更深入地理解课程内容，培养团队协作和沟通技能。

2. 问题导学

提出开放性问题，鼓励学生自己探索答案。这激发了他们的主动学习兴趣，培养了解决问题的能力。

3. 创设情景

将学习内容置于实际情景中，让学生更容易理解和应用。例如，通过模拟真实对话场景，提高学生口语表达能力。

4. 鼓励自由发言

创建宽松的学习环境，鼓励学生随时提问和发表观点。教师应该积极回应学生的提问和意见，培养学生积极参与的氛围。

5. 个性化学习

了解学生的学习需求和兴趣，根据不同学生的差异提供个性化的学习资源和建议，帮助他们更好地发挥自主学习能力。

6. 定期反馈和评价

给予学生及时的反馈，帮助他们识别自己的优势和不足，以便调整学习策略和目标。

7. 技术辅助教学

利用技术工具，如在线学习平台、多媒体资源和虚拟实验室，丰富课程内容，增强学生的自主学习体验。

8. 鼓励创新和批判思维

培养学生的创新和批判性思维能力，鼓励他们质疑传统思维和寻找新的解决方案。

通过综合运用这些策略，教师可以创造一个积极的学习环境，激发学生的自主学习兴趣，提高他们的学习动力，使大学英语教学更具效率和吸引力。

（六）创建良好学习氛围

创造良好的语言学习氛围和关注学生的个体差异是非常重要的，可以促进学生的积极参与和有效学习。以下是一些具体的建议，以更好地实现多维互动教学：

1. 多样化的学习环境

创造多样化的学习环境，包括小组活动、情景再现、角色扮演、讨论、项目研究等。这些方法有助于学生更深入地参与，提高他们的语言学习兴趣。

2. 关注学生兴趣和需求

了解学生的兴趣和学习需求，根据他们的兴趣和需求调整课程内容，使学习更加个性化和有趣。

3. 鼓励学生主动参与

鼓励学生在课堂上提出问题、分享观点和参与讨论。教师可以设立一个宽松的氛围，让学生感到安心表达自己的看法。

4. 学生中心的评价

不仅关注学生的考试成绩，还要使用多样化的评价方法，如作业、小组项目、口语表现等，全面了解学生的学习情况。

5. 个体差异的关怀

理解学生的个体差异，包括学习风格、学习速度和学习难点。提供额外的支持和挑战，以满足不同学生的需求。

6. 教师的有效反馈

提供及时的反馈和指导，帮助学生了解他们的进展并改进他们的学习策略。这可以通过定期的讨论、建议和评价来实现。

7. 学习资源的提供

提供额外的学习资源，如在线学习材料、练习题、词汇表、语法指南等，以便学生在自主学习时有更多选择。

8. 鼓励反思和自我评价

帮助学生培养反思习惯，让他们定期审视自己的学习过程，制定学习目标并评估自己的进展。

通过实施这些策略，教师可以更好地满足学生的学习需求，创造积极的学习氛围，并帮助他们提高英语学习的效果和自主学习能力。

（七）合理丰富教学活动

丰富多彩的教学活动和多元化的教学评价对于多维互动教学模式的成功实施非常重要。以下是一些关于如何更好地设计和实施这些教学活动和评价的建议：

1. 多元化教学活动

（1）小组合作活动：鼓励学生参与小组项目、讨论或辩论，以促进合作和互动。确保小组成员之间的角色分工清晰，以充分发挥各自的潜力。

（2）角色扮演：创造角色扮演的情景，让学生在不同的角色中练习英语对话和情景交流，提高他们的语言表达能力。

（3）实践活动：安排学生参与英语角、文化展览、志愿者活动等实践活动，让他们在真实情境中应用英语，提高实际交流能力。

2. 多元化教学评价

（1）自我评价和互评：鼓励学生对自己的学习进展进行自我评价，并与同学之间进行互相评价。这可以通过学生交流心得、展示项目或写作评价等方式实现。

（2）小组项目评估：使用小组项目来评估学生的团队协作和沟通能力。让学生为小组成员的表现提供反馈，并参与小组评估过程。

（3）口头和书面表现评价：不仅仅侧重考试成绩，还要评估学生的口头表达和书面表现。这可以通过口头报告、演讲、写作作业等方式实现。

3. 鼓励反思和改进

（1）帮助学生养成反思习惯，让他们思考自己在学习过程中的成功和挑战。教师可以定期与学生讨论他们的学习经验，提供建议和反馈，以帮助他们改进。

（2）激发学生的学习兴趣：设计有趣的教学活动和课程内容，以吸引学生的兴趣。结合流行文化、实际案例和互动性质的教材，让学生更容易投入到学习中。

通过这些方法，教师可以创造一个积极的学习环境，激发学生的学习兴趣，提高他们的语言技能和交流能力，并确保多维互动教学模式的成功实施。

总之，通过以上途径和方法，可以在大学英语教学中更有效地应用多维互动教学模式，实现更高水平的教学效果。这种教学方法可以提高学生的学习积极性、主动性和创造性，有助于培养他们的综合素质和英语能力，使其更好地适应现代社会的需求。随着教育和技术的不断发展，教育方法也需要不断更新和改进，以满足学生的需求和社会的变化。多维互动教学模式是一种适应现代高等教育要求的教育方式，可以更好地培养学生的综合能力，使他们具备更好的竞争力和适应能力。因此，在大学英语教学中积极推广和实践多维互动教学模式是非常有意义的，有助于提高教育质量和学生的综合素质。

第三章　大学英语线上线下教学

第一节　线上教学概述

一、线上教学的概念

在目前的情况下，线上教学通常被界定为：以班级为单位，组织授课和双向互动，采用的是录播课和"录播＋线上答疑"的方式，按照课程大纲及教师的教学目标，将网络技术作为一种媒体，实现教师、学生、媒体之间的多向互动，并利用多媒体和网络平台，对多媒体教学中所涉及的信息进行收集、处理、传输和共享，进而实现教师教学目标的一种教学模式。与传统课堂教学方式相比，在线教学方式突破了时空的局限。

二、线上教学的原则

线上教学原则是非常重要的，它们有助于确保线上教学的有效性和高质量。以下详细地解释一下这些原则：

（一）技术简易方便操作原则

这个原则强调了教师在选择线上教学工具和平台时需要考虑自己的技术水平[①]。使用教师熟悉且容易操作的技术工具可以确保教学流程更加顺畅，同时减少了技术问题带来的困扰。

（二）课堂以生为本原则

这个原则强调了学生在线上教学中的主体地位。教师需要创建互动性和参与性强的在线环境，鼓励学生积极参与讨论、提问和互动。问题驱动教学法等方法可以激发学生的学习兴趣和主动性。

---

① 马永峰."互联网＋"视阈下高校英语教学模式发展研究［J］.湖北开放职业学院学报，2019，32（06）：134－135.

（三）追求课堂高效率原则

教师应该合理安排线上教学的时间和内容，确保每节课的效率。短时间内集中注意力，以及为学生提供练习时间，有助于保持学生的专注度和积极性。

（四）授课方式多样化原则

这个原则强调了在线上教学中的多样性和创新。教师应该尝试不同的授课方式，包括视频、直播、PPT＋语音等，以满足不同学生的学习需求，增强教学吸引力和互动性。

这些原则可以帮助教师更好地应对线上教学的挑战，确保教学效果。此外，不断的实践和反馈也是不断改进线上教学的关键。线上教学是一个不断演进和改进的过程，需要教师和学生的共同努力来不断提高教学质量。

三、线上教学的优缺点

（一）优点

线上教学的优点在于它为学生提供了更多的学习选择和自主权，同时为教师和教育机构提供了更多的数据和工具来提高教学质量。这种灵活性和多样性有助于适应不同学习风格和需求的学生，同时也有助于推动教育的创新和改进。

1. **线上教学资源丰富、形式多样**

MOOC学习平台提供了广泛的学习资源，从各个领域的课程到专业培训，甚至包括兴趣爱好的学习资源。这使学生能够选择适合他们需求的课程，并且通过各种多媒体形式（如微视频、在线测验等）来学习。这种多样性和灵活性能够满足不同学生的需求，提高了学习的吸引力和互动性。

2. **以学生为主导，强化了学习的自主性**

线上教学赋予学生更多的自主性，他们可以自行安排学习时间和地点，不受时间和空间的限制。学生可以根据自己的学习节奏和需求来调整学习进度，这有助于个性化学习。此外，线上教学强调自主学习，激发了学生的学习兴趣和动力，使他们更加积极参与学习过程。

3. **学习过程的记录和分析**

线上教学平台通常能够记录学生的学习进度和表现数据。这使教师能够更好地了解学生的学习情况，提供有针对性的支持和反馈。同时，这些数据还可以用于学习分析，帮助学校和教育机构改进教育质量，更好地满足学生的需求。

（二）缺点

线上教学虽然具有许多优点，但也存在一些明显的缺点和挑战。线上教学的缺点需要认真考虑，但可以通过采取适当的策略和技术来减轻其影响。重要的是在线上教学中继续改进教育方法，以提高师生互动、学习效果和学生之间的互动。

1. 师生间互动的效果不好

在线上教学中，师生之间的互动可能会受到限制。学生通常更难以表达情感和提出问题，因为他们不在教师面前，这可能导致学生的敷衍和不积极参与。此外，线上教学通常缺乏实时互动，而传统课堂更容易建立师生之间的互动和联系。此问题可以通过一些策略来缓解，如在线讨论论坛、实时聊天工具和在线办公小时，以便学生能够更轻松地与教师和同学互动。

2. 线上学习效果难以把控

在线上环境中，教师可能更难监督学生的学习进度和作业质量。一些学生可能因为缺乏监督而变得不够自觉，甚至可能涉及到学术不诚信问题，如抄袭。这需要教育机构采取措施来确保学术诚信，如使用反抄袭工具来检测抄袭，制定明确的学术诚信政策，并为学生提供学术支持和指导。

3. 学生之间的互动不足

线上教学可能会限制学生之间的面对面互动和团队合作。在传统课堂中，学生可以更容易地形成学习小组，互相讨论和合作完成项目。为了弥补这一不足，线上教学可以鼓励学生参与在线小组项目、合作任务和讨论，以促进学生之间的互动和协作。

第二节　现代线上大学课程教学模式

一、线上教学模式的特点

线上教学模式的特点确实为教育带来了新的可能性和灵活性。您提到的线上教学具有以下主要特点：

（一）时间和地点的灵活性

学生和教师不再受限于特定的时间和地点。这意味着学习可以适应不同学生的时间表和地理位置，更具弹性。

（二）丰富的教学资源

线上教学平台通常提供各种多媒体教学资源，如视频、音频、在线教材等，这可以丰富教学内容，使学习更生动有趣。

（三）个性化学习

学生可以根据自己的学习节奏和需求进行学习。他们可以自主选择学习材料、重复学习、自主探索，并在自己的学习进程中更好地理解和吸收知识。

（四）多样化的评估方式

在线上教学中，可以使用各种形式的评估方式，包括在线测验、作业、讨论论坛等，以更全面地评估学生的学术表现。

（五）互动和反馈

虽然线上教学可能没有传统课堂上的面对面互动，但可以通过在线聊天、讨论论坛和邮件等方式来实现教师与学生之间的互动。此外，学生可以随时在线向教师提问，获得反馈。

（六）记录和追踪学习进展

在线平台通常会记录学生的学习活动和进展，教师可以更好地了解学生的学习情况，根据需要提供指导和支持。

尽管线上教学有这些优势，但也需要克服一些挑战，如师生互动、学习效果监控等问题。因此，合理结合线上教学和传统课堂教学，以及在线教学工具和方法的不断改进都是重要的。这样，教育者可以更好地满足学生的需求，提高教学效果。

二、线上课程教学模式的具体方式

（一）提高自主学习能力

自主学习能力的重要性以及线上教学如何促进这种自主学习能力的发展都是非常重要的话题。以下是一些关键点，可以帮助教师更好地理解和促进学生的自主学习：

1. 培养学习兴趣和动机

首先，教师可以尝试激发学生对英语学习的兴趣和动机。这可以通过与学生共享英语的实际应用场景、关联学习内容与他们的兴趣爱好、提供有趣的学习资源等方式来实现。

2. 设定明确的学习目标

学生需要明确知道他们在学习中的目标是什么。教师可以与学生一起制定具体、可测量的学习目标，并帮助他们建立学习计划，以达到这些目标。

3. 提供自主学习工具和资源

教师可以向学生介绍各种自主学习工具和资源，如在线课程、学习应用程序、英语学习网站等。这些资源可以帮助学生更好地自主学习。

4. 鼓励学生参与互动

在线课堂的互动功能可以激发学生的积极性。教师可以设计在线讨论、小组项目、在线互助等活动，以鼓励学生之间的互动和合作。

5. 提供及时反馈

反馈对于学生的自主学习至关重要。教师可以及时回应学生的问题和需求，以便他们在学习过程中获得帮助和指导。

6. 鼓励自主解决问题

学习过程中会遇到各种问题和困难，教师可以鼓励学生独立思考和解决问题的能力。这有助于他们培养自主学习的技能。

7. 持续跟踪和评估

教师可以定期跟踪学生的学习进展，评估他们的自主学习能力，并根据需要进行调整和改进。

总之，自主学习是一项重要的技能，可以帮助学生在不断变化的学习环境中获得成功。教师在线上教学中可以发挥关键作用，引导学生培养这种能力，并为他们提供支持和资源，以更好地实现自主学习的目标[1]。

（二）打破班级授课制的局限

的线上教学与传统班级授课制度的对比和线上教学的优点非常具体和详尽，反映了线上教学模式的各种优势。以下是一些关键观点，强调了线上教学的优势：

1. 时空的灵活性

线上教学打破了时空的限制，学生可以在自己选择的时间和地点进行学习。这使得教育更加灵活，适应了不同学生的需求和日常安排。

2. 信息处理和反馈的改进

线上教学通过数字工具可以更好地收集、分析和反馈学生的学习数据。这有助于教师更好地了解学生的需求，提供个性化的支持，以及及时纠正学生的错误。

3. 资源丰富性

在线教育平台通常提供了大量的学习资源，包括视频、文档、在线测验等，这些资源可以帮助学生更好地理解和掌握知识。此外，学生可以从不同的源头获取信息，拓宽他们的知识广度和深度。

4. 个性化学习

线上教学可以根据学生的兴趣和学习进度提供个性化的学习路径和建议。这种个性化的学习有助于激发学生的兴趣和提高学习效率。

5. 教师资源的丰富性

在线教育平台汇集了来自世界各地的教育专家和资源，学生可以受益于这些多元

---

① 任佳. 数字化环境下高校英语课堂教学模式探析［J］. 淮南职业技术学院学报，2019，19（6）：67—69.

化的教学资源，获取不同文化背景和观点的知识。

6. 互动和合作机会

虽然线上教学是虚拟的，但它提供了各种互动和合作机会，例如在线讨论、团队项目、合作学习等。这些机会可以培养学生的合作和沟通技能。

7. 自主学习的推动

线上教学强调学生的自主学习，鼓励他们主动探索和解决问题。这有助于培养学生的自主学习能力。

总的来说，线上教学模式为学生和教师提供了更多的教育机会和资源，使教育更加灵活、个性化，并充分利用了现代技术和信息工具的优势。然而，也需要克服一些挑战，如师生互动不足和学生自律性问题，以确保线上教育的成功。

（三）学生成为学习的主体

学习金字塔强调了学生主动参与和参与式学习的价值。教育者可以利用这一理念来设计更具吸引力和有效果的教学方法，以提高学生的学习体验和成果。同时，学生也可以根据自己的学习偏好，选择最适合自己的学习方式，以更好地理解和掌握知识。

学习金字塔提供了一个有趣的观点，强调了学生主动参与学习的重要性。这一概念对于理解教育中的有效教学方法以及如何提高学习效果非常有帮助。以下是一些关键观点：

1. 主动参与学习

学习金字塔清楚地表明，学生在学习过程中的主动参与对于知识的掌握和保持至关重要。这包括通过实际演练、小组讨论、教别人等方式积极参与课程内容。

2. 学习方式的多样性

金字塔中列出了各种学习方式，从传统的听讲和阅读到更具互动性的小组讨论和实际演练。教育者和学生可以根据课程内容和学习目标选择最合适的学习方式。

3. 留存率的提高

主动学习方式通常导致更高的知识留存率。这意味着学生更有可能在学习之后长期记住和应用所学的知识。

4. 应用和教授他人

学习过程中的最高层次是将所学的知识应用到实际情境中，或者教授他人。这可以帮助学生深入理解和巩固所学的内容。

5. 教学策略的重要性

教育者应该设计和使用各种教学策略，以鼓励学生更多地参与和应用所学的知识。这可能包括问题驱动教学、案例研究、项目和实验等。

（四）沉浸式教学

沉浸式教学是一种强大的教育方法，它可以显著提高学生对于特定主题或领域的深度理解和应用能力。在线上教育中，沉浸式教学可以通过以下方式实现：

1. 多媒体和互动内容

利用多媒体元素，如视频、音频、互动模拟等，来创造一个生动、互动和引人入胜的学习环境。这种环境可以更好地吸引学生的注意力，激发他们的学习兴趣。

2. 虚拟实验和模拟

对于科学、工程等实验性课程，虚拟实验室和模拟环境可以让学生在安全的环境中进行实际操作和探索。这种方式可以加深他们对实验原理和过程的理解。

3. 角色扮演和情境模拟

创造逼真的情境模拟，让学生扮演特定的角色并解决复杂的问题。这种方法可以帮助学生将理论知识应用到实际情境中，培养解决问题的能力。

4. 虚拟现实（VR）和增强现实（AR）

利用虚拟现实和增强现实技术，学生可以沉浸在虚拟环境中，与学习内容互动。这种技术可以在历史学、地理学、医学等领域提供更具体的体验。

5. 在线协作项目

鼓励学生参与在线协作项目，与同学合作解决真实世界的问题。这可以模拟工作场景，培养学生的团队合作和沟通技能。

6. 个性化学习路径

利用数据分析和机器学习技术，为每个学生创建个性化的学习路径。这可以根据学生的兴趣、学习风格和水平来调整教学内容，提供更具挑战性和有针对性的学习体验。

要实施沉浸式教学，教育者需要不断创新教学方法，利用现代技术来支持这些方法，并确保课程内容与实际世界情境相连接。此外，积极引导学生积极参与，提供反馈和支持，以确保他们能够充分受益于沉浸式学习体验。

第三节　线上线下混合式教学模式

一、混合式教学模式的概念

混合式教学模式（Blended Learning）是一种结合了传统面对面教学和在线教学的教育方法，旨在充分利用两者的优势，提高教育的效果。这一模式的核心思想是通过融合多种学习方式，满足不同学生的需求，提供更灵活、个性化和丰富的学习体验。

二、混合式教学模式的特点

混合式教学模式的主要特点包括：

（一）整合性教学

混合式教学将传统面对面教学和在线教学相结合，形成一体化的教育体验。这使得学生可以在课堂内外都能获得教育资源，提高了学习的灵活性。

（二）个性化学习

通过在线学习平台，教育者可以根据学生的学术水平、兴趣和学习风格，为他们提供个性化的学习内容和路径。这有助于满足学生的多样化需求，提高学习效果。

（三）活动式学习

混合式教学鼓励学生积极参与学习过程。在线学习可以包括互动视频、模拟实验、讨论论坛等，这些活动有助于学生更深入地理解和应用知识。

（四）即时反馈

在线学习平台通常提供即时的测验和反馈，帮助学生评估自己的理解程度，并及时纠正错误[①]。这有助于提高学习效率和自我监控能力。

（五）资源丰富性

混合式教学模式允许教育者引入各种多媒体资源，如视频、音频、模拟软件等，以丰富课程内容，增强学习体验。

（六）时间和地点的灵活性

学生可以根据自己的时间表和地点选择何时何地学习，这对于那些需要兼顾工作、家庭和学习的学生来说尤为重要。

（七）教师的角色转变

混合式教学中，教师通常不再仅仅是知识的传递者，更加成为学习的导师和指导者，鼓励学生探索和独立思考。

---

① 孙雅君．"互联网＋"时代高校英语课堂教学的思考［J］．吉林农业科技学院学报，2017，26（2）：97－98，121.

（八）实验性评估

许多混合式课程采用实验性的评估方法，以评估学生的实际应用能力，而不仅仅是记忆和理解。

总的来说，混合式教学模式是一种灵活、个性化和高效的教育方法，它结合了传统教育和现代技术的优势，有助于提高学生的学习成果和满足不同学习者的需求。这种教育模式在不断发展和改进，适用于各种教育领域和年龄段的学生。

三、混合式教学的内容

（一）混合教学模式与传统教学模式的区别

混合教学模式与传统教学模式在多个方面存在明显的区别，以下是它们之间的主要区别：

1. 时空的转换

传统教学模式通常发生在固定的教室和特定的时间，师生必须同时在同一地点参与教学活动。混合教学模式通过互联网和在线学习平台，打破了时间和空间的限制，学生可以随时随地访问教材和教育资源，进行自主学习。

2. 角色的转变

传统教学模式中，教师通常是主导者，他们传授知识，而学生则被动地接受。在混合教学模式中，学生更多地扮演了学习的主体角色，他们可以自主选择学习材料，积极参与讨论，并在自己的学习进程中有更多掌控权。

3. 教学组织管理的改善和网络平台的应用

传统教学模式通常依赖于纸质教材和面对面的教学活动，管理相对较为独立和传统。混合教学模式充分利用信息技术和网络平台，教师和学生可以通过在线协作工具、学习管理系统等实现更高效的教学组织和管理。

4. 个性化学习

传统教学模式往往采用一种标准的授课方式，难以满足不同学生的个性化需求。混合教学模式通过在线学习，可以根据学生的学术水平、兴趣和学习风格提供个性化的学习路径和资源。

5. 教学效果的监测与反馈

传统教学模式下，教师对学生的学习进展和理解程度的监测相对有限，即时反馈有限。混合教学模式通过在线测验和即时反馈工具，帮助学生更好地评估自己的学习进度，并及时纠正错误。

总的来说，混合教学模式通过充分利用互联网和信息技术，改变了传统教学的时空、角色、组织方式等方面，提供了更加灵活、个性化和高效的学习体验。这种模式鼓励学生更积极地参与学习过程，提高了学习效果，并适应了现代社会对教育的新需求。

（二）基于"互联网＋"的教学组织与管理

基于"互联网＋"的教学模式改革确实需要综合考虑诸多因素，包括教学资源的开发、学生自主学习的引导、考核评价机制的更新等。以下是更详细的关于这些方面的说明：

1. 开发 O2O 教学模式

（1）线上资源完善：确保线上资源的质量和多样性。这包括制作高质量的微视频、微课、在线课程直播等，以吸引学生的兴趣。这些资源应该易于访问，适应不同的学习风格。

（2）互动和合作：鼓励学生在线上平台上进行互动和合作学习。这可以通过创建在线讨论板、群组、协作项目等方式来实现，以促进学生之间的知识共享和合作。

（3）学习管理系统：使用学习管理系统（LMS）或在线教育平台来管理教学资源、课程进度、作业和考试。这些平台可以提供学生的学习分析数据，帮助教师更好地理解学生的学习情况。

（4）教师培训：确保教师具备使用在线教学工具和平台的技能，以有效地支持学生的在线学习。为教师提供培训和支持，以帮助他们适应新的教学模式。

2. 创建新型的考核和评价机制

（1）综合评估：考虑使用综合评估方法，包括学术成绩、项目报告、小组合作、口头表达等，以更全面地评估学生的学术表现和能力。

（2）自评与同学评：鼓励学生参与自我评价和互评，这有助于培养他们的自主学习和合作能力。同学评价也可以促进学生之间的学习互动和反馈。

（3）过程性评估：将重点放在学生学习的过程中，而不仅仅是结果。通过定期的小测验、作业和项目，及时了解学生的学习进展，提供即时反馈。

（4）课程设计：重新设计课程，使其更适应混合教学模式。将线上和线下学习环节有机结合，确保课程目标和评估方法一致。

（5）反馈机制：建立有效的学生和教师之间的反馈机制，以便学生可以及时获取指导和支持，教师可以改进教学方法。

混合教学模式的成功实施需要全校教育机构和教师团队的全力合作，以确保教育质量和学生的学术发展。同时，不断的评估和改进是这个过程中的重要组成部分，以适应不断变化的教育需求和技术进步。

（三）新型教学模式构建原则

新型教学模式构建原则是非常重要的，它们有助于更好地满足学生的学习需求和提高教学效果。以下是对这两个原则的更详细的解释和补充建议：

1. 一个中心，以学生为中心

（1）个性化学习：了解每位学生的学习风格和需求，以便个性化地提供教育资源和支持。可以使用教育技术来跟踪学生的学习进展，以便根据他们的表现进行适当的调整。

（2）学生参与：鼓励学生积极参与教学过程，例如通过提问、讨论、小组项目等方式。教师可以扮演指导者和激励者的角色，帮助学生更好地理解和应用知识。

（3）反馈和改进：建立有效的反馈机制，使学生能够了解他们的学习进展，并及时纠正错误。同时，教师也可以从学生的反馈中获得信息，以不断改进课程和教学方法。

2. 两条主线，实体课堂和网络授课同步进行

（1）混合教学设计：将课程设计成混合教学模式，充分发挥实体课堂和网络授课的优势。实体课堂可以用于解答疑惑、深入讨论、实践演练等，而网络授课可以提供灵活性和可个性化的学习体验。

（2）技术支持：确保学生和教师都能够轻松访问在线课程和资源。提供培训和支持，以确保他们能够充分利用教育技术来实现混合教学目标。

（3）课程调整：根据学生的反馈和表现，不断调整混合教学模式的比例和方式。这需要灵活性和教师对课程的深刻理解。

总之，这两个原则是构建新型教学模式的基础，它们有助于提高学生的学习效果和教学质量。然而，成功实施这些原则需要教育机构和教师的共同努力，以确保教育的个性化和灵活性，以满足不断变化的学习需求。

（四）实现方式

1. 稳固教学重心

混合教育模式的成功需要高校充分认识到传统教育和在线教育之间的相互关系，并以学生的需求和教育目标为导向，合理地整合两者，以提供更丰富、多样化的教育体验。这需要学校领导、教师和技术支持人员的共同合作和努力。

（1）明确教学地位。确保传统教学在高等教育中仍然占据主导地位至关重要。传统课堂提供了与教师互动、同学合作以及面对面交流的机会，这对于培养学生的沟通技能、合作精神以及核心价值观至关重要。在线教育应该作为一个补充，帮助学生更好地掌握课程知识。

（2）教师角色：教师在传统课堂中扮演着重要的角色，他们不仅传授知识，还培养学生的思维能力、创新性和社会责任感。在线教育可以协助教师更好地准备和扩展课程内容，但不应将教师完全取代。

（3）课程内容：你强调了课程内容的重要性，这是非常正确的。现代教育需要不

断更新教材和内容，以适应社会和技术的变化。线上教育可以更容易地进行更新和定制化，以满足不同学生的需求。

（4）线上教育的优势：在线教育具有灵活性和可个性化的特点，这些特点可用于提供不同类型的教育体验，满足学生的多样化需求。在适当的情况下，可以引入在线教育来增强传统教育的效果。

（5）慕课的引入：慕课（大规模开放在线课程）可以为学生提供广泛的学习资源，但确实需要遵循教育规律，以确保其教育质量和有效性。在整合慕课时，学校可以选择适合本课程的在线课程，并确保教育目标的一致性。

总之，混合教育模式的成功需要高校充分认识到传统教育和在线教育之间的相互关系，并以学生的需求和教育目标为导向，合理地整合两者，以提供更丰富、多样化的教育体验。这需要学校领导、教师和技术支持人员的共同合作和努力。

2. 落实教学保障

混合教学需要全面的保障机制，涵盖了技术、教育和管理等多个层面。通过综合运用这些措施，可以更好地确保在线教育的质量和效果，提高学生的自主性和教育体验。以下是一些关于保障机制的进一步补充和观点：

（1）创造丰富多彩的教学环境：确保在线教学不仅仅是信息传递，还要创造有趣和互动的学习体验。情境教学、案例分析、小组讨论和虚拟实验等方法可以增加学习的趣味性和参与度。教师可以充当引导者，帮助学生积极参与讨论和互动。

（2）监控学生的在线学习过程：了解学生在在线学习过程中的表现至关重要。学校可以使用学习管理系统（LMS）等工具来监控学生的在线活动，包括登录频率、访问时间、参与讨论的频率等等。这有助于早期发现学生可能的问题并提供支持。

（3）技术支持和培训：确保学生和教师都能充分利用在线学习平台和工具，提供技术支持和培训至关重要。学校可以设立技术支持热线、在线帮助中心和培训课程，以确保所有相关方都能熟练使用在线学习工具。

（4）学生自律和自主学习：培养学生的自律性和自主学习能力是在线学习成功的关键。教育机构可以提供学习技巧和时间管理的培训，以帮助学生更好地管理他们的学习进程。

（5）诚实和安全性：在线考试和评估需要特别注意诚实性和安全性。使用在线监考工具、随机生成试题、限制考试时间等方法可以减少学术不诚实的机会。

持续改进：建立反馈机制，收集学生和教师的反馈意见，以不断改进混合教学模式和在线学习平台。持续改进是确保教育质量的关键。

3. 提升知识素养——理性编排教学内容

关于教学内容的合理编排和整体设计非常重要，这对于混合教学模式的成功至关重要。以下是一些关于教学内容设计和团队合作的进一步观点：

（1）合理切割视频内容：确保视频内容不过于冗长，将课程切割成适合在线学习的短片或模块。每个短片应该围绕一个特定的主题或概念，并以清晰的目标和要点为基础。这有助于学生更好地吸收和理解教材。

（2）合理编排视频顺序：课程内容的编排应遵循逻辑顺序，从基础知识开始，逐渐深入和扩展。确保教材的连贯性，以帮助学生建立坚实的学科基础。

（3）情境化学习：考虑将教学内容嵌入到实际情境中，以提供更具体和实际的学习体验。案例研究、模拟情境和互动活动等方法可以帮助学生将理论知识应用到实际问题中。

（4）跨学科整合：鼓励教师在课程中整合多个学科领域的知识。这有助于学生更全面地理解和应用所学知识，促进跨学科思维。

（5）教师专业发展：教师在混合教学模式下需要不断提升自身的学术素养和教学技能。他们可以参加专业发展课程、研讨会和培训，以更好地适应在线教育环境。

（6）教学团队合作：确保教学团队的有效合作非常重要。这包括教师、教育技术人员、制片人员等多个角色。明确各自的责任和任务，协作完成教学内容的制作和发布。

（7）不断改进：采取反馈机制，收集学生和教师的反馈意见，用于不断改进教学内容和模式。持续的改进有助于提高教育质量。

综合来说，混合教学模式需要教师和团队的高度协作，同时注重教学内容的设计和持续改进，以提供高质量的在线教育体验。这将有助于满足学生的需求，并提高教育的效果和吸引力。

第四节　线上线下混合教学模式的环节设计

一、教学方式

（一）教学原则

教学原则非常具体和有针对性，有助于指导教师在混合教学模式中的教学设计和实践。以下是对每个原则的进一步讨论：

1. RISC 原则

将教学内容分解为小块，并设计高度聚合的微课，确实有助于在线学习的效果。短时视频或微课可以提高学生的专注度，降低信息负荷，有助于更好地理解和吸收知识。这一原则强调了内容的简明性和可消化性，对于在线教育非常重要。

2. OBE 原则

基于学习产出的教育模式强调教育的结果导向。确立清晰的教育目标和评估方法对于评估教学效果和学生学习成果至关重要。这可以有助于确保教学内容和方法与预期的学习结果相一致，并使教学更加有针对性。

3. Active 原则

激发学生的主动性和积极性是混合教学的重要目标之一。通过引导学生进行思考、互动和讨论，教师可以培养他们的自主学习能力和批判性思维。采用课堂翻转等方法，让课堂更多地成为知识应用和思考的场所，而不仅仅是知识传授的地方。

4. Systematic 原则

确保线上和线下教学构成完整的教学体系非常重要。线上和线下教学内容应该相互补充，形成有机的整体。同时，确保教学内容的完整性，使学生能够获得全面的知识和技能。这也需要教师在教学设计上进行整合和协调。

总的来说，这些原则提供了一个很好的框架，帮助教师在混合教学模式中更好地规划和实施教学活动，提高教学效果。同时，这些原则也强调了教育的灵活性和个性化，以满足不同学生的需求和学习风格。

（二）教学体系

1. "以多维化教学资源为中心"的课程内容

以多维化教学资源为中心的课程内容设计是非常重要的，特别是在混合教学模式下[①]。以下是关于课程资源设计的一些进一步讨论：

（1）基础性和关键性：确保所包含的知识和技能是核心和基础的，这是非常重要的。这些核心概念和技能将构建学生的知识体系，为他们未来的学习和职业发展提供坚实的基础。

（2）交互性：课程资源的交互性对于在线教育尤为重要。这包括课程内容的呈现方式、在线讨论、测验和互动式学习活动。通过这些交互性元素，学生可以更积极地参与课程，与教师和同学互动，加深对知识的理解。

（3）生成性：确保不同模块之间有机衔接，使得学生能够逐步建构知识，并将其应用到实际情境中。这可以通过引导学生解决问题、参与项目、进行案例分析等方式来实现。

（4）开放性：利用开放教育资源（如 MOOC、公开课、开源教材等），为学生提供多样化的学习资源。这有助于学生深入研究特定领域，拓宽他们的知识视野，同时也提高了课程的丰富性。

（5）个性化：混合教学模式的一大优势是个性化学习。课程资源可以根据学生的兴趣和学习需求进行自主选择。这可以通过提供不同难度和兴趣水平的资源、自主学习项目以及学习路径来实现。

---

① 杜爱燕，杨俊. 新型本科高校大学英语混合式教学模式研究［J］. 教育现代化，2018，5（38）：63—64.

（6）评估与反馈：课程资源的设计也应包括评估和反馈机制。在线测验、作业和自评等元素可以帮助学生了解他们的学习进度，并帮助教师调整教学策略。

综合而言，多维化教学资源为中心的课程内容设计可以提高学生的参与度、兴趣和学习成效，同时满足了不同类型学习者的需求。这需要教师在课程设计中充分考虑这些要素，并在教学实践中不断优化和改进课程资源。

2. "以学生个性化学习为中心"的课程要求

个性化学习在混合教学模式中具有重要的作用，它可以更好地满足不同学生的学习需求，提高学习效果。以下是关于个性化学习的一些要点和实践方法：

（1）学习路径定制：个性化学习允许学生根据自身需求选择学习路径。教师和学校可以提供不同的学习轨迹，以适应不同的学习风格和速度。这可以通过提供不同难度的学习模块、选修课程、项目或课程自主选择来实现。

（2）学习资源多样性：为了支持个性化学习，提供多样化的学习资源非常重要。这包括视频、教科书、模拟实验、在线讨论、自主学习项目等。学生可以根据自己的偏好选择合适的资源。

（3）学习评估和反馈：为了了解每个学生的学习进度，个性化学习需要有效的评估和反馈机制。在线测验、作业、自评和教师反馈都可以用来监测学生的学术表现，并为他们提供个性化的建议。

（4）自主学习能力培养：个性化学习鼓励学生在学习过程中更加独立和自主。这需要教育机构和教师致力于培养学生的学习技能，如目标设定、时间管理、问题解决和信息查找。

（5）技术支持：实施个性化学习需要有效的技术支持。学校和教师需要投资于学习管理系统（LMS）、学习分析工具和在线资源，以便更好地跟踪学生的学术进展，并为其提供个性化的学习建议。

（6）灵活性和反馈：在个性化学习环境中，学生的反馈和意见变得尤为重要。学校和教师应该定期与学生沟通，了解他们的需求和反馈，以不断改进课程和学习资源。

个性化学习可以提高学生的学习体验和学术成绩，同时也挑战了传统教育模式。因此，教育机构需要不断创新，并积极采用新技术和教育方法，以更好地支持个性化学习。

（三）教学过程

1. 教学前的准备活动

通过合理的安排线上和线下教学活动以及提供多样化的学习资源，可以为学生提供更丰富的学习体验，提高他们的学术表现。同时，这也需要教师在教学前充分准备，确保教学顺利进行。

（1）安排线上线下教学活动。

1）确定教学计划：在开始教学前，教师应该制定详细的教学计划，包括教学目标、课程安排、教学内容、评估方式等。计划应该考虑线上和线下教学的整合，确保它们相互补充和协调。

2）整合教学资源：根据教学计划，教师需要准备教材、教学课件、案例故事视频、在线自测题等教学资源。这些资源应该在线上平台上进行整合，以便学生可以方便地访问和使用。

3）设计线上学习活动：对于线上学习，教师可以设计在线导学、讨论论坛、在线测试和作业等学习活动。这些活动应该与课程目标和教学内容相一致，以促进学生的参与和互动。

4）规划线下教学活动：线下教学活动可以包括面对面的课堂教学、小组讨论、实验、案例分析等。教师需要明确每个线下活动的目的和安排，确保它们与线上学习相协调。

（2）建设线上平台学习资源。

1）导学资源：导学资源可以包括课程大纲、学习指南、教学方法和学习策略的介绍。这有助于学生了解课程的结构和如何有效学习。

2）案例故事视频：为了提供有趣和具有实际应用性的教育内容，教师可以选择相关案例并制作故事视频。这些视频可以帮助学生更好地理解和应用所学知识。

3）在线自测：在线自测题可以帮助学生自我评估他们的学习进度和理解程度。这些自测题应该与课程内容相关，并包括不同难度级别的问题。

4）辅导课内容：教师可以提供课程的 PPT 或其他教材，供学生在线上学习时参考。这些内容应该清晰地呈现课程的要点和重要信息。

通过合理的安排线上和线下教学活动以及提供多样化的学习资源，可以为学生提供更丰富的学习体验，提高他们的学术表现。同时，这也需要教师在教学前充分准备，确保教学顺利进行。

2. 教学中的组织活动

教学中的组织活动，这些活动可以帮助教师更好地引导学生参与课程，并提供更丰富的学习体验。以下是一些针对你提到的三个主要组织活动的进一步说明：

（1）指导使用学习资源。

1）教师的角色：教师在这个过程中应充当指导者的角色，帮助学生了解如何有效地使用不同类型的学习资源。这包括说明课程大纲、教材、在线资源等。

2）培训和支持：提供培训和支持，以确保学生能够熟练使用线上学习平台和其他学习工具。这可以通过教学指南、在线支持和培训课程来实现。

3）强调资源的价值：教师可以强调学习资源的重要性，以鼓励学生主动使用这些资源来增强他们的学术能力。

（2）恰当选择教学策略。

1）多样化的策略：教师应根据不同的教学情境选择合适的教学策略。例如，导入策略可以用来激发学生的兴趣，组织策略可以帮助学生互动，提问策略可以促进思考，提供反馈策略可以帮助学生了解他们的学术进展。

2）学生参与：鼓励学生积极参与教学过程，例如，通过小组讨论、提问和互动。这有助于学生更深入地理解和吸收课程内容。

3）及时反馈：提供及时的反馈，以帮助学生了解他们的学术表现，并改进他们的学习策略。这可以通过课堂讨论、在线测验和评估来实现。

（3）组织开展小组讨论。

1）小组分组：根据学生的能力和兴趣进行小组分组，确保每个小组都有组织者和协作者。这有助于组织有序的讨论和互动。

2）小组讨论主题：选择具有独创性和挑战性的讨论主题，以鼓励学生思考和分享观点。确保主题没有"标准"答案，以激发深入的讨论。

3）多样的讨论形式：利用不同的在线工具和平台，如微信、直播课堂和BBS，以促进多样的小组讨论形式。这样，学生可以选择适合他们的学习方式。

通过这些组织活动，教师可以帮助学生更好地理解和应用课程内容，促进他们的参与和互动，提高他们的学术表现。这需要教师具备灵活的教学策略和组织能力，以满足不同学习情境的需求。

3. 教学后的评价活动

教学后的评价活动对于提高教育质量和学生学习效果非常重要。以下是关于教学后评价活动的一些具体建议：

（1）利用在线测试：在线测试是一种有效的形成性评价工具，可以帮助教师和学生了解学习进度和水平。在设计在线测试时，要确保题目巧妙，能够全面覆盖教学内容，并具有一定难度，以促使学生深入思考和学习。在线测试可以通过电子学习平台或在线测验工具进行，以便快速收集和分析结果。

（2）收集评价数据：教师应积极收集评价数据，以便更好地了解教学效果。这包括形成性评价和终结性评价。形成性评价可以通过出勤率、访谈、座谈、小结等方式进行。终结性评价则可以通过总校数据、出勤率趋势、学习心得、满意度测评和考试合格率等数据来反映。通过这些数据，教师可以评估自己的教学方法，找出改进的空间。

（3）利用社交媒体和即时通讯工具：目前88.66％的学习者常用QQ和微信交流，这些工具可以成为收集评价数据的重要渠道。教师可以建立在线讨论群组，鼓励学生在课后分享他们的学习经验和反馈。这样的交流可以更真实地反映学习者的情况，帮助教师更好地了解学生的需求和问题。

（4）及时调整教学：通过收集和分析评价数据，教师可以及时调整教学策略和方法，以满足学生的需求。如果某个教学内容没有被大多数学生理解，教师可以重新解释或提供额外的资源。如果学生对某个教学活动感到满意，教师可以考虑在未来的教学中继续使用类似的方法。

总之，教学后的评价活动是教育过程中至关重要的一部分，可以帮助提高教学质量和学生学习成果。通过巧妙设计在线测试、积极收集评价数据以及利用社交媒体和即时通讯工具，教师可以更好地了解学生的需求，提高教学效果。

（四）具体领域的实施

1. 语言知识的优化

混合教学模式为英语学习提供了丰富的机会和资源，有助于学生更有效地学习和应用英语知识。同时，它也为教师提供了更多工具和方式来满足学生的需求，并促进了师生之间的积极互动和合作。这种教育模式可以为学生提供更灵活、个性化、互动和多样化的学习体验。

（1）灵活性和便利性：混合教学模式允许学生和教师在不受时间和地点限制的情况下进行学习和教学。这为学生提供了更大的自主性，他们可以根据自己的日程安排和学习节奏进行学习，有助于适应不同学生的学习需求。

（2）个性化学习：教师可以更轻松地为每个学生提供个性化的学习资源和支持。通过在线平台，教师可以跟踪学生的学习进展，根据他们的弱点和需求提供有针对性的帮助，从而提高学生的学习效率。

（3）创造真实语境：英语学习需要良好的语境，混合教学模式可以模拟真实情境，例如通过在线语音和视频交流，学生可以练习听力和口语技能，同时也能够参与英语语境中的互动。

（4）互动和合作：在线教育论坛和互动功能促进了师生之间的互动和学生之间的合作。学生可以分享学习心得，提问问题，解决疑难，这有助于建立学习社区，激发学生的学习积极性。

（5）多样化的教学方式：混合教学模式可以结合多种教学方式，包括文字材料、视频、音频、在线练习等。这有助于满足不同学生的学习风格和需求，提供多样化的学习体验。

（6）持续反馈和评估：在线测试和教师的在线考察可以提供及时的反馈，帮助学生了解自己的学习进展，并帮助教师调整教学策略以提高教学效果。

2. 学习实践方面的优化

混合教学确实能够为学生提供更加灵活和个性化的学习体验，同时也为教师提供更多工具来支持学生的学习和评估学生的表现。以下是对学习实践方面的进一步研究：

（1）灵活性和个性化学习：混合教学模式允许学生根据自己的兴趣和需求选择学习内容和时间，这对于学习英语这样需要不断积累的语言学科尤为重要。学生可以根据自身的水平和学习速度自行安排学习进度，从而更好地适应个体差异。

（2）整合多媒体资源：教学视频、在线课文导入和句子讲解等多媒体资源能够丰富学习过程，提供视觉和听觉的学习体验，有助于提高学生的学习动力和理解能力。

这些资源可以以多种方式呈现，使学生更深入地理解英语语言知识。

（3）在线学习社区：构建在线学习社区促进了学生之间的合作和互动。学生可以在论坛上分享学习心得、提问问题、解决疑难，这有助于建立学习共同体，为学生提供学习上的支持和鼓励。

（4）教师的监督和支持：教师可以在线上监督学生的学习进展，及时给予反馈和指导。这种个性化的支持对于学生的学习非常有帮助，教师可以识别学生的弱点并提供额外的帮助。

（5）补充传统教学：您正确指出混合教学模式是对传统教学模式的补充。它不仅丰富了教学资源和方法，还可以更好地适应学生的学习方式和需求，提高学习效果。

总的来说，混合教学模式为英语学习提供了更多的可能性，允许学生根据自己的节奏和需求进行学习，同时也为教师提供了更多工具和机会来支持学生的学习。这种模式的成功实施需要合适的在线平台和资源，以及教师和学生的积极参与和合作。

3. 小课堂实践方面的优化

小课堂模式是混合教学模式中的一个关键组成部分，它通过提供额外的学习机会、增加趣味性、支持碎片化学习以及促进师生互动等方式，为学生提供更灵活、丰富和个性化的学习体验。这种教学模式有助于满足现代学生的多样化学习需求，并为教育领域的不断改进提供了有力的工具。

（1）知识的扩展和延伸：混合教学模式通过线上小课堂为学生提供了额外的学习资源和知识扩展的机会。这使得学生可以更深入地探索课程内容，尤其是那些在传统课堂中难以涵盖的知识领域。这有助于培养学生的自主学习能力和知识广度。

（2）趣味性和多样性：线上小课堂可以采用多种教学方法，包括交互式课程、多媒体资源、虚拟实验等，这样的多样性可以增加学习的趣味性和吸引力。学生更容易参与并享受学习过程。

（3）碎片化学习：小课堂的内容较少，适应了学生碎片化学习的需求。学生可以根据自己的时间表选择学习，更好地管理自己的学习进度，这有助于提高学习的效率和质量。

（4）教师和学生的互动：小课堂模式为教师和学生提供了更多的互动机会。教师可以更全面地了解学生的学习进展，根据需要提供个性化的支持和反馈。学生也可以更容易地向教师提问和分享意见，建立更紧密的师生关系。

（5）教学评估和改进：教师可以通过小课堂模式对学生的学习成果进行评估，学生的反馈也有助于教师改进教学方法和资源。这种循环反馈机制有助于不断提高教育质量。

4. 综合运用实践方面的优化

提高学生的英语学习能力需要从多个方面入手，将知识与实践结合起来，以培养综合运用能力。混合教学模式为实现这一目标提供了有力的支持，以下是一些关键方式：

（1）实践知识的应用：通过混合教学，教师可以引导学生将理论知识应用到实际情境中。这可以通过案例分析、项目工作、实验、模拟练习等方式实现。学生将在实践中学到如何有效地运用英语语言技能。

（2）口语练习和模拟：混合教学模式可以提供更多的口语练习机会，包括在线对话、角色扮演、口语考试模拟等。这有助于提高学生的口语流利度和交流能力。

（3）课程丰富度和深度：在线教育资源丰富，教师可以引入更多案例研究、多媒体资源和互动性学习体验，从而加深学生对课程内容的理解和应用。

（4）个性化学习路径：混合教学模式允许学生按照自己的学习节奏和需求选择学习路径，包括学习速度、难度级别和学习兴趣。这有助于满足学生的个性化需求，使他们更专注于知识的实际应用。

（5）教学评估和反馈：混合教学模式可以帮助教师更全面地评估学生的学习成果，包括实际应用能力。及时反馈和个性化建议有助于学生不断改进和提高。

通过将理论知识与实践相结合，混合教学模式能够更全面地培养学生的英语学习和应用能力，使他们不仅具备知识，还能够在实际生活和工作中成功应用英语。这种全面发展的教育有助于培养高素质的英语人才，为社会做出积极贡献。

二、课时分配

三段式的"翻转课堂"教学模式对于提高教育的质量和学生的学习能力是一个很好的尝试。这种模式充分利用了线上和线下资源，使教学更为灵活，有助于学生更深入地理解和运用知识。以下是一些关键点的进一步探讨：

（一）课前在线学习

通过选择教学视频和相关实际案例，教师可以为学生提供预习材料，这有助于学生在课堂前熟悉相关概念和知识。此外，课前自主学习案例也可以帮助学生主动参与学习，提前解决疑问。

（二）课堂上的互动

课堂时间变得更有价值，因为学生已经在课前获得了一些基础知识。教师可以专注于解决学生的疑惑、展开深入讨论和引导学生进行实践。这种互动可以增强学生的理解和应用能力。

（三）学生主体性

强调学生的自主学习和参与是这种模式的核心。学生在课前预习、课堂讨论和课后任务中都扮演了主动学习者的角色，这有助于培养他们的独立思考和问题解决能力。

（四）线上和线下结合

教师的在线支持和学生的线下学习相结合，为学生提供了更多机会来实际应用所学知识。这种结合还可以促进学生之间的互动和合作。

（五）评估和反馈

教师可以有效地追踪学生的学习进度，并在课堂上和线上为他们提供及时的反馈。这种反馈可以帮助学生改进，并指导教师进一步调整教学。

关于是否将课前和课后学习时间纳入标准学时内以及如何计算标准学时，这是一个需要深入研究和讨论的问题。不同学校和教育机构可能有不同的政策和标准，因此需要根据具体情况进行决策。

总的来说，您提出的三段式的"翻转课堂"教学模式有望提高教育质量，促进学生的主动学习和综合能力的培养。这种模式充分利用了现代技术和教育理念，有望在教育领域取得更多的成功。

三、教学效果

线线上线下混合教学模式为学生提供了更多的学习机会和灵活性，有助于提高他们的学习动力、效率和成效。这种教学方法结合了不同的学习方式，可以满足不同类型学生的需求，为他们提供更丰富的学习体验。教育机构和教育者可以进一步探索和优化这种教学模式，以提高教育质量和学生综合能力的培养。

（一）激发学习兴趣

通过及时的反馈和激励，教师可以帮助学生保持学习动力和兴趣。这种反馈可以是线上学习进度的报告，也可以是课堂上的互动和讨论。激发学习兴趣是培养学生自主学习能力的重要一环。

（二）学习效率提高

混合教学模式提供了更灵活的学习时间和资源，有助于学生根据自己的需求进行学习。学生可以根据自己的节奏选择何时何地学习，这有助于提高学习效率。同时，教师可以利用线上平台提供支持和指导，进一步提高了学习效率。

（三）学习成效显著

通过培养学生的主动学习习惯，混合教学模式可以提高学习的深度和记忆效果。学生在课前学习、课堂互动和课后复习的过程中不断强化对知识的理解和应用。此外，采用面向过程的评价方式，如线上学习、课堂讨论和课程设计，可以更全面地评估学生的学习成果。

第五节 线上线下混合教学模式的实践要求

一、课堂内容要求

关于课堂内容的要求是非常重要的，确保课程内容的合理切割和编排对于学生的学习体验和效果至关重要。以下是一些关于课堂内容的要求的详细说明：

（一）整体性考虑

教学内容应该被视为一个整体，而不是孤立的知识点或章节。教师需要考虑如何将不同的知识点有机地连接在一起，以便学生能够更好地理解课程的整体框架和逻辑关系。

（二）时间安排

教师需要合理安排课程的时间，确保每个知识点都有足够的时间进行深入学习和讨论。避免过于紧凑的时间安排，以允许学生吸收和理解所学内容。

（三）知识点的完整性

知识点的切割应该既要合理，又要保持知识的完整性。不要将知识点切得太碎，以至于学生无法建立起知识的连贯性和完整性。

（四）逻辑关系

教学内容应该按照逻辑关系进行编排，使学生能够顺畅地理解和跟随课程的发展。清晰的逻辑结构有助于学生更好地掌握和运用知识。

（五）微课程设计

在混合教学中，微课程设计非常重要。微课程应该包括简短的教学视频、练习题目、案例研究等元素，以满足学生碎片化学习的需求。微课程的设计要注重信息的清晰度和易于理解。

（六）学生心态

考虑到学生的心理和情感状态也很重要。课程内容的设计应该能够激发学生的兴趣，让他们以积极的心态进行学习。创造性的教学方法和多媒体资源可以提高学生的参与度和学习乐趣。

（七）反馈和调整

教师应该不断收集学生的反馈意见，了解他们对课程内容的理解和难点。根据反馈意见，进行必要的调整和改进，以确保课堂内容的质量和有效性。

综合来说，课堂内容的要求需要综合考虑多个因素，包括整体性、时间安排、知识点的完整性、逻辑关系、微课程设计和学生心态等。一个合理切割和编排的课程内容可以提高学生的学习效果和学习体验。

二、教师团队要求

教师团队要求是非常重要的，特别是在混合教学环境中，教师需要具备一定的专业知识和技能，以有效地引导学生并提供支持。以下是一些教师团队要求的详细说明：

（一）教学资源更新和整合

教师应不断更新教案和课件，确保教学内容与实时动态相符。他们还应该能够将不同的教学资源整合到课程中，以满足不同学生的需求。这可能包括在线教材、多媒体资源、案例研究等。

（二）个性化教学支持

教师需要考虑学生的个性特征和兴趣，尽量满足多样化的学习需求。这可以通过个性化的教学方法和资源来实现，以确保每个学生都能够充分参与并取得进步。

（三）专业知识和职业素质

教师应该具备高水平的专业知识和职业素养。他们需要深刻理解所教授的学科领域，并能够以科学的方式传授知识。同时，他们还需要具备团队合作意识和能力，以便与其他教师和学生共同完成课程教学的目标。

（四）线上教学技能

教师需要熟练掌握线上教学技术，包括在线教育平台的使用、网络互动工具的应用等。他们应该能够有效地管理在线学习环境，协助学生解决线上学习中遇到的问题，以及提供实时的反馈和指导。

（五）学生导向

在混合教学中，教师的角色更多地是指导者和协助者，而不是传统课堂中的知识传授者。因此，教师需要具备引导学生主动学习、解答学生疑问、激励学生反思的能力。

（六）评估和反馈

教师应该能够定期评估学生的学习进展，并提供及时的反馈。这有助于学生了解自己的学习情况，以及指导他们进行进一步的学习和改进。

（七）适应性和灵活性

教师需要具备适应不同学习环境和学生需求的能力。他们可能需要调整教学方法和资源，以应对不同的学习情况和挑战。

总之，教师团队在混合教学环境中扮演着关键的角色，他们需要具备专业知识、线上教学技能、个性化教学支持能力以及良好的团队合作意识[①]。这些要求有助于确保混合教学的有效性和学生的学习成功。

三、学生群体要求

学生群体要求在线上教学中非常重要。学生在线上学习环境中需要具备一定的自主性和自律性，以充分利用这种教育方式并取得好的学习成果。以下是一些学生群体要求的详细说明：

（一）自主学习能力

学生需要具备自主学习的能力，包括制定学习计划、管理学习时间、选择适当的学习资源等。他们应该能够主动参与在线学习活动，不依赖于教师的直接指导。

（二）自我管理

学生需要管理自己的学习进度和任务，确保按时完成作业和课程要求。这需要一定的时间管理和组织能力，以避免拖延和失误。

（三）学习动力

学生需要具备良好的学习动力，保持对学习的积极兴趣和动力。这可以通过设定学习目标、找到学习的乐趣以及认识到学习的重要性来实现。

（四）在线参与

学生应积极参与在线学习活动，包括课堂讨论、在线小组合作、作业提交等。他们应该与教师和同学互动，分享想法和问题，并寻求帮助和反馈。

---

① 李珣．高校大班英语小组合作学习模式研究［J］．科技资讯，2017，15（16）：187，189．

（五）自我评估

学生需要具备自我评估的能力，对自己的学习进展进行定期检查，并识别需要改进的方面。这有助于他们不断提高学习效果。

（六）数字素养

学生需要具备一定的数字素养，包括使用在线学习平台、多媒体工具和互联网资源的能力。他们应该能够有效地浏览、搜索和评估在线信息。

（七）沟通技能

学生需要良好的沟通技能，包括书面和口头表达能力。这对于在线讨论和合作至关重要。

（八）自我纪律

学生需要保持自我纪律，避免课堂上的分心和课外的干扰。他们应该在学习时间内集中精力，提高学习效率。

（九）解决问题的能力

学生需要能够独立解决遇到的问题，包括技术问题、学术问题和时间管理问题。这要求他们具备独立思考和解决问题的能力。

教师可以通过提供指导、鼓励学生互相合作、设立明确的学习目标以及定期的反馈和评估来帮助学生培养这些能力。同时，学生也应积极参与学习过程，主动寻求支持和反馈，以充分发挥在线教育的优势。

四、技术要求

技术要求对于建设和支持网络教学非常重要。以下是对您提到的技术要求的进一步解释和建议：

（一）建立有效的教学环境

学校应该提供一个稳定的在线教育平台，支持教师和学生进行课前备课、在线授课、自主学习、讨论、答疑、作业、测验和考试等教学活动。这个平台应该易于访问和使用，具备良好的用户体验。

（二）数字化教学资源

学校应该为每门网络课程提供丰富的数字化教学资源，包括教材、讲稿、课件、作业、考题、参考资料等。这些资源应该易于访问，并能够通过网络共享。同时，确保这些资源的版权合法性。

（三）课程管理功能

在线教学平台应提供各种管理功能，包括课程教师介绍、学生名册与简况、授课与作业计划、考试与评分方法、课程通知、学生注册与登录、测验与考试管理等。这些功能有助于教师和学生更好地管理和参与课程。

（四）多媒体与互动性

在制作网络教学课程时，要充分发挥多媒体的优势，包括图形、图像、视频录像、声音、动画等素材，以提高课程的吸引力和交互性。互动功能也很关键，通过在线讨论、作业提交、答疑等方式促进学生与教师和同学之间的互动。

（五）版权问题

遵守版权法律是非常重要的。确保在网络教学课程中使用的任何素材都符合版权法规定，或者获得了合法的许可。对于引用他人著作的情况，应明确版权责任。

（六）资源积累与共享

学校和教师应积极收集和共享教学资源，建立资源库，以便教师之间共享和合作。这有助于提高网络教学的效率和质量。

（七）长效机制和质量标准

学校应建立网络教学课程建设的长效机制，定期评估和改进课程质量。制定合格和优质等级标准，以鼓励高质量的网络课程建设。

（八）网络教学平台和教师空间

学校需要建设一个稳定的网络教学平台，以支持教师和学生的在线教育需求。平台应具备多样化的功能，包括教师的教学空间，用于互动和教学管理。

综合来说，技术要求是支持网络教学的关键因素之一，学校和教师需要充分利用现代技术和平台，以提供高质量的在线教育体验。同时，要确保技术的合法性、可用性和安全性，以满足学生和教师的需求。

第四章　互联网＋与大学英语教学

第一节　互联网＋视域下大学英语基础知识教学的创新

互联网和现代技术为大学英语教学提供了全新的机会和途径。借助互联网和现代技术，大学英语教学可以更具吸引力、互动性和效率。这些方法可以更好地满足学生的学习需求，并提高他们的英语语言能力。同时，教师需要不断更新教学方法和工具，以适应这一数字化时代的需求。

一、互联网＋视域下大学英语词汇教学

互联网对大学英语词汇教学的影响确实非常显著，它为词汇教学带来了许多新机会和挑战。互联网为大学英语词汇教学提供了丰富的资源和工具，可以增强学生的学习体验并提高他们的词汇水平。然而，教育者需要关注如何引导学生有效地利用这些资源，以最大程度地提高他们的词汇教学效果。

（一）大学英语词汇教学简述

1. 大学英语词汇教学的重要性

词汇确实是语言学习的基础，对听、说、读、写等语言技能都至关重要。以下是关于大学英语词汇教学的一些重要观点：

（1）基础技能：词汇是语言学习的基石，学生需要掌握足够多的词汇才能够进行有效的听力、口语、阅读和写作练习。没有足够的词汇储备，语言交流就会受到限制。

（2）语境理解：词汇不仅是单个单词的意义，还涉及到词汇在句子和段落中的用法。通过学习词汇，学生可以更好地理解和运用不同语境下的词汇，提高语言表达的准确性。

（3）阅读理解：阅读理解能力与词汇量密切相关。当学生在阅读时遇到不熟悉的词汇，如果他们没有足够的词汇知识，就难以理解整个文章。因此，扩大词汇量有助于提高阅读理解水平。

（4）写作表达：在写作中，学生需要选择合适的词汇来表达他们的想法。拥有更多的词汇选项可以让他们的写作更具多样性和表达力。

（5）口语交流：在口语交流中，学生需要能够迅速找到正确的词汇来回应对话伙

伴。词汇量的增加可以提高口语流利度和准确性。

（6）学术和职业发展：在大学教育和职业发展中，英语词汇的重要性也不言而喻。在学术领域，词汇量直接关系到学生对研究文献的理解。在职业领域，许多职位都要求员工具备良好的英语词汇和沟通能力。

因此，大学英语词汇教学应该是英语教育的重要组成部分，教师需要采用多种教学方法和资源，帮助学生扩展他们的词汇知识，并将其运用到不同的语言技能中，以提高他们的英语综合能力。同时，学生也需要注重积累和巩固词汇，主动参与词汇学习，以更好地应对语言学习的挑战。

2. 大学英语词汇教学存在的问题

当前的英语词汇教学主要有下面几个问题：

（1）语音问题：正确的语音是有效学习和使用英语词汇的关键。教师应该在词汇教学中注重发音，确保学生正确掌握重音和音标。使用语音示范和练习是帮助学生提高发音准确性的有效方法。此外，听力训练也应该与词汇教学相结合，帮助学生更好地理解英语的语音和语调。

（2）依赖母语：教师应该鼓励学生在学习新词汇时使用英语解释，而不是汉语。这有助于学生在英语思维中建立词汇连接，而不是依赖母语。同时，教师可以使用简单的英语示范和例句来帮助学生理解词汇的含义，而不是提供直接的翻译。

（3）脱离语境：词汇教学应该与实际语言使用情境相结合。教师可以通过提供句子和段落来展示词汇的使用方式，鼓励学生将新词汇放入实际语境中，并进行口语和书面练习。此外，阅读和听力活动也可以帮助学生更好地理解词汇的语境和用法。

（4）学生依赖性：学生需要培养自主学习的能力，包括使用词典、在线资源和课外阅读材料来积极学习词汇。教师可以鼓励学生在课后进行自主词汇学习，提供学习资源和建议。同时，学生也应该认识到主动学习的重要性，主动参与词汇学习。

（5）词汇复现和遗忘：为了提高词汇的复现率和遗忘速度，教师可以引入定期的复习和词汇测试。学生也可以建立个人的词汇记忆计划，定期回顾和巩固已学的词汇。阅读和写作练习应该包括新学的词汇，以帮助学生将其应用到实际语境中。

综合来说，改进大学英语词汇教学需要综合运用多种教学方法和资源，培养学生的语言综合能力，包括听、说、读、写和发音。同时，学生也需要积极参与并主动管理自己的词汇学习，以实现更好的学习效果。

3. 大学英语词汇教学的内容

大学英语词汇教学内容非常详细，包括了词义、词汇信息、词汇用法、词汇学习策略等多个方面。这些内容确实是英语词汇教学的重要组成部分。以下是一些进一步的讨论和建议：

（1）词义：了解词汇的不同词义和含义是词汇教学的基础。教师可以使用多种方法来帮助学生理解词义，包括提供清晰的定义、示例句子、同义词和反义词等。此外，讨论词汇在不同语境中的用法也有助于学生更好地理解词义的变化和演变。

（2）词汇信息：了解词汇的分类和构词法对学生扩展词汇量和提高词汇能力至关重要。教师可以将词汇按照不同的词类（名词、动词、形容词等）进行分类，并解释构词法的基本原则，如前缀和后缀的使用。

（3）词汇用法：学生需要了解词汇的搭配、短语、习语和在不同语境中的使用方式。这可以通过提供例句、语境和语篇来实现。教师可以组织练习，让学生将新学的词汇应用到不同的句子和情境中。

（4）词法：学生需要了解英语中的词法规则，包括不同词类之间的转化和变化。例如，名词可以转化成动词，形容词可以转化成副词等。教师可以通过示范和练习帮助学生理解这些规则，并鼓励他们在写作和口语中积极运用。

（5）词汇运用：最终的目标是使学生能够熟练运用所学的词汇。这包括能够正确使用词汇进行口语和书面表达，理解和分析阅读材料中的词汇，以及在写作中灵活运用词汇。教师可以组织口语和写作任务，鼓励学生积极参与。

（6）词汇学习策略：学生需要培养有效的词汇学习策略，包括记忆、猜测词义、使用词典等。教师可以分享不同的学习策略，并鼓励学生根据自己的学习风格选择最适合他们的策略。

综合来说，大学英语词汇教学应该是多层次、多角度的，结合实际语境和任务，帮助学生全面提高词汇水平和运用能力。同时，鼓励学生积极参与学习，主动应用所学的词汇，以便更好地掌握英语语言。

4. 大学英语词汇教学的原则

大学英语词汇教学原则是指导教师有效教授英语词汇的重要依据。以下是对每个原则的简要总结：

（1）系统原则：词汇教学应贯穿于整个英语教学过程中，并随着学生认知水平的提高逐渐加深难度。同时，教师需要认识到词汇是语言系统中的一个重要组成部分，与其他语言元素之间存在着内在联系。

（2）遵循记忆规律原则：教师应根据学生的记忆规律，及时进行复习和巩固，以克服遗忘，提高记忆效率。

（3）情境性原则：词汇教学应该在具体的语境中进行，以帮助学生理解和运用词汇，实际生活情境和模拟交际情境都是有效的教学工具。

（4）实践性原则：学生需要通过实际练习来巩固和运用所学词汇，教师应鼓励学生参与口语和书面表达，以及积极参与阅读和写作活动。

（5）文化性原则：英语词汇与文化密切相关，教师应该考虑文化因素，并帮助学生理解词汇的文化内涵，进行跨文化比较。

（6）交际原则：语言是交际的工具，教师应注重教授学生实际运用词汇进行交际的能力，将学习置于真实的交际情境中。

（7）情感原则：教师应调动学生的学习兴趣，培养积极的学习态度和动机，帮助他们克服学习中的焦虑，以提高学习效率。

（8）音、形、义相结合原则：在词汇教学中，教师应将单词的发音、外部形式和表达意义相结合，综合考虑这三个方面，以提高学生对词汇的记忆和理解。

这些原则为有效的英语词汇教学提供了指导和框架，有助于学生更好地理解和运用英语词汇。教师可以根据这些原则，灵活地设计词汇教学活动，以满足学生的学习需求。

（二）互联网＋视域下大学英语词汇教学的方法

在互联网＋视域下的大学英语词汇教学方法是非常有前景的，因为它可以更好地利用现代科技和互联网资源，提高学生的英语词汇学习效率和兴趣。以下是这些方法的一些详细说明：

1. 合理使用幻灯片及PPT

教师可以借助多媒体技术，创建交互式的幻灯片或PPT，以多种形式呈现单词，包括发音、图片、示例句子等。这种多感官的教学方式有助于学生更好地理解和记忆单词。

2. 利用搜索引擎创设英语情境

教师可以充分利用搜索引擎来获取相关的英语情境素材，例如音频、视频、文章等。这样的素材可以让学生置身于真实的英语环境中，提高他们的语感和理解能力。

3. 利用网络词典检测学生的词汇学习结果

学生可以随时使用在线词典来查找单词的释义、例句和发音。这种及时性的反馈可以帮助他们更好地掌握词汇，并提高记忆效率。

4. 利用录音录像功能提高学生的关注度

利用录音和录像可以创建生动的情境，鼓励学生更积极地参与词汇教学。通过角色扮演和视频录制，学生可以在实际情境中运用所学词汇，这有助于记忆和理解。

5. 加强日常监督和互动

利用互联网工具，如电子邮件、在线聊天等，教师可以与学生保持更紧密的联系。他们可以通过这些工具提供反馈、解答问题，还可以定期监督学生的学习进度，以确保他们积极参与词汇学习。

这些方法结合了互联网技术和现代教学方法，可以更好地满足学生的学习需求，提高他们的学习效率和兴趣。同时，教师在这个过程中扮演着重要的角色，需要充分利用互联网资源，成为学生学习活动的设计者和引导者，以确保有效的英语词汇教学。

二、互联网＋视域下大学英语语法教学

在互联网普及的今天，英语语法教学的媒介化确实为语法教学带来了显著的改进

和效益。总的来说，互联网为英语语法教学提供了更多资源和机会，使学生能够以多样化的方式学习语法知识。然而，教师仍然扮演着关键的角色，需要引导学生正确使用这些资源，确保他们在学习语法时能够形成深刻的理解，而不仅仅是机械记忆规则。互联网可以是有力的辅助工具，但不应取代教师的指导和反馈。

（一）大学英语语法教学简述

1. 大学英语语法教学的重要性

大学英语语法教学的重要性无疑是不可忽视的。语法是语言的基础，对于英语学习者来说，它具有以下重要性：

（1）理解语言结构：语法规则帮助学生理解语言的结构和组织方式。它们解释了句子是如何构建的，词汇如何组合成有意义的表达。没有语法规则，学生将很难理解英语的基本构造。

（2）提高交际能力：虽然交际教学强调口语和交际能力，但语法依然是实现有效交际的基础。了解语法规则有助于学生正确使用语言，避免产生歧义或误解。例如，正确使用时态和语态可以确保信息传递的准确性。

（3）提升写作技巧：无论是书面还是口头表达，语法都是有效表达思想的关键。在写作方面，学生需要了解如何构建复杂句子、使用连接词、正确使用标点符号等。语法知识有助于他们写出更清晰、更连贯的文章。

（4）阅读理解：在阅读英语文本时，语法知识是理解作者意图的关键。它帮助学生分析句子结构、识别主谓宾关系、把握修饰关系等。如果学生没有足够的语法知识，他们将无法正确理解复杂的文本。

（5）考试准备：大多数英语考试，包括标准化考试、入学考试和职业认证考试，都包含语法部分。学生需要具备一定的语法知识才能在这些考试中表现出色。

总之，语法教学在英语学习中扮演着不可或缺的角色。虽然现代语言教学强调交际和实际运用，但语法依然是学习者建立语言基础、提高语言技能的重要组成部分。同时，教师在教授语法时也应注重教学方法的多样性，使学生能够更容易地理解和应用语法规则，而不仅仅是机械地记忆。

2. 大学英语语法教学存在的问题

大学英语语法教学确实存在一些问题，这些问题可能会影响学生的语法学习效果和语言运用能力。以下是对这些问题的详细说明：

（1）重讲解，轻训练：过分强调语法规则的讲解，而不注重学生的实际语法技能训练，会导致学生只是积极地接受语法知识，但难以主动运用这些知识。语法教学应该更注重学生的实际练习，通过互动、口语练习、写作等方式，帮助他们真正掌握语法规则。

（2）重机械操练，轻情境交际：语法教学过于侧重机械的语法操练，而忽略了语法在实际情境中的应用。学生需要了解语法规则如何在真实的交际中使用，才能在实际对话和写作中表现出自信和流利。因此，教师应该引入更多的情境教学，让学生在有意义的语境中练习语法。

（3）重规则总结，轻错误分析：教师通常会总结语法规则，但很少花时间分析学生的语法错误。了解学生犯错的原因和模式可以帮助教师更有针对性地进行教学。教师应该鼓励学生自己找出并纠正错误，同时提供反馈和指导。

（4）重规则记忆，轻意识培养：语法教学不应仅仅局限于规则的记忆，还应培养学生的语法意识。语法意识是理解和应用语法规则的关键，它使学生能够更自然地使用语法知识。教师应该通过实际例子和练习来帮助学生培养语法意识，而不仅仅是死记硬背规则。

综上所述，改进大学英语语法教学需要更注重学生的实际语言运用能力和语法意识的培养。教师可以采用更多互动和情境化的教学方法，关注学生的语法错误分析，以及鼓励他们在实际交际中应用语法规则。这样可以提高学生的语法学习效果，使他们更自信和流利地运用英语。

3. 大学英语语法学习与语法教学的由来

（1）语法学习。

了解语法学习的特征和理论观点可以帮助教师更好地设计教学活动，使学生更有效地习得和运用语法知识。不同的学习者可能在语法学习中有不同的需求和偏好，因此，教师应该根据学生的个体差异来灵活调整教学方法。

1）语法自然习得论：这一观点强调学习者可以在自然环境中自发地习得语法，而不必经过显性的语法规则讲解。这表明，教师在教学中可以通过创造更自然的语言环境，使学生更容易地感受和理解语法。例如，通过提供真实的交际情境、自然的对话以及实际语言应用任务，学生可以更好地习得语法。

2）语法学习序列论：这一观点指出，虽然语法教学的顺序可以有所调整，但学习者通常会按照一定的序列逐渐掌握语法规则。这对编写教材和设计教学活动非常重要，因为它提示教师应该根据学习者的水平和需求来选择适当的语法内容。

3）行为主义语法学习论：行为主义强调反复的操练和练习对语法学习至关重要。尽管过分强调机械性的练习可能不太适用于所有学习者，但练习仍然是巩固语法知识和提高语法技能的一种有效方式。教师可以通过设计多样化的练习和活动，帮助学生巩固语法规则。

4）语法学习交际论：这一观点强调语法学习应该与实际的语言交际相结合。教师可以通过交际活动、任务型教学和实际应用情境来教授语法，让学生在真实的交际中运用语法规则。这有助于学生更好地理解和内化语法知识。

5）显性语法学习和隐性语法学习：显性语法学习涉及直接学习语法规则，而隐性语法学习是通过隐含的方式习得语法。研究表明，这两种方式的结合可以产生更好的学习效果。教师可以在教学中引入显性的语法规则讲解，但随后应通过实际练习和交际活动来巩固学习。

（2）语法教学。

语法教学应该旨在使学生全面理解语法形式、语义和语用之间的关系，以便他们能够正确运用语法知识进行口头和书面交际。教师可以通过结合实际语境和实际交际任务来教授语法，帮助学生更好地理解和运用语法规则，而不仅仅是机械地记忆规则。这样的教学方法有助于培养学生的语法意识和语法应用能力。

1）语法形式：这涉及到语法的结构、规则和语法现象。学生需要了解不同句型的构造方式，包括主谓结构、从句、疑问句、否定句等。这也包括了时态、语气、语态和语法结构的变化规则。语法形式的学习通常包括词汇、语法规则和句子结构。

2）语义：语法教学还需要涵盖语法形式的语法意义和内容意义。这意味着学生不仅要了解如何构造句子，还要理解不同句子结构背后的含义。这包括词义、短语和句子的意思，以及如何通过不同的句子结构来表达不同的含义。

3）语用：语法教学的另一个重要方面是语用，即语法在不同语境和语篇中的应用和表意功能。学生需要学习如何在不同的情境下使用不同的语法结构，以实现有效的交际。这包括语法在口语和书面语境中的不同用法，以及如何在特定语境中选择适当的句型和表达方式。

4. 大学英语语法教学的原则

（1）系统性原则：教学内容和体系应根据英语语法的内在逻辑和学生认知能力的发展规律确定。教师和教材编写者需要选择实用性强、出现频率高的语法项目，并确保它们在教学中有连贯和衔接，以便学生逐步学习和掌握。

（2）交际性原则：语法教学应注重语法在实际交际中的应用。学生应通过实践、交流和任务完成等方式学习语法，以培养他们的交际能力。语法教学不仅仅是背诵规则，更是学会在真实情境下正确使用语法。

（3）情境性原则：语法教学应使用生活中的情境和素材，使学生更好地理解和应用语法知识。教学活动设计应使学生喜闻乐见，引入真实的语言材料，以提供实际的语境。

（4）情感原则：教师应考虑学生的情感因素，以更好地激发他们的学习兴趣和积极性。情感教学可以增强学生对语法的兴趣，有助于更好地吸收和运用知识。

（5）针对性原则：教师需要了解学生的语法基础，有针对性地进行教学。对于学生普遍存在的语法弱项，应集中讲授。同时，个别学生的严重语法问题也需要个别处理。

（6）比较原则：通过比较英汉语言的句法特征，学生可以更直观地了解不同语言之间的差异。这有助于学生更好地理解和掌握英语语法。

（7）综合性原则：教学方法、内容和技能应该综合运用，包括归纳和演绎、隐性和显性教学、语法与听、说、读、写等各个方面。这样可以更全面地培养学生的语法能力。

（8）认知原则：学生的认知能力和学习方式在语法教学中发挥重要作用。教材编写者和教师应充分考虑学生的认知能力，以帮助他们更好地理解和运用语法知识。

这些原则的综合运用可以使语法教学更加全面、有效，有助于学生更好地掌握英语语法，提高他们的语言交际能力。

（二）互联网＋视域下大学英语语法教学的方法

在互联网＋视域下的大学英语语法教学方法非常具有前瞻性和实际可行性。利用多媒体技术和互联网资源可以丰富教学情境，提高学生的参与度和兴趣。以下是对联网＋视域下大学英语语法教学方法的进一步阐述：

1. 多媒体情境创设

利用多媒体技术，教师可以创建生动有趣的语法教学情境，使学生更容易理解和应用语法知识。除了角色扮演，还可以设计虚拟场景、模拟真实情境，让学生亲身体验语法在实际交际中的运用。

2. 英语感知培养

多媒体不仅可以用于阅读和听力训练，还可以为学生提供更多的语言输入。教师可以引导学生使用多媒体资源，如英语新闻、讲座、播客等，以增强他们的英语感知能力。这有助于学生更自然地理解和使用语法。

3. 多媒体与常规媒体结合

多媒体技术与传统的教学媒体和手段可以相互补充。教师可以根据具体情况，选择合适的媒体和方法，以提供多样化的教学体验。例如，可以结合多媒体课件和白板，创造丰富的教学环境。

4. 教师课件制作

教师在制作多媒体课件时，应确保内容简单明了，易于理解。同时，要充分考虑学生的学习需求和水平，避免过于繁复的设计。简单而实用的课件通常更容易引发学生的兴趣。

5. 课程分阶段

将课程分为不同阶段，并根据每个阶段的特点选择合适的教学媒体和方法。这有助于更好地组织教学过程，使学生在不同的环节中获得不同的学习体验。

总的来说，互联网＋视域下的大学英语语法教学可以充分利用多媒体技术和互联网资源，创造更生动、多样化的教学情境，提高学生的语法学习效果和兴趣。同时，教师需要根据具体情况灵活运用不同的教学媒体和方法，以满足学生的不同需求。这将有助于培养学生的语法能力和语言交际能力，使他们更好地掌握英语语法。

第二节　互联网＋视域下大学英语听说读写译教学的创新

语言教育应该更注重实际语言能力的培养，而不仅仅是知识的灌输。综合性的语言素养将有助于学生更好地应对各种语言交际场景，实现真正的语言运用能力。这种综合性的语言能力，通常被称为语言素养，包括听力、口语、阅读、写作、翻译等方面。因此，教育者需要综合多种教学方法和资源，帮助学生全面提升英语语言能力。

一、互联网＋视域下大学英语听力教学

在大学英语听力教学中，互联网技术的引入可以提供丰富多样的资源，有助于学生更好地提高听力技能。总之，利用互联网技术，大学英语听力教学可以更加生动有趣，同时提供了更多的学习资源和机会。这有助于学生更好地提高听力技能，应对不同的听力挑战，并更好地理解和应用英语。

（一）大学英语听力教学简述

1. 大学英语听力教学的内容

大学英语听力教学的内容通常包括四个方面：听力知识、听力技能、听力理解和语感。

（1）听力知识。

1）语音知识：了解语音知识包括发音规则、重音模式、连读现象、语音节奏等。这对于学生能够准确地辨认听力材料中的语音信息至关重要。教师可以通过示范、语音练习和语音模仿来帮助学生提高语音知识。

2）听力策略：听力策略指的是学生在听力任务中采用的方法和技巧，以提高他们的听力效率。这些策略包括预测上下文、根据关键词推测意思、忽略无关细节等。教师可以教授这些策略，并通过练习来帮助学生掌握它们。学生在听力实践中可以根据需要选择合适的策略。

2）文化知识：文化知识涉及到语言材料中的文化背景、惯用语和文化常识。这对于学生能够理解和解释与文化相关的听力内容非常重要。教师可以介绍不同国家和地区的文化特点，帮助学生更好地理解听力材料中的文化元素。

4）语用知识：语用知识涉及到言语行为、交际意图和言语规范。它有助于学生理解说话者的意图，以及为什么他们选择了特定的词汇和句子结构。教师可以教授关于礼貌用语、请求、建议、命令等方面的语用知识，以提高学生的交际能力。

这些听力知识方面的教学可以通过多样化的教学方法来实现，包括听力练习、角色扮演、文化背景介绍和实际交际活动等。帮助学生掌握这些知识将有助于他们在听力活动中更自信、更有效地应对各种语言情境。

（2）听力技能。

大学英语听力教学中涉及的各种听力技能，这些技能对于学生在实际听力活动中的表现至关重要。以下是对这些听力技能的更详细说明：

1）交际信息辨别能力：这个技能是学生能够理解说话者意图以及交际上下文的关键。在听力活动中，学生需要通过声调、语速、语气等因素来判断说话者的情感和目的。通过练习，学生可以提高他们对交际信息的敏感度，更好地理解听力材料。

2）辨音能力：辨音能力涉及到识别和理解语音中的音素、音调和重读音节。这对于正确理解听力材料中的语音信息至关重要。练习发音、语音模仿以及辨别不同口音的活动都有助于提高辨音能力。

3）预测能力：学生需要根据上下文和已知信息来预测接下来的对话或话题。这有助于提高听力效率，因为他们可以在听到全部信息之前就开始构建理解。预测能力的锻炼可以通过教学中的练习和活动来实现。

3）大意理解能力：这涉及到学生能够捕捉到交际者的主要意图和信息。在听力材料中，不仅要关注具体的细节，还要注意整体信息和主要思想。这对于快速理解和总结听力内容非常重要。

4）词义猜测能力：学生会遇到一些生词或不熟悉的词汇，而具备词义猜测能力可以帮助他们通过上下文来理解这些词的含义。这需要学生运用语境信息和已有知识来进行猜测。

5）推理判断能力：这是学生能够通过言语信息推测说话者的意图和目的的能力。通过分析对话背后的动机和情感，学生可以更好地理解听力材料。

6）选择注意力：这个技能涉及到学生能够根据听力任务的要求，有选择性地关注听力材料中的特定内容，而不被无关信息干扰。这对于提高听力效率非常重要。

7）对细节的把控能力：在听力理解中，学生需要注意细节，包括具体数字、日期、时间等。这有助于他们全面理解听力材料。

8）评价能力：学生应该能够对所听到的内容进行评价，并表达自己的看法和观点。这有助于他们在听力任务中更全面地参与交际。

9）记笔记的能力：在一些情况下，学生可能需要快速记笔记来记录关键信息。这需要他们具备有效的记笔记技巧，以帮助他们后续的理解和应用。

这些听力技能是学生在实际听力活动中取得成功的关键，因此在大学英语听力教学中需要给予足够的重视和练习机会，以提高他们的听力水平和听力效率。

（3）听力理解。

听力理解层次和技能对于学生在英语听力教学中的提高和发展非常重要。以下是对这些听力理解层次的更详细说明：

1）辨认：这是听力理解的基本层次，涉及到识别和辨别听力材料中的语音、词汇和语法结构。这包括对说话者的发音、重读、语速以及语言中的重要信息进行辨认。学生需要能够在听到材料后准确地识别这些元素。

2）转换：转换涉及将听到的信息从口头形式转化为更容易理解和处理的形式，例如将听力内容转化为笔记、图表或其他可视化工具。这有助于学生更好地组织和梳理信息。

3）重组与再现：这一层次要求学生能够整合听到的信息，将其重新组织并表达出来。这可能包括总结主要观点、整合细节、重述对话或材料的要点，以便更好地理解和记忆。

4）社会含义：在听力理解中，了解文化、社会和情境因素对于正确解释听力材料非常重要。学生需要考虑说话者可能的意图、态度、文化差异和社会背景，以更深入地理解内容。

5）评价与应用：这一层次要求学生能够对所听内容进行评价、分析和应用。他们需要表达自己的观点、做出决策、回应问题或参与有关听力材料的讨论。这有助于提高他们的批判性思维和实际运用听力技能的能力。

在教学中，教师可以采用各种练习和活动来帮助学生发展这些听力理解层次。例如，让学生参与听力活动后进行讨论、展示、写作或角色扮演，以便他们能够运用所学的听力技能来进行交流和应用。此外，为学生提供多样化的听力材料，包括不同主题、语境和口音的内容，有助于他们更全面地发展听力理解能力。

（4）语感。

语感在英语听力理解中是一个非常重要的因素。它指的是一种对语言的直观感受和理解，有助于听者更好地把握文本中的信息、情感、节奏和语气。以下是关于如何培养和提高英语听力中的语感的一些建议：

1）频繁听英语：要提高语感，首先需要频繁地暴露于英语听力材料中。这可以通过听英语广播、观看英语电影和电视节目、听英语音乐以及参与英语对话来实现。不断听不同类型的英语材料可以让您更好地适应各种语言风格和语速。

2）模仿语音和语调：尝试模仿说话者的语音和语调是培养语感的一种方法。通过模仿，您可以更好地理解并体验说话者的表达方式，包括语音的重音、语气的变化和语速的节奏。

3）理解上下文：在听英语时，尝试根据语境来理解单词、短语和句子的含义。了解说话者的意图以及对话或文本的背景信息有助于更好地理解内容。

4）关注情感和语气：语感也涉及到对说话者的情感和语气的感知。尝试听出说话者的情感状态，例如高兴、愤怒、焦虑或悲伤。此外，注意说话者的语气，是否友好、正式、幽默或严肃，可以帮助您更好地理解其意图。

5）扩大词汇：增加英语词汇量可以提高您对听力内容的理解能力。掌握更多的词汇意味着您能够更轻松地识别听力材料中的单词和短语，并从中提取更多信息。

6）积极参与听力练习：参与听力练习和活动，例如听力测验、角色扮演、听写和讨论，可以提高您的听力技能和语感。这些练习有助于您更深入地理解和运用所学的语言知识。

7）与母语者交流：与英语母语者交流是提高语感的重要途径。通过与母语者互动，您可以更好地感知并学习他们的表达方式、口音和用词习惯。

8）反复练习：不断地听、重听和练习英语听力材料是培养语感的关键。反复练习有助于您更深入地理解和熟悉语言的特点和规律。

通过积极的练习和不断的听力实践，您可以逐渐提高自己的英语听力语感，从而更流利地理解和应对各种听力材料。

2. 大学英语听力教学的原则

大学英语听力教学原则非常重要，它们有助于确保教学的有效性和学生听力技能的提高。以下是总结的几个重要的大学英语听力教学原则：

（1）渐进性原则：这一原则强调英语听力学习是一个渐进的过程。教师应该根据学生的水平选择适当难度的听力材料，并逐渐增加难度。从简单到复杂、从慢速到正常速度的材料可以帮助学生逐步提高听力技能。

（2）多样性原则：多样性原则鼓励使用各种类型的听力材料和教学方法。这包括新闻报道、电影片段、音乐、对话、演讲等不同类型的材料。多样性有助于学生更好地适应不同语言风格和语境，提高他们的听力适应能力。

（3）交际性原则：教师应该鼓励学生积极参与听力活动，包括口头表达、回答问题、讨论和角色扮演等。英语听力的最终目标是提高学生的英语交际能力，因此，听力教学应与口语交际相结合，让学生真正运用所学。

（4）听觉与视觉相关联原则：这一原则强调将听觉和视觉相结合，以增强学生的听力理解能力。教师可以使用图片、图表、文字等视觉辅助工具，帮助学生更好地理解听力材料。此外，教师还可以引导学生关注语气和语调等听觉信息，帮助他们更全面地理解口头信息。

（5）积极反馈原则：教师应该提供积极的反馈，帮助学生纠正他们的听力错误，并鼓励他们不断改进。反馈可以包括口头反馈、书面反馈和评估。通过及时的反馈，学生可以了解自己的听力问题并采取措施进行改进。

（6）个性化原则：每个学生的英语听力水平和学习风格都不同，教师应该根据学生的个性化需求进行教学。这可能包括提供额外的支持或挑战，以确保每个学生都能够取得进步。

（7）文化教育原则：英语听力教学还应包括有关英语国家文化和社会背景的教育。了解文化差异有助于学生更好地理解口头信息，并在交际中更加得体。

这些原则在大学英语听力教学中可以指导教师制定教学计划和教学方法，以提高学生的听力技能和交际能力。同时，这些原则也有助于学生更好地理解和应对不同类型和难度的听力材料。

（二）互联网＋视域下大学英语听力教学的方法

在互联网技术的支持下，大学英语听力教学可以变得更加灵活和有效。以下是一些关于如何准确、合理地应用互联网技术到大学英语听力教学中的建议：

1. 构建听力学习环境

利用在线教育平台和学习管理系统为学生创建一个虚拟听力学习环境，提供各种听力资源，包括录音、视频、实时广播等。利用多媒体技术丰富教学内容，包括添加图像、字幕、交互式练习等，以提高学生的兴趣和参与度。提供在线论坛或社交媒体群组，让学生可以在网络上互相交流、分享听力体验和资源。

2. 选择适当的听力材料

确保所选的听力材料与学生的水平相符。互联网上有各种难度和主题的听力资源，教师可以根据学生的需要进行选择。使用真实世界的材料，如新闻、纪录片、播客、TED演讲等，以帮助学生熟悉真实语境和口音变化。

3. 引导学生的自主学习

教授学生如何使用在线工具和应用程序来提高听力技能，例如，如何下载听力资源、使用字幕、重复播放等。鼓励学生设定个人学习目标，并根据自己的需求选择合适的听力材料和练习。

4. 互动和反馈

利用在线会议工具进行实时听力训练和互动。教师可以模拟不同口音和语境的对话，让学生积极参与。提供个性化的反馈，包括口头和书面反馈，帮助学生识别并改进他们的听力问题。

5. 文化教育和社交交流

在听力教学中融入相关的文化背景知识，让学生更好地理解听力材料中的文化内涵。通过在线社交媒体或虚拟社区促进学生与其他英语学习者和讲英语的人互动，提供实际交流机会。

6. 评估和跟踪进度

利用在线测验和评估工具来定期检查学生的听力水平，并根据结果调整教学方法和材料。为学生提供反馈，帮助他们识别弱点和改进听力技能。

总之，互联网技术为大学英语听力教学提供了丰富的资源和工具，但教师仍然扮演着重要的指导角色。教师应该在构建学习环境、引导自主学习、提供互动和反馈方面发挥关键作用，以确保学生能够有效地提高听力水平。与此同时，学生也需要积极参与、主动学习，并善于利用互联网技术来增强他们的听力技能。

二、互联网＋视域下大学英语口语教学

口语在英语综合运用能力中起着关键的作用。随着互联网技术的发展，大学英语口语教学有了更多的机会和优势。总之，互联网技术为大学英语口语教学提供了丰富的工具和资源，同时也扩大了学生与其他学习者和使用英语的机会。教师可以发挥引

导作用，帮助学生充分利用这些资源，提高口语表达能力，增强英语综合运用能力。同时，学生也需要积极参与，主动练习和互动，以达到更高水平的口语能力。

（一）大学英语口语教学简述

1. 大学英语口语教学的内容

大学英语口语教学包括了语音训练、词汇与语法、会话技巧、交际策略等关键要素。这些要素的综合培养有助于学生全面提高英语口语表达和交际能力。以下是一些关于这些内容的补充和建议：

（1）语音训练。

语音训练不仅要关注发音准确性，还应注重语调和节奏的掌握。教师可以使用多媒体材料和录音来帮助学生练习不同语音特点和口音，让他们更适应真实语境中的语音差异。创造放松的学习环境，鼓励学生大胆练习，纠正错误，尤其是对于那些常见的发音错误。

（2）词汇与语法。

教师可以通过话题和实际对话来教授词汇和语法，让学生在具体的语境中学习，提高记忆和应用能力。通过让学生参与各种口语练习，如对话、角色扮演等，巩固他们的词汇和语法知识，使之成为他们流利表达的一部分。

（3）会话技巧。会话技巧包括倾听、回应、提问和引导对话等方面。教师可以提供实际对话的示范，并鼓励学生模仿，然后提供反馈和建议。创造多样化的会话情境，包括面试、社交场合、商务会议等，以帮助学生掌握不同场合下的会话技巧。

（4）交际策略。在口语教学中，交际策略是非常重要的，因为它们帮助学生应对各种口语交际挑战。教师可以教授学生如何使用补偿能力和协商能力，以克服语言障碍和理解问题。让学生参与角色扮演活动，模拟真实的交际情境，帮助他们运用交际策略解决问题。另外，口语教学应该强调实践和反馈。学生需要不断地练习口语，并接受教师和同学的反馈，以便不断改进和提高。同时，教师可以引导学生积极参与口语社交活动，如英语角、辩论俱乐部等，以提供更多实际练习的机会。口语教学也可以与文化元素相结合，帮助学生更好地理解和运用口语技能。

总之，大学英语口语教学应该注重综合培养学生的语言能力和交际技能，让他们在实际交流中更自信、流利地表达自己的思想和观点。这需要教师提供多样化的教学方法和资源，以满足学生不同的学习需求和水平。

2. 大学英语口语教学的原则

要想更好地开展大学英语口语教学，需要坚持如下几项原则：

原则对于大学英语口语教学非常重要，确实有助于提高学生的口语表达能力和积极性。以下是对每个原则的一些补充和建议：

（1）鼓励性原则。

鼓励性原则强调营造积极的学习氛围，这可以通过教师的积极引导和同学之间的互相支持来实现。教师应该鼓励学生犯错误，并将错误视为学习的机会，而不是失败。这种积极的反馈有助于减轻学生的焦虑感。创造具有文化多样性的学习环境，使学生感到开放和尊重，这有助于减少文化因素对口语表达的抵触感。

（2）互动性原则。

互动性原则的关键是促使学生积极参与口语活动。教师可以将学生分成小组，让他们共同解决问题、展开讨论，以增加互动性。引导学生在课堂外也积极互动，例如参加英语角、在线英语社区等，这有助于他们将口语技能应用于实际生活中。

（3）渐进性原则。

渐进性原则强调系统性和渐进性。教师可以根据学生的水平和需求，分阶段地设置口语目标，逐渐提高口语难度。这可以通过从简单的日常对话开始，逐渐过渡到更复杂的主题和表达方式来实现。为了评估学生的进展，教师可以定期进行口语测试和评估，以便调整教学计划。

（4）先听后说原则。

先听后说原则是非常重要的，因为口语交流通常是双向的。教师可以通过提供大量的听力材料，如录音、视频等，来帮助学生提高听力理解能力。听力材料应涵盖各种口音和语速，以帮助学生适应不同的听力环境。

总之，这些原则提供了一个指导口语教学的良好框架，可以帮助教师更有效地进行口语教学，同时也激发学生的兴趣和动力，使他们更好地掌握英语口语技能。同时，教师应灵活运用这些原则，根据学生的个体差异和需求进行调整，以取得最佳的口语教学效果。

（二）互联网＋视域下大学英语口语教学的方法

关于互联网环境下大学英语口语教学的观点和建议非常具体和有针对性。以下是一些进一步的思考和建议：

1. 课外教学与课内教学紧密结合

这一点强调了实践与理论的结合，是非常重要的。通过组织学生参与各种口语活动，他们可以将在课堂上学到的知识和技能应用到实际生活中。这种实践有助于加深学习，提高口语能力。另外，教师可以鼓励学生使用在线学习资源，如英语学习应用程序、在线词典、英语新闻网站等，以扩展他们的课外学习。

2. 注重网络测试与实施人机对话训练

互联网技术可以提供多种口语测试和练习的工具和平台。教师可以引导学生使用这些工具，进行自我评估和练习。这有助于学生更灵活地安排口语练习的时间和内容。人机对话训练可以提供模拟口语交流的机会，帮助学生提高自信心和流利度。教师可以建议学生使用在线语音识别工具，进行发音和口语练习。

3. 注重过程评价与教师科研相结合

教师的科研活动可以为口语教学提供更多的资源和创新。例如，研究口语教材的有效性，开发新的口语教学方法，或者研究学生口语学习策略等。过程评价是关键，因为它可以帮助教师更好地了解学生的学习进展，并及时进行调整。教师可以利用学生的口语表现、反馈和作业来进行评估，以更好地满足他们的需求。

总的来说，借助互联网技术，大学英语口语教学可以更加灵活和丰富。教师在教学过程中应充分利用在线资源，鼓励学生积极参与口语活动，同时注重评价和反馈，以持续提高口语表达能力。教师的科研工作也可以促进口语教学的创新和改进，从而更好地满足学生的学习需求。

教师在英语教学过程中还可以多采用以下教学方法：

1. 影像教学法

在大学英语口语教学中应用影视教学法是一个非常具有潜力和吸引力的方法，可以帮助学生提高英语口语能力，并丰富他们的文化视野。总之，影视教学法可以使口语教学更加生动有趣，激发学生的学习兴趣，提高他们的口语能力。同时，它也为学生提供了更多的机会来接触英语语境，增加了他们的文化知识和语言技能。因此，将影视教学法有机地融入大学英语口语教学中是一个可行且有益的方法。

（1）多样性的影视资源选择：教师可以从电影、电视剧、纪录片、短片等多种类型的影视资源中选择适合的材料。这有助于满足不同学生的兴趣和口语水平。此外，选择具有不同地区口音和方言的影片也有助于学生更全面地理解英语的多样性。

（2）学生参与和互动：除了观看和倾听，学生还可以参与到口语练习中。例如，他们可以模仿影片中的对话，扮演角色，或者创作自己的对话来扩展练习。这种互动性可以增强学生的口语表达能力和自信心。

（3）文化理解与讨论：影视教学法也是一个引导学生了解英语国家文化的好机会。教师可以在观看后组织学生讨论影片中的文化背景、社会问题或角色发展等方面，以拓宽他们的文化视野。

（4）技术工具的支持：利用现代技术工具，如字幕、在线词典、英语学习应用程序等，可以帮助学生更好地理解和学习影片中的内容。同时，教师也可以鼓励学生使用这些工具来提高他们的学习效率。

（5）评估和反馈：教师可以设计一些口语评估任务，要求学生根据观看的影片内容进行口头报告或写作作业。这些任务可以帮助教师了解学生的口语表达水平，并提供有针对性的反馈和建议。

2. 移动技术教学法

移动学习（Mobile Learning）是利用移动通信技术和便携设备（如智能手机、平板电脑、笔记本电脑等）进行教育和学习的方法。它为语言学习以及其他学科的教学提供了更加便捷和灵活的途径。将移动技术与大学英语口语教学相结合，可以创造更具活力和灵活性的学习环境，提高学生的学习效率和动力。然而，教师需要确保学生在移动学习中能够获得适当的指导和支持，以确保他们的学习目标得以实现。此外，教师还需要不断更新自己的教学方法，以适应移动学习技术的不断发展和演进。

（1）课前自学。

课前自学是移动学习的一部分，有助于提高学生的自主学习能力和学习积极性。以下是更详细的关于如何进行课前自学的建议：

（1）教师准备资料：教师首先需要准备好相关的学习资料，包括文化背景介绍、相关知识点的解释、音频或视频短片等。这些资料应该简洁明了，具体到本单元的教学内容，以便学生理解和吸收。

（2）分发学习资料：将准备好的资料上传到一个在线平台或博客中，并向学生提供访问链接或二维码。确保学生可以方便地获取这些资料。

（3）指导学生：在提供资料之前，教师可以在课堂上或通过在线渠道向学生简要介绍即将学习的内容，强调关键知识点和目标。这有助于学生更有针对性地进行自学。

（4）自主学习：学生可以使用他们的移动设备，如智能手机、平板电脑或笔记本电脑，在课前安排时间来自主学习。他们可以阅读文化背景介绍，了解相关知识点，并播放音频或视频材料。

（5）互动练习：教师可以在学习资料中包含一些互动练习，如选择题或口语作答题。这些练习可以帮助学生巩固所学知识，并在课前就进行口语练习，提前适应英语口语表达的环境。

（6）在线支持：在课前自学期间，学生可能会遇到问题或需要进一步的指导。因此，教师应提供在线支持，例如通过电子邮件、在线讨论论坛或即时消息工具，以便学生可以随时向教师提问并获得帮助。

（7）自我评估：学生可以通过自我评估来检查他们的学习进度。教师可以提供一些标准或评估指标，以帮助学生了解他们是否已经掌握了课前自学的内容。

通过课前自学，学生可以在课堂上更深入地讨论和应用所学的内容，提高口语表达能力。同时，这也培养了学生的自主学习和问题解决能力，为他们今后的学习和职业生涯打下了坚实的基础。

（2）教师讲解。

教师的讲解在移动学习环境下仍然扮演着重要的角色，尤其是在将自主学习内容与课堂教学内容无缝衔接的过程中。以下是更详细的关于如何进行课堂教学的建议：

1）课前准备：在课前，教师应该仔细研究学生在自主学习中可能遇到的问题和困难。这有助于教师在课堂上有针对性地进行讲解。

2）重点讲解：教师的讲解重点应该放在自主学习中可能较难理解或涉及语言难点的部分。这可以包括特定的词汇、句型、语法规则等。

3）示范与模仿：教师可以先做示范，展示正确的发音、语调、口音等。学生可以模仿教师的发音和语调，以提高口语表达的准确性。

4）互动提问：教师可以在课堂上提出问题，鼓励学生积极回答。这有助于学生运用所学知识进行口语表达，并培养他们的思维能力。

5）语音和发音练习：在口语教学中，语音和发音是关键要素。教师可以通过音频或视频材料演示正确的发音，并要求学生模仿。这有助于提高学生的口语流利度和发音准确性。

6）练习机会：在课堂上，教师应该为学生提供足够的口语练习机会。这可以包括角色扮演、对话练习、小组讨论等活动，让学生在实际交流中应用所学。

7）反馈和指导：教师在学生口语练习过程中应提供反馈和指导，帮助他们改进口语表达并纠正错误。这有助于学生不断提高口语水平。

8）引导学生思考：除了传授知识，教师还应该鼓励学生思考和讨论课程内容。这有助于培养学生的批判性思维和分析能力。

9）互动和合作：课堂应该是一个互动和合作的环境，学生之间可以互相交流、分享和练习口语技能。教师应该引导和监督这些互动过程。

总的来说，课堂教学在移动学习环境下仍然扮演着关键的角色，教师的任务是帮助学生将他们在自主学习中获取的知识与口语表达能力相结合，从而达到更高水平的口语能力。

（3）课堂互动。

课堂互动在口语教学中扮演着关键的角色，可以有效提高学生的口语表达能力和自信心。以下是关于如何设计和实施有效的课堂互动活动的建议：

（1）明确互动目标：在设计互动活动之前，教师应明确互动的具体目标。这可以包括口语表达的特定技能，如流利度、发音准确性、词汇使用等。

（2）由易到难：教师可以从相对简单的互动活动开始，逐渐增加难度。这有助于学生逐步提高口语技能，不至于感到过于压力重大。

（3）多样性的活动：课堂互动可以包括多种类型的活动，如角色扮演、对话练习、小组讨论、辩论等。不同类型的活动有助于学生在不同情境中练习口语技能。

（4）小组合作：小组活动可以促进学生之间的合作和互动。教师可以将学生分成小组，要求他们共同完成口语任务，这有助于培养学生的团队合作能力。

（5）鼓励自由表达：教师应鼓励学生自由表达自己的想法和观点，而不仅仅是机械性地模仿。这有助于提高学生的创造性和自信心。

（6）使用多媒体：移动技术可以用于支持课堂互动。教师可以利用移动设备来播放音频或视频资料，供学生参考和模仿。

（7）提供反馈：教师在互动活动过程中应提供及时的反馈和指导。这有助于学生了解他们的口语表达中的问题，并提供改进的机会。

（8）记录学生表现：教师可以记录学生在互动活动中的表现，包括流利度、发音、词汇使用等方面的评估。这可以帮助教师追踪学生的进步并提供个性化的建议。

（9）创造积极的学习氛围：教师应创造一个积极、鼓励的学习氛围，让学生感到放松和愿意积极参与口语练习。

（10）使用移动技术支持：学生可以使用移动设备来查找相关信息，提供词汇和背景知识，从而更好地参与互动活动。

通过合理设计和实施课堂互动活动，教师可以有效提高学生的口语能力，增强他们的口语自信心，同时充分利用移动技术来丰富口语教学的方式和工具。

（4）课后的移动式合作学习。

课后的移动式合作学习是口语教学中的重要环节，它提供了学生在更自主和深入的环境中练习口语的机会，同时借助移动技术和合作学习的方式，可以有效地拓展学生的口语技能。以下是一些关于如何实施这种类型的学习活动的建议：

（1）明确任务：教师应该为学生明确课后任务，包括要完成的口语练习、合作伙伴的分配和完成任务的截止日期。任务应具体明确，使学生清楚了解他们需要做什么。

（2）分组合作：教师可以将学生分成小组，每组有明确的任务和目标。合作伙伴之间可以通过移动应用程序、社交媒体或在线协作工具进行交流和合作。

（3）使用移动技术：学生可以利用移动设备录制口语练习，然后与合作伙伴分享。他们可以使用语音消息、视频通话或在线语音记录工具进行交流。移动技术使跨时区或地理位置的学生能够轻松协作。

（4）定期反馈：教师应鼓励学生定期分享他们的进展和成果，并提供针对性的反馈。这可以通过在线讨论、电子邮件、即时消息等方式进行。

（5）互相评价：学生可以互相评价对方的口语练习，并提供建议和改进意见。这有助于学生从对等的合作中受益，共同提高口语技能。

（6）记录学生表现：教师可以收集学生的口语录音，并进行评估。这可以帮助教师了解学生的进展，并提供个性化的支持和建议。

（7）形成性评价：教师可以利用形成性评价工具来了解学生的学习状况，鼓励他们在学习过程中进行自我反思和改进。

（8）分享成果：最后，学生可以在课堂上或在线平台上分享他们的口语练习成果，这可以提高学生的自信心，并鼓励他们积极参与口语活动。

通过有效的课后移动式合作学习，学生可以在更灵活的环境中提高口语技能，同时通过互相合作和反馈，增强学习效果。这种方法有助于将口语教学与移动技术相结合，提供更多个性化和丰富的学习体验。

三、互联网＋视域下大学英语阅读教学

基于互联网的大学英语阅读教学为学生提供了更多自主学习的机会，同时也培养了他们的信息素养和批判性思维能力。这种教学方法有助于学生在信息时代更好地应对各种阅读挑战，提高他们的英语水平和综合素养。

（一）大学英语阅读教学简述

1. 大学英语阅读教学的内容

大学英语阅读教学的内容涵盖了多个方面的阅读技能，这些技能对于学生提高英语阅读能力非常关键。以下是大学英语阅读教学的主要内容和技能：

（1）词汇辨认与拓展：学生需要学会辨认和理解文章中的单词，同时也需要学会使用上下文线索来猜测陌生词汇的含义。教学应包括扩展词汇量的活动，以便学生能够更好地理解文章。

（2）跳读技巧：跳读是指快速浏览文章以获取主要信息的技能。学生需要掌握如何在不读完整篇文章的情况下，迅速找到关键信息和主要观点。

（3）理解句子结构和关系：学生需要能够理解句子内部各个部分之间的关系，包括主谓关系、从属从句、连接词等。这有助于他们更好地理解句子的含义。

（3）主旨把握：学生需要能够识别文章的主旨和主要观点，以便理解文章的中心思想。

（4）语篇理解：学生需要学会识别和理解文章中的段落结构、段落间的逻辑关系和过渡词语，以更好地理解文章的组织结构。

（5）信息总结与概括：学生需要具备整合和总结文章信息的能力，以便将文章中的细节与主题联系起来。

（6）交际意义理解：学生需要理解文章中言语和句子的交际意义，包括陈述、疑问、命令、建议等不同类型的交际功能。

（7）图表化理解：学生需要能够理解文章中的图表、图示和图像，以获取更多信息或支持文章中的观点。

（8）推理技巧：学生需要具备基本的推理能力，能够根据文章中的线索进行逻辑推理，理解作者的论证和观点。

（9）指示词辨认：学生需要识别文章中的指示词，如代词、指示代词、连接词等，以理解文章各部分之间的意义关系。

综合来看，大学英语阅读教学旨在培养学生多种阅读技能，以帮助他们更好地理解和分析英语文章。这些技能不仅对学术阅读有用，还对职业发展和日常生活中的信息处理非常重要。

2. 大学英语阅读教学的原则

大学英语阅读教学的原则是确保有效教学和学习，提高学生的阅读技能和理解能力。以下是大学英语阅读教学的一些重要原则：

（1）循序渐进原则：阅读能力是逐步培养的，教师应该根据学生的水平和需求，逐渐提高阅读材料的难度。建立一个合理的长期教学计划，确保学生能够逐步发展阅读技巧。

（2）因材施教原则：学生具有不同的学习需求和能力水平。教师应该根据学生的个体差异，提供适合其水平和兴趣的阅读材料和任务。个性化的教学可以更好地满足学生的需求。

（3）速度调节原则：阅读速度不应与阅读能力直接相关。教师应该根据不同的阅读任务和目标，调整学生的阅读速度。有时需要深入理解，有时需要快速浏览。保持适度的阅读速度有助于更好地理解材料。

（4）关联性原则：帮助学生建立与阅读材料相关的背景知识和语境。这有助于他们更好地理解文本，并将其融入到现有知识体系中。这可以通过提供相关信息、背景介绍或引导学生查找相关信息来实现。

（5）多样性原则：阅读教学应涵盖各种体裁和主题的阅读材料，以确保学生有机会接触不同类型的文本。此外，教师应采用多种教学方法和形式，包括讨论、小组活动、角色扮演、多媒体资源等，以增加学生的参与度和兴趣。

这些原则有助于建立高效的大学英语阅读教学方法，使学生能够更好地理解和分析英语文本，提高他们的阅读技能和学术能力。

（二）互联网＋视域下大学英语阅读教学的方法

尽管互联网提供了广泛的信息资源，但大学英语阅读教学仍然需要教师的积极参与和指导。总之，虽然互联网提供了大量的英语阅读资源，但教师仍然是教育过程中不可或缺的一部分。他们的指导和支持有助于确保学生能够有效地利用互联网来提高他们的阅读技能和兴趣。在互联网＋大学英语阅读教学中，教师的角色是至关重要的。具体而言，教师可以从如下几点做起：

1. 科学合理地选择阅读材料

教师应该确保学生选择的阅读材料与课程内容和学习目标相一致。这些材料可以是与当前课程主题相关的文章、新闻报道、博客帖子、学术论文等。教师可以提供一些指导，以帮助学生选择适当的材料，特别是对于不熟悉如何搜索和评估在线资源的学生。

2. 发挥网络互动优势，激发学生的学习兴趣

互联网辅助的大学英语阅读教学方法在提供更广泛的学习资源和增加互动性方面确实具有巨大潜力。以下是一些关键点，有助于更有效地利用互联网来提升英语阅读教学：

（1）建设网络阅读资料库：教师可以创建一个在线平台或课程网站，以便学生能够轻松访问教学资源。这个资料库可以包括教材中的内容、额外的阅读材料、视频、音频和相关练习。这样的资源库有助于学生在需要时方便地查阅和复习。

（2）多媒体内容：您提到的添加图片、漫画和视频等多媒体元素是非常有效的，因为它们可以吸引学生的兴趣，让学习变得更生动。教师可以选择与主题相关的多媒

体内容，以帮助学生更好地理解和记忆教材。

（3）在线讨论和互动：利用在线平台进行讨论和互动可以促进学生之间的合作学习。教师可以设置在线论坛、博客或群组，鼓励学生分享他们的见解、提出问题，并与同学讨论课程内容。这种互动可以增强学生的参与感和学习动力。

（4）自主学习：互联网提供了自主学习的机会。教师可以鼓励学生积极利用在线资源，包括在线词典、语法工具、在线翻译等，以提高他们的英语阅读技能。

（5）评估和反馈：在线平台还可以用于学生作业的提交和评估。教师可以要求学生在平台上提交作业、论文或项目，并提供及时的反馈。这有助于学生了解他们的表现，并持续改进。

（6）数据分析：利用在线平台，教师可以跟踪学生的学习进展，了解哪些内容难以理解，哪些需要额外的帮助。这可以帮助教师更有针对性地调整教学方法和资源。

总之，借助互联网，英语阅读教学可以更具互动性、多样性和自主性。教师在设计和管理在线资源时需要确保内容贴近课程目标，并通过各种方式吸引学生的注意力，以提高他们的学习动力和英语阅读技能。

3. 积极地开展课后拓展阅读

课后拓展阅读和写作练习对于提高英语阅读技能和写作能力非常重要。这些活动有助于学生深入思考、整理思路、表达观点，进一步提高语言表达能力。以下是一些教师可以采用的方法，以促进学生的课后拓展阅读和写作练习：

（1）主题报告和研究项目：鼓励学生选择一个特定的主题，通过深入阅读和研究相关文献来撰写报告或研究项目。这可以涉及到每个单元的主题或学生自己感兴趣的领域。教师可以提供指导，帮助学生规划研究、撰写论文，并提供反馈。

（2）书评和文学分析：鼓励学生阅读英语小说、散文或其他文学作品，并撰写书评或文学分析。这有助于他们理解文学作品的结构、主题和风格，并提高文学素养。

（3）辩论和演讲比赛：组织辩论和演讲比赛，让学生运用他们的阅读和写作技能来准备辩题或演讲。这有助于他们提高口头表达能力，同时也要求他们撰写演讲稿或辩题陈述。

（4）学术论文写作：在更高水平的课程中，教师可以引导学生撰写学术论文，要求他们进行深入的文献研究、提出论点并支持它们。这将锻炼学生的分析、批判性思维和学术写作技能。

（5）博客或日记写作：鼓励学生创建个人博客或日记，以记录他们的阅读体验、想法和反思。这可以是一个非正式的写作方式，帮助他们培养写作习惯。

（6）合作写作项目：教师可以组织学生合作进行写作项目，例如共同编写一份杂志、报纸或电子书。这种协作有助于学生分工合作、共同创作，提高他们的协作和写作能力。

（7）反馈和修订：鼓励学生互相审阅和提供反馈，然后进行修订。这将帮助他们发现自己写作的弱点，并提高写作质量。

通过这些方法，教师可以激发学生的兴趣，提高他们的写作和阅读技能，培养批判性思维，同时也为他们提供更多的学术和创造性的机会。

四、互联网＋视域下大学英语写作教学

写作是大学英语教学中的重要组成部分，它不仅有助于提高英语表达能力，还培养了学生的思维和批判性思考能力。在互联网时代，英语写作教学也受到了新的影响和挑战，但也提供了更多机会和资源。总的来说，互联网的发展为大学英语写作教学带来了更多的机遇和挑战。教师需要善于利用互联网资源，指导学生正确使用这些资源，并确保写作教学仍然注重基本的写作技能和学术诚信原则。同时，学生也需要培养在互联网环境下的信息素养，以更好地利用在线资源来提高写作能力。

（一）大学英语写作教学简述

1. 大学英语写作教学的内容

一般来说，拼写与符号、选词、句式、结构等都是大学英语写作教学的内容。

（1）拼写与符号。

拼写与符号在英语写作中的确具有关键性的作用，因为拼写错误和符号使用不当会严重影响读者对文章的理解和整体质量。以下是一些有关拼写和符号的重要注意事项：

1）拼写正确性：拼写错误可能会导致读者产生困惑，因此学生在写作中应格外小心拼写。可以使用拼写检查工具（如拼写检查器）来检查文章中的拼写错误，但也应该谨慎依赖这些工具，因为它们可能会漏掉某些错误。反复审查和校对是减少拼写错误的有效方法。

2）标点符号：正确使用标点符号对于句子的表达和结构至关重要。学生应了解不同标点符号的用法，包括逗号、句号、分号、引号、破折号等。错误的标点符号使用可能会导致句子的意思产生混淆。建议学生仔细阅读相关的语法和标点符号规则，以确保它们在写作中正确应用。

3）符号的一致性：在整篇文章中，学生应该保持符号使用的一致性。例如，在使用引号时，要确定是使用双引号还是单引号，并在整篇文章中保持一致。不一致的符号使用可能会让文章看起来杂乱无章。

4）排版和格式：学生还应该关注文章的排版和格式，包括段落间距、标题的格式、字体大小等。一个清晰、整洁的排版可以使文章更易于阅读和理解。

5）校对和反馈：在完成写作后，学生应该花时间仔细校对文章，寻找可能的拼写和标点符号错误。如果可能的话，可以请同学或老师提供反馈，帮助发现潜在的问题。

总的来说，拼写和符号是英语写作中不可忽视的重要方面，学生应该努力提高它们的正确性和一致性，以确保文章的质量和可读性。

（2）选词。

词汇含义的准确理解以及词汇的选取直接关系到写作的质量。以下是一些与词汇

选择和使用相关的关键要点：

1）词汇的准确理解：确保对词汇的基本含义有准确的理解是写作的基础。学生应该查阅词典和词汇参考资料，以确保他们使用的词汇与所要表达的意思相符。

2）词汇的多义性：许多词汇在不同的上下文中具有不同的含义，这被称为词汇的多义性。学生需要注意上下文，以确保所选的词汇与文章的语境相符。词汇的多义性也可以为文章增加深度和层次感。

3）词汇的语域：根据写作的语域和目的，学生应选择适当的词汇。例如，在正式文档中使用非正式词汇可能不合适，反之亦然。了解不同语境中的常见词汇选择是重要的。

4）具体性与抽象性：学生应该根据需要选择具体或抽象的词汇。具体的词汇可以使描述更加生动，而抽象的词汇可以用于概念性的表达。词汇的选择应根据写作的内容和目的进行。

5）情感和语气：某些词汇具有情感色彩，例如褒义词和贬义词。学生应该根据他们的写作意图选择适当的情感色彩，以传达他们的观点和情感。

6）词汇的多样性：避免在文章中反复使用相同的词汇，尤其是在短文中。多样的词汇可以提高文章的丰富性和吸引力。

7）修辞手法：学生可以探索不同的修辞手法，如比喻、隐喻、排比等，以增强写作的表达力和吸引力。这些修辞手法可以用来传达更多的信息和情感。

8）校对和反馈：在完成写作后，学生应仔细校对文章，特别关注词汇的使用。如果可能的话，可以请他人提供反馈，以确保词汇的选取没有引起误解或混淆。

总的来说，词汇的选择和使用是写作中需要仔细考虑的方面之一。学生可以通过不断练习和积累词汇，以及关注语境和目的，逐渐提高他们的词汇选择和运用能力。

（3）句式。

句式的掌握和运用对于英语写作至关重要，因为不同的句式可以赋予文章不同的节奏和表达方式，从而丰富文章的语言风格。以下是一些关于句式的进一步建议和教学方法：

1）多样性的句式：教师可以向学生介绍不同类型的句式，如简单句、复合句、并列句、独立主格结构、不定式结构等。学生应该了解这些句式的基本结构和用法，并学会在适当的情况下运用它们。通过展示多样性的句式，学生可以提高他们的写作灵活性。

2）示例和模仿：教师可以提供不同类型的句式示例，并鼓励学生模仿这些句式。这有助于学生理解如何运用不同的句式来表达不同的思想和观点。示例可以来自优秀的文学作品、新闻文章或其他文本。

3）句式练习：为了帮助学生练习句式，教师可以设计一些句式练习题。这些练习可以包括填空题、句子改写、段落重写等，以便学生在实际应用中熟练掌握各种句式。

4）阅读和分析：教师可以选择一些文学作品或文章，让学生阅读并分析其中的句式结构。学生可以从阅读中学到不同作者如何运用句式来传达信息和情感。

5）讨论和创作：组织学生进行小组讨论或写作任务，鼓励他们在实际写作中运用不同的句式。教师可以提供主题或写作任务，然后让学生根据自己的创作需求选择合适的句式。

6）反馈和修改：在学生完成写作后，教师可以提供反馈，特别是关于句式的使用。这可以帮助学生识别并改善他们写作中可能存在的问题，以及如何更好地运用句式来增强表达效果。

总之，通过多样性的句式练习和实际写作任务，学生可以逐渐提高他们的句式掌握和运用能力，从而改善他们的英语写作质量。教师在教学中的示范、引导和反馈都起着关键作用。

（4）结构。

在英语写作中，文章结构的内容非常重要，因为一个清晰的结构能够帮助读者更好地理解和跟随文章的思路。在大学英语写作教学中，教师可以采用以下方法来教授文章结构：

1）讲解文章结构类型：首先，教师可以向学生介绍不同类型的文章结构，例如，记叙文、说明文、议论文等。讲解这些结构的特点，以及它们在不同写作任务中的应用，帮助学生了解不同类型的文章应该如何组织。

2）示范范例：教师可以提供范例文章，然后分析和讨论它们的结构。通过分析范例，学生可以更好地理解如何构建文章的引言、主体段落和结论，以及如何使用过渡词和句子来确保文章的连贯性。

3）指导写作大纲：在学生开始写作之前，教师可以要求他们制定文章的大纲。大纲是文章结构的蓝图，它有助于学生明确每个段落的主题和要点，以及它们的逻辑顺序。

4）组织段落：教师可以教导学生如何构建有效的段落结构。每个段落应该有一个明确的主题句，接着是支持性的细节或论据，并最终以一个总结句或过渡句结束。通过这种方式，学生可以确保他们的段落清晰而连贯。

5）强调连贯性：连贯性是文章结构的一个重要方面。教师可以教导学生如何使用连接词和短语，以确保段落之间和句子之间的逻辑关系紧密，帮助读者更好地跟随文章的思路。

6）提供反馈和修改：在学生完成初稿后，教师可以提供反馈，特别是关于文章结构的方面。学生可以根据教师的建议进行修改，以改善文章的结构和组织。

总之，教师在大学英语写作教学中的指导和示范对于帮助学生建立清晰的文章结构非常关键。通过实践和反馈，学生可以逐渐提高他们的写作技能，包括构建有效的结构。

2. 大学英语写作教学的原则

大学英语写作教学原则可以帮助教师更有效地教授英语写作，同时也促进学生的写作能力提高。以下是对的每个原则的进一步解释：

（1）主体性原则：这个原则强调学生的主动参与和学习的自主性。通过激发学生的兴趣，提高他们的学习主动性，教师可以帮助学生更好地掌握写作技能。小组讨论和学生互助是有效的方法，可以鼓励学生在写作过程中相互学习和合作，共同提高。

（2）综合性原则：这个原则强调写作与听、说、读等英语技能的综合性。写作应该被视为这些技能的一个延伸和应用，而不是孤立的活动。通过将写作与其他技能相结合，可以使写作教学更加全面和有趣，同时也加强了学生的英语综合能力。

（3）对比性原则：这个原则强调了母语与英语之间的差异和相似之处。学生通常会受到母语写作的影响，因此了解这两种语言之间的差异对于避免中式英语问题非常重要。教师应该帮助学生识别和理解这些差异，以便他们能够更好地运用英语写作技能。

（4）多样性原则：这个原则强调多样的教学方法和写作表达方式。通过采用多种不同的练习形式，如扩写、缩写、改写等，可以帮助学生培养写作技巧。此外，教师还应鼓励学生在写作中尝试多种表达方式，这有助于提高他们的语言灵活性和创造力。

这些原则可以为大学英语写作教学提供有益的指导，帮助学生建立坚实的写作基础并提高他们的写作能力。教师可以根据学生的需求和水平来灵活应用这些原则，以取得最佳的教学效果。

（二）互联网＋视域下大学英语写作教学的方法

互联网和现代技术在大学英语写作教学中的应用可以激发学生的写作兴趣，提高他们的写作技能，以及使他们更好地规范自己的写作语言。总之，互联网和相关技术为大学英语写作教学提供了丰富的资源和工具，可以帮助学生更好地学习和实践写作技能。教师可以发挥引导和监督的作用，引导学生正确使用这些资源，以达到更高水平的写作能力。这对于学生在大学和职业生涯中都具有重要的意义。

1. 利用计算机文字处理程序辅助写作

计算机文字处理程序提供了很多强大的工具，可以帮助学生提高写作效率和质量。自动拼写和语法检查功能可以减少拼写和语法错误，使学生更加自信地表达自己。编辑功能使得修改和重组文章变得更加容易，这有助于学生改进他们的写作结构和逻辑。词典和同义词库可以帮助学生丰富他们的词汇，使文章更具多样性和表达力。

2. 倡导学生运用互联网技术支持写作

互联网为学生提供了广泛的信息资源，可以丰富他们的写作素材和观点。学生可以利用互联网搜索相关信息，了解不同观点和文化背景，从而更好地支持他们的写作。教师可以教导学生如何有效地使用搜索引擎和在线图书馆，以获取高质量的资源。此外，学生还可以参与在线讨论和社交媒体，与其他学生分享和讨论写作主题，扩大他们的视野。

3. 利用 E－mail 辅助写作教学

E－mail 是一个有力的交流工具，可以促进师生和同学之间的有效沟通。学生可以通过 E－mail 将他们的写作作品发送给教师和同学，以获得反馈和建议。这种反馈很有价值，因为它可以帮助学生改进他们的写作，识别问题并学习如何解决。同时，教师可以与学生保持更密切的联系，提供个性化的指导和建议。此外，利用 E－mail 与国外学生进行交流，有助于学生提高他们的跨文化沟通能力，拓宽视野，丰富写作素材。

这些方法将互联网和技术融入到大学英语写作教学中，提供更多的机会和工具，帮助学生提高写作技能，同时激发他们的兴趣和创造力。教师在使用这些方法时应适应学生的需求和水平，鼓励他们积极参与，并提供适当的指导和支持。这将有助于培养学生的写作能力，使他们在大学和职业生涯中受益。

五、互联网＋视域下大学英语翻译教学

传统的大学英语翻译教学虽然有其重要性，但在当今互联网和数字技术高度发展的背景下，将互联网技术引入大学英语翻译教学中可以提供许多重要的优势和改进。总之，将互联网技术融入大学英语翻译教学中，有助于培养适应现代社会需求的高素质翻译人才，提高他们的翻译技能和适应能力，使他们更好地迎接全球化和数字化时代的挑战。这对于提高翻译教育的质量和效果非常重要。

（一）大学英语翻译教学简述

1. 大学英语翻译教学的由来

大学英语翻译教学源于对跨文化交流和全球化需求的反应。随着国际间的交流不断增加，对高水平翻译人才的需求也不断增长。因此，大学英语翻译教学成为了大学英语课程的一部分，旨在培养学生的翻译技能，使他们能够胜任各种跨文化交流和翻译工作。

（1）翻译基础理论。

这一部分涵盖了翻译的基本原理和概念，包括翻译的类型（如口译和笔译）、翻译过程（如理解、分析、再创造）、翻译的标准（如忠实传达原意和自然流畅）、译者的素质要求（如语言能力、文化理解、研究能力）等。

（2）英汉语言对比。

英汉语言的结构、语法、词汇、文化等方面的对比是非常重要的，因为这有助于学生理解两种语言之间的差异和相似之处。这有助于他们更好地进行翻译，特别是在处理语境和文化差异时。

（3）翻译技巧。

翻译技巧是学生在实际翻译工作中需要掌握的方法和策略。这包括音译、意译、

直译、反译、增译、省译等各种翻译方法。学生需要了解何时使用这些技巧以及如何在特定语境中应用它们。

总之，大学英语翻译教学的目标是培养学生的翻译能力，使他们能够胜任不同领域的翻译工作，同时提高他们的跨文化交流和语言技能。这些教学内容有助于学生建立坚实的翻译基础，为未来的职业发展打下基础。

2. 大学英语翻译教学的原则

大学英语翻译教学原则为大学英语翻译教学提供了有益的指导，确保了教学的有效性和质量。以下是对这些原则的进一步解释：

（1）实践性原则：通过实际的翻译实践，学生可以将课堂学到的理论知识应用到实际工作中，提高他们的翻译技能。实际情境的翻译练习有助于学生更好地理解社会的需要和翻译行业的要求，同时激发了学习的兴趣和积极性。

（2）精讲多练原则：这个原则强调在教学中，理论知识和实际练习应该相结合。教师应该向学生介绍翻译技巧和策略，然后让他们通过实际练习来应用这些技巧。课后讲评是提供反馈和指导的好机会，以帮助学生不断提高翻译技能。

（3）循序渐进原则：教师应该根据学生的水平和经验，逐步增加教学内容的难度。这有助于学生建立信心，逐渐提高他们的翻译能力。从简单到复杂的过渡有助于学生更好地理解和应用翻译技巧。

（4）培养翻译能力与翻译批评能力相结合原则：这一原则鼓励学生不仅提高自己的翻译能力，还培养对他人翻译作品进行客观评价和批评的能力。这样的培养有助于学生更好地理解翻译的标准和质量要求，同时也有助于提高他们的自我反思和修正能力。

（5）翻译速度与翻译质量相结合原则：在实际工作中，翻译速度通常与质量同样重要。学生需要在有限的时间内完成翻译任务，并保持高质量的翻译。通过限时完成练习，学生可以培养合理安排时间的能力，提高翻译速度，同时确保翻译质量。

这些原则共同构成了一套有效的大学英语翻译教学方法，有助于学生全面发展翻译技能，提高其在翻译领域的竞争力。

（二）互联网＋视域下大学英语翻译教学的方法

在互联网＋视域下开展大学英语翻译教学，有助于培养学生的英汉双语翻译能力，从而获得最佳的学习效果。在具体的实施上，教师可以从以下几点着手：

1. 展开翻译课堂教学，增加英语习得

媒体课件在大学英语翻译教学中的应用是非常重要的。多媒体教学可以使课堂更具吸引力，提高学生的学习兴趣和参与度。以下是关于如何制作多媒体课件以支持大学英语翻译教学的一些建议：

（1）根据教学目标设计课件：在制作多媒体课件之前，教师应该明确教学目标。

课件的内容、结构和互动元素应该与这些目标相一致。确保每个课件模块都有明确的学习目标，这样可以帮助学生更好地理解和掌握翻译技巧和知识。

（2）互动性原则：多媒体课件应该具有互动性，使学生能够积极参与学习过程。这可以通过提出问题、讨论案例、引导学生进行翻译实践等方式实现。互动性有助于激发学生的思考和讨论，提高他们的学习效果。

（3）多媒体元素的选择：多媒体课件可以包括声音、图片、动画、视频等元素。选择适当的多媒体元素有助于解释抽象的翻译概念，使学生更容易理解。例如，可以使用视频演示实际的翻译过程，或者使用图片和图表来解释语言对比和翻译技巧。

（4）文化知识的融入：在多媒体课件中融入相关的中西方文化知识对于大学英语翻译教学非常重要。这有助于学生更好地理解翻译背后的文化背景和语境。可以通过故事、案例、文化展示等方式将文化元素引入课件中。

（5）分级教学：多媒体课件可以根据学生的不同水平和需求进行分级教学。教师可以提供不同难度和复杂度的课件模块，以满足各种学生的需求。这有助于个性化教学，让每个学生都能够在适合他们水平的课程中学习。

（6）评估和反馈：在多媒体课件中可以包括课后练习和自测题，以帮助学生巩固所学知识并进行自我评估。教师还可以提供反馈和建议，以指导学生的学习进展。

最重要的是，多媒体课件应该灵活适应不同的教学场景和学生需求。教师可以根据具体情况不断调整和改进课件，以确保其有效性和教育价值。

2. 扩大课堂信息量，克服课堂教学的局限性

利用校园网络来扩大课堂信息量和提供更多翻译练习的方法是非常实用的，尤其是在大学英语翻译教学中，这种方法可以帮助学生更充分地掌握翻译技巧和知识。以下是一些具体建议，以更好地利用校园网络支持翻译教学：

（1）建立在线资源库：教师可以创建一个在线资源库，包括翻译教材、案例分析、翻译练习、文化背景资料等。学生可以随时访问这个资源库，以自主学习和练习翻译技能。

（2）在线讨论和互动：使用校园网络平台或在线教育工具，教师可以组织在线讨论、翻译比赛、学习小组等活动，以促进学生之间的互动和合作。这有助于学生在实际交流中应用所学的翻译技能。

（3）学习管理系统：利用学习管理系统（LMS）或在线课程平台来组织和管理课程内容。教师可以将课程材料、练习、考试等都放在 LMS 上，学生可以随时访问，查看成绩和进度。

（4）定期在线答疑：设立定期的在线答疑时间，让学生可以在指定的时间段内通过网络向教师提问并获得答案。这有助于解决学生在自主学习中遇到的问题。

（5）跨学科资源：鼓励学生利用校园网络来获取跨学科的资源。例如，在翻译医学文献时，学生可以访问医学院的在线数据库或资源，以获得更多背景信息和专业词汇。

（6）定制学习：根据学生的专业和兴趣，教师可以为不同群体的学生提供定制的翻译练习和材料。这有助于学生更好地将翻译技能与他们的专业知识相结合。

（7）鼓励自主学习：教师可以鼓励学生自主选择翻译练习和材料，让他们更有动力地参与学习。同时，提供反馈和评估，帮助学生自我改进。

（8）文化学习：除了语言翻译，校园网络还可以用于提供关于英美文化和跨文化交际的资源。这有助于学生更好地理解背后的文化背景，提高翻译的质量。

总之，校园网络是一个强大的工具，可以支持大学英语翻译教学的创新和提高。通过充分利用这些资源，教师可以更好地满足学生的学习需求，提高他们的翻译技能和综合素质。

3. 制作教学课件，建立翻译素材库

资源共享和集体备课的方法对于制作互联网课件和建立翻译素材库来说是非常重要的，这有助于提高教学质量和效率。以下是一些关于如何更好地利用这些方法的建议：

（1）建立合作团队：鼓励教师之间建立合作团队，共同制作教学课件和整理翻译素材。不同教师可能具有不同的专长和经验，通过合作，可以充分利用各自的优势，制作更丰富多样的教材。

（2）制定共享标准：确保教师们在制作课件和整理素材时遵循相同的标准和格式。这将有助于确保教材的一致性，并使其更易于学生理解和使用。

（3）定期更新和维护：教师们应该定期检查和更新课件和翻译素材，以反映最新的语言和文化变化。保持素材的新鲜性和时效性对于有效的教学非常重要。

（4）使用开放资源：利用开放教育资源（OER）和免费教材，以减轻教师们的制作负担。有许多免费的在线资源可以用于英语翻译教学，教师可以集中精力定制和改进这些资源。

（5）鼓励反馈和改进：建立一个反馈机制，让学生和教师能够提供关于教材和课程的反馈意见。这有助于不断改进教材和教学方法。

（6）跨学科合作：鼓励跨学科合作，将不同领域的知识和资源融入到翻译教学中。这可以丰富教材内容，使学生更全面地了解翻译与其他领域的关联性。

（7）培训和分享经验：定期组织培训活动，使教师了解如何更好地利用互联网课件和翻译素材库。同时，鼓励教师分享成功的经验和最佳实践。

最终，通过资源共享和集体备课，教师可以更好地应对翻译教学的挑战，提供更丰富、更有效的教育体验，帮助学生更好地掌握翻译技能和知识。这种合作精神有助于提高整个教育系统的水平。

第三节　互联网＋视域下大学英语自主学习

一、互联网＋视域下大学英语自主学习监控

（一）学习监控的定义及特征

1. 学习监控的定义

学习监控是教育中的重要实践，可以帮助学生更好地管理和优化他们的学习过程。在互联网＋视域下，教育者和学生可以利用现代技术和资源来实现更有效的学习监控，从而取得更好的学术成果。

2. 学习监控的特征

（1）学习监控的目的。学习监控的目的是帮助学生提高学习效率和质量，确保他们达到学习目标。通过监控学习过程，学生可以及时发现和解决问题，调整学习策略，以取得更好的学术成绩。

（2）自主学习监控。在自主学习中，学生扮演了学习的主体角色。他们需要学会自己设定学习目标、规划学习过程、评估学习成果，并对学习行为进行自我监控和调整。教育者可以通过教导学生如何进行自主学习监控来培养他们的学习能力。

（3）互联网＋教育的应用：互联网技术为学习监控提供了丰富的工具和资源。在线学习平台可以跟踪学生的学习进度，提供个性化的建议和反馈。教育应用程序和互联网资源可以帮助学生更容易地访问学习材料和工具。同时，教师也可以使用在线教育工具来监控学生的表现，以更好地指导他们。

（4）学习监控的关键要素：学习监控涉及多个要素，包括设定明确的学习目标，持续跟踪学习进度，收集和分析学习数据，提供及时的反馈，以及调整学习策略。这些要素需要有机结合，以实现有效的学习监控。

（5）个性化学习：学习监控可以支持个性化学习，根据每个学生的需求和能力提供定制的建议和资源。这有助于满足不同学生的学习风格和节奏，使他们更容易实现学术成功。

（6）教育者的角色：教育者在学习监控中起着关键作用。他们需要引导学生如何有效地进行自主学习监控，提供必要的支持和指导。同时，教育者还可以利用学习数据来改进课程设计和教学方法，以提高学生的学习体验。

（二）自主学习监控路径

部监控和外部监控强调了它们在自主学习监控中的互动和相辅相成的作用。这两

种监控方式在教育中都具有重要地位，为学生提供了有效管理和优化学习过程的途径。总的来说，内部监控和外部监控在自主学习中都扮演着重要的角色，它们相辅相成，共同促进学生的自主学习能力和意识的提高。通过帮助学生建立有效的自我监控机制，教育者可以培养他们更积极、独立和成功的学习者。

1. 内部监控（内控）

内部监控也叫内控或自我监控，主要是指监控的主体和监控对象为同一个体的监控。在自我监控过程中，学生是监控的主体。学生的自我监控本质上是一种自我意识。自我意识是人对自身及对自己同客观世界关系的意识。自我意识是人的一种意识活动形式，也是人的心理区别于动物心理的一大特征。自我意识能反映个体自身的愿望、态度和能力的倾向，同时也能反映主客体之间的关系，发展其反映活动的能动性质，改善其同客观现实相互作用的地位，增强其改善客观世界的力量，从而使人类成为所生存其中的现实世界的主人。学生在自我监控过程中成为监控的主体必须有一定的先在条件：学生具有一定的自我意识；掌握了一定的自我监控知识，含元认知监控知识和认知监控知识；有一定的自我监控体验，对实际自我监控具有一定的理解和感情。

（1）自我监控的构成因素。

张向葵分别从静态和动态的角度考察了自我监控的构成要素。

1）从静态角度，分为自我监控知识、自我监控体验和实际自我监控。

①自我监控知识：这包括了有关学习活动的知识，如学习目标、学习材料、学习策略等。学习者需要了解这些因素，并能够有效地将它们应用于他们的学习过程中。教育者可以帮助学生发展这些知识，提供指导和资源，以支持他们更好地规划和管理自己的学习。

②自我监控体验：学习者的认知和情感体验对自主学习监控至关重要。这些体验可以包括自信、挫折感、兴趣、动机等。了解自己的体验有助于学生更好地理解他们的学习过程，并能够在需要时做出调整。教育者可以鼓励学生进行自我反思，帮助他们认识到情感对学习的影响。

③实际自我监控：这是自主学习监控的实际执行阶段，包括制定学习目标、制定学习计划、跟踪学习进度、自我评估和调整学习策略等。学习者需要在学习过程中积极参与，并根据情境和需要做出决策。这需要学生具备一定的决策能力和自我管理技能。

④互动和反馈：与他人和教育者的互动以及及时反馈对于自主学习监控非常重要。这有助于学生在学习过程中纠正错误、改进方法并保持动力。教育者应该提供支持和反馈机会，鼓励学生与同伴和教师合作。

⑤学习目标和调整：自主学习监控是一个动态过程，学生可能需要根据情况不断调整他们的学习目标和策略。教育者可以教导学生如何灵活地应对变化，并鼓励他们追求长期学习目标。

总之，自主学习监控是学生自主学习的核心组成部分，它需要综合运用知识、体验和实际行动。教育者在这个过程中发挥着关键作用，通过提供指导、支持和反馈，帮助学生发展他们的自主学习监控技能，提高学习的效率和质量。

2）从动态角度，自我监控划分为三个阶段。

①学习活动前的监控：这个阶段涉及学生在学习活动开始之前的计划和准备。学生需要明确学习目标、选择学习内容和制定学习计划。这包括确定学习方式、安排学习时间以及准备所需的学习材料和资源。这个阶段的有效监控有助于学生明智地规划他们的学习，提高学习效率。

②学习活动中的监控：这个阶段涉及学生在实际学习活动中的意识、选择和执行。学生需要确立明确的学习目标，了解学习对象和任务，以及选择合适的学习策略。此外，学生还需要能够控制自己，排除学习干扰因素，保持专注。这个阶段的监控有助于学生在学习过程中有效地调整和改进他们的学习方法。

③学习活动后的监控：这个阶段涉及学生对学习活动的反馈、补救和总结。学生需要对他们的学习状况和学习效果进行及时的自我检查和客观评价。如果学生发现学习方面的问题或不足，他们应该采取补救措施，如加强学习内容的理解或修正学习策略。总结阶段包括对学习经验和教训的深思熟虑，以便不断改进学习方法和策略，使学习更加有效。

这些监控阶段相互关联，形成了学习监控的连续循环。通过这种自我监控过程，学生可以更好地管理他们的学习，提高学习效率，并不断提升他们的自主学习能力。教育者和教师可以为学生提供指导和支持，以帮助他们在这些阶段中成功地实施监控和自我调整。

（2）自我监控的作用。

1）自我监控有助于学习效率的提升。

自我监控在学习过程中起着关键的作用，它可以帮助学生更好地管理他们的学习，提高学习效率。自我监控是信息加工理论的一个重要组成部分。这个理论认为，学习是一个信息加工的过程，包括动力系统（期望）、执行系统（实际学习活动）和监控系统（自我监控）。自我监控在监视和调控学习过程中发挥着关键作用，以确保信息的正常加工和学习目标的实现。在学习活动开始前，学生可以使用自我监控来设定明确的学习目标和制定计划。这有助于他们明确自己的学习方向，选择适当的学习策略，并为学习活动做好充分的准备，从而提高学习效率。在学习活动进行中，自我监控可以帮助学生实时监视他们的学习进度，并评估学习效果。学生可以根据监控结果灵活地调整学习策略，以应对不同的学习情境，确保学习目标的实现。具有强大学习能力的学生通常表现出更高水平的自我监控。他们拥有丰富的学习知识和策略，能够更好地规划和管理他们的学习过程。这使得他们能够更有效地实现学习目标。总之，自我监控是学习中的关键要素，有助于学生更好地管理他们的学习活动，提高学习效率，实现学习目标。教育者和教师可以鼓励学生发展和加强他们的自我监控能力，这将有助于他们在学术和职业生涯中更好地应对各种学习挑战。

2）自我监控有助于学习者个体的自我发展。

自我监控不仅有助于学习效率的提高，还对学习者的整体成长和自我实现起到关键作用，这与马斯洛的需求层次理论以及自我实现的概念有着密切的联系。自我监控有助于学习者在追求自我实现的道路上更好地管理自己的学习和生活。通过自我监控，学习者可以明确自己的学习目标和计划，不断调整和改进学习策略，以更好地实现这些目标。这种能力对于个体的自我实现至关重要，因为它使个体能够积极主动地塑造自己的学习和生活。自我监控涉及到学习者对自己的行为和决策进行反思和评估。这种反思有助于学习者更好地理解自己的需求、价值观和目标，从而更好地迈向自我实现的道路。自我监控促使学习者不断问自己问题，如"我想要什么？""我如何才能更好地实现自己的目标？"等，这些问题有助于引导个体朝着更有意义和满足的生活方向前进。学习者的自我监控能力使他们能够在学习和生活中不断调整和适应。当学习者意识到他们的学习方法或目标需要改进时，他们可以灵活地做出调整，以更好地满足自己的需求。这种自我调整是自我实现的重要组成部分，因为它使个体能够应对不断变化的环境和挑战。总之，自我监控不仅是提高学习效率的工具，还是个体自我发展和自我实现的关键因素。通过培养自我监控能力，学习者可以更好地理解自己，更好地规划自己的未来，并更好地应对生活中的各种挑战。这对于个体的成长和成功至关重要。

（3）自我监控的模式与监控策略。

张向葵认为，学生自我监控的操作主要研究两个问题：一是自我监控的基本操作模式，二是常用的自我监控方法。

1）自我监控的基本操作模式。

龙君伟和徐美琴的研究表明，自我监控的基本操作模式有五个环节，即目标的设定、自我监督、目标的激活与运用、差异的发现与批判、自我调节，具体见表4-1。

表4-1　自我监控操作模式的基本环节

基本环节	内涵
目标的设定	行为标准的确定
自我监督	对内部心理状态和操作的结果的检查
目标的激活与运用	自我监督所获信息将会激活长时记忆中的具体标准
差异的发现与批判	学习者将激活的标准与当前操作状况加以比较，从而发现二者之间的差异
自我调节	差异发现后，学习者将采取相应策略对学习策略加以调节，以使学习者的学习符合标准

2）常用的自我监控方法。

林晓新和冯震总结国内外相关研究资料，提出了十种自我监控方法，具体见表4-2。

表4－2　十种自我监控方法

监控方法	内涵
确立目标和制订计划	包括学业总目标和子目标的确定，以及与这些目标有关的程序排列、时间安排和具体行动
主动寻求知识	在完成学习任务过程中，努力寻找与任务有关的知识
记录与监督	学生主动记录学习内容或结果
联系和记忆	学生有意识、自觉地联系并记忆学习材料
自我检查与评价	学生对自己学习的过程或质量进行检查和评价
寻求他人帮助	学生有意识地寻求同学、教师或他人的帮助
自我预测学习结果	学生对自己完成的作业进行自我评分，然后对照正确答案，思考产生错误的原因
自我奖惩	学生有计划地对自己学业成绩的优劣进行自我奖惩
组织和转换	学生有意识地对学习材料重新安排，以有利于自己对材料和内容的理解和记忆
安排学习环境	学生有意识地选择和安排学习环境

（4）自我监控能力的形成。

自我监控能力的发展规律强调了学生在自主学习过程中的逐步成长和变化。这些规律的理解有助于教育者和学生更好地支持和促进自我监控能力的发展，从而提高学习的效率和质量。这也强调了教育的重要任务之一是培养学生的自主学习能力。

1）从他控到自控。

自我监控与他控之间的转变通常是学习者在学习和成长过程中的一个关键阶段，反映了他们从依赖外部指导到逐渐获得自主学习能力的过程。在学习者未能形成有效的自我监控能力之前，他们可能需要依赖老师、父母或其他指导者的引导和监督来完成学习任务。这种外部监督在学习者刚开始接触新知识或学习新技能时尤其重要，可以帮助他们建立基本的学习基础和积累经验。随着时间的推移，学习者在学习活动中积累了足够的经验，开始具备更多的自我监控知识和能力。他们逐渐学会制定学习计划、设定学习目标、选择合适的学习策略，以及监控和评估自己的学习进程和结果。这个阶段的学习活动更多地属于自控范畴，学习者在其中发挥了更大的自主性和自我管理能力。这种从他控到自控的转变是学习者自我成长和学习能力提升的表现。它也反映了教育的目标之一是培养学生的自主学习能力，使他们能够在未来的学习和生活中更独立地处理各种挑战和任务。因此，教育者在教育过程中应该鼓励学生逐渐发展自我监控能力，帮助他们从被动的他控状态过渡到主动的自控状态。这需要提供合适的指导和支持，同时鼓励学生逐渐承担更多的学习责任和决策。

2）从不自觉、自觉到自动化。

从不自觉、自觉到自动化的学习监控状态描述了学生自我监控能力的发展过程，这是学习者在学习过程中逐渐提高他们的自我监控技能的演变方式。在初学阶段,学生可能没有足够的自我监控知识和技能,因此他们的学习监控活动可能是不自觉的,也可能受到其他因素的干扰。他们可能会缺乏对学习过程的深入认识,导致学习过程的随意性和不稳定性。然后,随着学生的成长和经验积累,他们开始变得更自觉,能够主动关注自己的学习进展,并尝试自我监控。这个阶段的学生可能需要付出更多的努力来进行自我监控,但他们开始认识到这种努力对于提高学习效果和解决问题的重要性。最终,随着反复实践和经验积累,学生的自我监控能力逐渐自动化。这意味着他们可以自然而然地进行自我监控,无需太多有意识的努力。他们能够在学习过程中迅速识别问题、采取必要的行动,并有效地调整学习策略,而这一切都似乎是自动的。这种自动化的自我监控使学生能够更高效地管理他们的学习活动,提高学习效率。

培养学生的自我监控能力是教育的一个重要目标,因为这有助于他们在学术和生活中更好地应对各种挑战。教育者可以通过提供指导、鼓励反思、提供反馈和创建学习机会来帮助学生发展自我监控技能,以便他们能够更好地管理自己的学习过程并不断提高自己的学习效能。

3)从单维到多维。

从单维到多维的自我监控发展描述了学生在自我监控能力方面的增长。这一发展意味着学生逐渐从对学习中的单一方面进行监控和调节,扩展到对多个方面和多个环节进行监控和调节。这种发展对于提高学生的学习效果和自我管理能力至关重要。在初级阶段,学生可能只能关注学习的某个特定方面,比如他们可能只关心最后的学习结果,而不太关心学习过程。这可能导致他们忽视了一些潜在的问题或挑战。然而,随着学生年龄和认知能力的增长,他们开始更全面地看待学习。他们能够同时关注学习的多个方面,包括认知过程、学习策略的选择、情感因素等。这使他们能够更好地理解学习的复杂性,并采取适当的行动来改进各个方面。多维的自我监控还可以有助于学生更好地应对学习中的挑战和困难。例如,如果一个学生在学习某个主题时遇到了困难,他们可以不仅仅关注学习结果,还可以分析学习过程中可能出现的问题,并尝试采取不同的学习策略或调整学习计划。培养学生从单维到多维的自我监控能力可以通过教育和指导来实现。教育者可以鼓励学生不仅要关注学习的结果,还要关注学习的过程,帮助他们了解学习的复杂性,并提供多样化的学习策略和技能,以便他们能够更好地管理自己的学习活动。这种综合性的自我监控能力将有助于学生更有效地应对学术和生活中的各种挑战。

2. 外部监控(他控)

外部监控,又称为他控,确实在学习环境中发挥着重要的作用。它通常由教育管理者、教师、辅导员和其他学习相关的人员来实施,旨在引导和管理学生的学习活动。外部监控可以采用各种方法和工具,包括规章制度、教学计划、评估和反馈等。外部监控的一些关键作用包括:①提供指导和结构:外部监控可以为学生提供学习的指导和结构,确保他们明确学习目标、时间表和学习资源。这有助于学生更好地规划和组织他们的学习活动。②评估和反馈：外部监控可以通过考试、作业评估和教师反馈来评估学生的学习进展。这为学生提供了关于他们学习成就的信息，帮助他们了解自己的强项和需改进之处。③引导学习策略：教师和辅导员可以向学生介绍不同的学习策略和方法，帮助他们更有效地学习和处理学术挑战。④提供支持：外部监控还可以提供学术和情感支持，帮助学生应对学习困难和挑战。这可以包括额外的教育资源、辅导和心理支持。⑤确保遵守规则：外部监控可以确保学生遵守学校的规则和政策，以维护学习环境的秩序和安全。虽然外部监控在学习过程中起着关键作用，但它也需要与自我监控相互配合。最终，目标是帮助学生逐渐过渡到更自主的学习模式，即自我监控。通过外部监控的引导和支持，学生可以逐渐发展出自我监控的能力，以更有效地管理自己的学习活动，并取得更好的学术成绩。因此，外部监控和自我监控在学习过程中相互补充，共同促进学生的学术成功和个人成长。

（1）教师监控的角色功能。

教师在学习实践活动中扮演多重角色，其中的监控功能是非常重要的，可以根据不同的角色来实现。以下是教师在学习实践活动中的角色功能：

1）学习实践活动中的"规划人"。

教师作为学习实践活动的规划人，负责设计和组织教学活动。这包括确定教学目标、选择适当的教学资源和策略，以及制定教学计划。教师需要考虑学生的需求和能力水平，确保教学活动有条不紊地进行，以实现教育目标。

2）学习实践活动中的"对话人"。

教师在学习实践活动中充当对话人的角色，促进师生和生生之间的互动和交流。这包括鼓励学生提问、回答问题，促进小组讨论，以及与学生建立积极的师生关系。通过对话，教师可以更好地了解学生的需求和困难，以便提供个性化的支持和指导。见表4-3。

表4-3 交流风格分类表

交流风格类型	特　征
封闭性风格	总是藏在别人后面，不喜欢与他人接触，很少自我表露或给出反馈，自信心很低，很少担任领导职务
盲目性风格	过于自信，傲慢自大，认为自己的办法总是正确的；喜欢与他人共处，但说话多于倾听；忠诚、有序、可依赖、乐于助人、不怕权威
隐蔽性风格	不会表露，常常把自己的意见、观点和感情都隐藏在心里；喜欢与人互动，常常是好听众，但容易赞同别人
开放性风格	真正的喜欢和尊重他人；在发出和接受反馈时更为灵活，比较受人喜爱，富有生产性，乐于接受批评，积极听取他人的发言；在与他人交流时显得言辞自由、随便，但如果时间或空间受到限制，就会感到不适应

3）课堂环境中的"监护人"。

在课堂环境中，教师可以充当监护人的角色，这意味着他们不仅负责教学和学习过程的组织和引导，还要确保课堂中的秩序、纪律和学习氛围良好。通过扮演监护人的角色，教师可以创造一个有序、积极和有利于学习的课堂环境。这有助于学生专注于学习任务，并提供了一个良好的学习氛围，以支持他们的学术发展和个人成长。

（2）教师监控能力的构成。

教师监控能力是确保课堂教学达到预期目标的关键因素之一。它涉及到教师在教学过程中对教学活动进行积极主动的计划、检查、评价、反馈、控制和调节。这一能力在自主学习中也同样重要，因为教师需要为学生的自主学习活动提供指导和支持。教师监控能力具有以下五个特征：

（1）自主与能动性：教师监控是一种主动的行为，教师需要积极地介入和管理教学过程，以确保学生的学习目标得以实现。这需要教师具备自主决策的能力，能够主动规划和组织教学活动。

（2）评价与反馈性：教师监控包括对教学活动和学生表现的评价。教师需要不断评估学生的进展，并提供反馈，以帮助他们改进学习。这种评价和反馈可以是正面的激励，也可以是指出问题并提供改进建议的形式。

（3）调节与矫正性：教师监控能力包括对教学活动的调节和矫正。如果教师发现学生未能理解或掌握教材，他们需要采取措施来纠正这种情况，可能需重新解释材料，提供更多的示例，或者调整教学方法。

（4）普遍与灵活性：教师监控不仅局限于特定的教学活动，还需要适用于各种不同的教学场景和学习目标。教师需要具备灵活性，以适应不同的情境和学生需求。

（5）优化与协调性：教师监控能力的目标是优化教学过程，确保学生的学习效果最大化。这需要教师能够协调各个教学环节，以实现教育目标。

教师监控能力不仅在课堂教学中至关重要，也在学生的自主学习过程中发挥重要作用。教师需要能够引导学生制定学习目标、制定学习计划、管理学习过程、培养学习策略，并及时提供反馈和支持，以确保他们在自主学习中取得成功。这需要教师具备多方面的能力，包括教育理论知识、课堂管理技巧、评估方法、沟通和协作能力等。教师监控能力的不断提高有助于提高教学质量和学生学习成果。

（三）大学生英语学习的特点

庞维国从大学生心理特点和自主学习两个方面对大学生英语学习特点进行了详细分析。其研究结果可以概括为如下几个方面：

1. 大学生的心理特点

大学生的认知发展特点和自我发展在其成长过程中起着关键作用。他们处于皮亚杰的形式运算阶段，表现出假设、演绎推理、命题推理和组合推理等思维特点。这种思维能力使他们更有能力处理复杂的问题情境，有助于在专业学习中深入思考和解决复杂的学术和实际问题。

同时，大学生的自我发展也经历了自我统合与角色混乱的阶段。自我统合是一个重要的过程，它有助于个体形成自己的自我概念和自我追求的方向。成功完成自我统合阶段后，个体会更清晰地了解自己，具备明确的生活目标和方向。然而，这个过程可能充满挑战，因为个体需要整合多个方面的自我认知，以形成一个一致的整体自我。

自我在大学生的心理发展中扮演着重要角色。他们的自我界限逐渐明显，自我力量和自我意识逐渐增强，这使他们能够更好地管理自己的认知发展和生活目标。在大学阶段，自我成为主体和主要执行者，引导个体不断学习、提高和超越自己。这种自我导向的发展有助于大学生更好地适应学术和社会挑战，实现个人成长和自我实现的目标。因此，大学生的认知发展和自我发展密切相关，共同塑造了他们的学术和职业生涯。

2. 大学生的自主学习

（1）自主学习的哲学含义。

自主学习在哲学层面具有深刻的含义，与马克思主义哲学中的自觉、能动性以及个体与客体的关系密切相关。

首先，在自主学习中，学习者展现出自觉和能动性。这与马克思主义哲学中的自觉概念相关，即个体能够自觉地认识自己和外部世界，意识到自己的依赖性和对外部世界的改变能力。自主学习者不仅被动接受知识，还能够主动追求知识、理解信息，并采取行动来改变自己的认知和行为。

其次，自主学习涉及到个体与客体的关系。根据马克思和恩格斯的观点，个体的自主性与个体与客体关系的性质密切相关。自主性学习者能够将自己置于客体的支配和控制之下，而不是被动地顺从外部的控制。他们具备思维和行动的自主支配权，能够自主地思考、决策和行动，而不仅仅是被动地接受他人的指导和控制。

最后，自主学习者表现出自我调节和自我控制的能力，这与马克思主义哲学中对个体自我管理和自我改造的观点相关。自主性学习者不仅有明确的学习目标，还能够积极地管理自己的学习过程，评估学习效果，并根据需要进行自我调整。这种自我管理和自我控制的能力使他们能够更有效地实现自己的学习目标。

总之，自主学习在哲学层面反映了个体的自觉、能动性以及对个体与客体关系的理解。它强调个体在学习过程中的自主性、主动性和自我管理能力，这与马克思主义哲学中的自觉、自主和自我改造的观点相契合。自主学习不仅有助于个体的知识获取，还有助于培养个体的思维能力和自我管理能力，为其未来的发展和自我实现提供了重要的支持。

（2）自主学习的特征。

自主学习具有多个特征，这些特征可以根据不同的学者和理论进行总结和概括。以下是一些关于自主学习特征的常见描述：

（1）负责性和积极性：自主学习者表现出对自己学习的负责精神，他们自愿承担学习任务，并积极投身于学习实践活动。他们主动追求知识，而不是被动接受。

（2）学习目标设置：自主学习者能够明确、具体地设定学习目标。他们知道自己想要学什么，为什么要学，以及如何达到学习目标。

（3）学习策略：自主学习者具备多种学习策略的知识和能力，能够选择适合自己的策略来处理不同的学习任务。他们知道如何高效地组织学习时间和资源。

（4）自我监控和调节：自主学习者能够监控自己的学习过程，评估学习效果，并根据需要进行调整。他们能够自我反馈和自我改进。

（5）独立性：自主学习强调学习者的独立性，他们能够独立思考、决策和行动，不仅仅依赖外部指导和控制。

（6）主动性：自主学习者是积极主动的学习者，他们追求主动地参与学习过程，提出问题，寻找答案，而不是 passively passively 接受信息。

（7）反思和评估：自主学习者具备反思和评估学习的能力。他们能够思考学习过程中的经验，分析成功和失败，以便提高学习效果。

（8）灵活性和适应性：自主学习者能够适应不同的学习环境和情境。他们灵活地调整学习策略，以应对不同的学习挑战。

（9）持续学习：自主学习者具备终身学习的观念，他们认识到学习是一个持续的过程，不仅限于学校教育，而是贯穿一生的活动。

总之，自主学习特征强调学习者的积极性、目标导向、学习策略、自我监控和评估、独立性以及持续学习观念。这些特征有助于学习者更有效地获取知识、发展技能和实现个人和职业目标。自主学习不仅在学术领域中重要，在生活的各个方面都具有实际价值。

（3）大学生的自主学习特征。

大学生的自主学习特征可以总结如下：

1）学习目标明确性：大学生通常对自己的学习有明确的目标和期望，他们知道自己想要达到什么成果，并能设定具体的学习目标。

2）学习策略的自主性：自主学习的大学生能够自主选择和使用适合自己的学习策略，包括阅读策略、笔记方法、时间管理等，以提高学习效率。

3）学习过程管理的主动性：他们具备自主管理学习过程的能力，能够制定学习计划、安排学习时间、监督学习进度，并灵活调整学习策略。

4）学习效果评价的可操作性：大学生能够自主评估自己的学习效果，了解自己的学习成绩和进步情况，从而作出调整和改进。

5）自我调节和反思：他们具备自我调节学习过程的能力，能够识别学习困难并采取措施克服，同时能够反思学习经验，不断改进学习方法。

6）学习环境的重要性：大学生认识到学习环境对自主学习的重要性，包括教师的引导、学习资源的利用、学习平台的支持等。

7）学习过程的互动性：他们参与各种学习互动，包括与教师的互动、同伴之间的合作、网络学习平台上的交流，以获取更多的学习信息和支持。

8）自发的学习：自主学习者通常是出于自身需要和兴趣进行学习，他们自愿参与学习活动，表现出积极的学习动机。

9）自由的学习：他们在学习过程中拥有自主选择的权利，可以根据自己的兴趣和需求安排学习内容和方式。

10）自律的学习：自主学习者通常能够自我约束，管理自己的学习行为，确保达到学习目标。

需要注意的是，大学生的自主学习特征在一定程度上受到个体差异、学科领域、文化背景等因素的影响，因此不同大学生可能表现出不同的自主学习特点。教育者和教师在引导和培养大学生的自主学习能力时，应充分考虑这些差异，并提供适当的支持和指导。

（四）大学英语自主学习监控的必要性

1. 自主与监控

自主学习与监控是一种辩证统一的关系，两者并不是相互矛盾的，而是相辅相成的。

（1）自主学习的基础：自主学习强调学习者的能动性和独立性。学习者需要具备自我决策的能力，能够自主设置学习目标、选择学习策略、安排学习时间，并在学习过程中负起责任。这是一个积极的学习态度，对培养学生的学习兴趣和自我管理能力非常重要。

（2）监控的角色：监控在这一过程中扮演着指导和支持的角色。它不是对学生的过度控制，而是为了确保学生在自主学习中不偏离学习轨道。监控可以包括教师的指导、反馈、定期检查学习进度等。这些帮助学生更好地了解他们的学习需求和进展，同时也可以为他们提供必要的资源和建议。

（3）自主与监控的统一：自主学习和监控不是对立的，而是相互补充的。自主学习需要一定程度的监控来保证学习的有效性和方向。监控则需要建立在学生的自主学习基础之上，以充分尊重他们的学习需求和个性化选择。这两者的统一可以促进学生更好地实现自主学习的目标，同时提供了一种平衡的教育方式。

（4）和谐的统一：自主学习和监控之间的关系应该是和谐的统一，不应该过于偏向任何一方。学校和教师可以通过设定明确的学习目标、提供学习资源、建立反馈机制等方式来实现这种和谐。这样的平衡有助于学生在自主学习中感到自由，同时也能够保证他们的学习过程得到必要的支持和指导。

总之，自主学习和监控之间的关系应该被看作是一种协同合作，而不是矛盾。通过恰当的平衡，学生可以在自主学习的同时获得必要的指导和支持，从而更好地实现其学习目标。这有助于培养学生全面发展的能力，包括自主学习、批判性思维和问题解决能力等。

2. 自主学习监控的必要性

（1）大学英语教学与教学改革发展的需要。

大学英语教学改革的需要以及对大学英语自主学习模式的探索是非常重要的，尤其在现代教育中，网络环境为这种改革提供了更多机会和挑战。以下是一些关键点，强调了这一改革的必要性和优势：

1）适应社会需求：随着全球化的发展，英语作为国际通用语言，具备英语综合应用能力对于大学生在今后的工作和社会交往中非常重要。因此，培养学生的英语综合应用能力符合社会的需求，特别是听说能力，这是有效交流的关键。

2）自主学习能力：大学英语教学改革强调培养学生的自主学习能力，这是一项非常重要的技能。自主学习能力不仅对英语学习有益，还对终身学习和职业发展至关重要。

3）新教学模式的尝试：大学英语教学改革通过引入自主学习模式，提供了新的教学思路和方法。这种模式可以激发学生的兴趣，使他们更积极地参与学习，有助于提高教学效果。

4）学生潜力释放：学生在自主学习模式中展现出巨大的学习潜力。他们不仅仅可以完成课程任务，还可以培养自主学习技能，这对于他们未来的学习和职业生涯具有长期影响。

5）学习监控的必要性：尽管自主学习模式有很多优势，但学习监控的重要性也不可忽视。学生需要适当的指导和支持，以确保他们在自主学习中不偏离轨道。这可以通过制定学习计划、引导学习策略、监控学习进程等方式实现。

6）多元监控体系：建立多主体、多层面和多维度的多元监控体系是确保自主学习实施有效的关键。这包括教师、管理部门、同学、网络管理员等各方面的参与，以保证学习监控全面且全员参与。

总之，大学英语教学改革的需要在于适应现代社会的英语应用需求，并培养学生的自主学习能力。尽管自主学习模式有巨大潜力，但学习监控也是确保学生成功的关键。通过合理的平衡和全员参与，可以实现这一改革的目标，为学生提供更好的英语学习体验和教育质量。

（2）学生自主学习能力提升及终身教育发展的需要。

学生自主学习能力的提升和终身教育的发展非常重要。培养学生的自主学习能力和终身学习意识不仅有助于他们在大学英语学习中取得成功，还为他们未来的职业和生活奠定了坚实的基础。以下是一些关键点，强调了这些需求的重要性：

1）学习能力的培养：大学英语教育应该致力于培养学生的学习能力，而不仅仅是传授英语知识。自主学习能力包括自我激励、自我规划、自我管理、自我监控等方面，这些技能将对学生未来的学习和职业生涯产生长期影响。

2）终身学习理念：培养学生的终身学习意识是非常重要的，因为现代社会变化快速，要求人们不断更新知识和技能。通过大学英语教育，学生可以了解到学习是一个持续的过程，而不是仅限于大学时期的任务。

3）多元监控体系：为了提升学生的自主学习能力，建立多元监控体系是关键。这个体系应该包括多方参与，如教师、辅导员、管理员和同学，以确保学生得到必要的指导和支持。

4）学习日志和数据分析：学习日志和数据分析可以帮助学校和教师了解学生的学习情况，识别问题并提供针对性的支持。这种数据驱动的方法有助于改进教学和监控系统。

5）外部监控和内部监控的结合：外部监控由教师和学校提供，包括学习目标引导、学习策略传授等。内部监控由学生自己实施，包括自我激励、自我计划和自我监控。这两种监控形式的结合有助于提高学生的自主学习能力。

6）综合素养的培养：大学英语教育不仅仅关注语言技能，还应培养学生的综合素养，包括批判性思维、沟通能力、团队合作等方面。这些素养对学生的终身学习和职业发展至关重要。

总之，大学英语教育应该更加注重学生的学习能力和终身学习意识的培养。通过建立多元监控体系，引导学生自主学习，教授学习策略，并将外部监控与内部监控相结合，可以更好地满足这些需求，帮助学生成功地应对未来的挑战。

（3）教育技术发展与普及应用的需要。

教育技术的发展和普及在大学英语教学中发挥着重要作用。以下是一些关于教育技术的需要和重要性的补充信息：

1）个性化学习支持：现代教育技术可以根据学生的学习需求和水平提供个性化的学习支持。这意味着学生可以根据自己的进度和兴趣进行学习，从而更好地适应他们的学习风格。

2）学习资源的丰富性：互联网和多媒体技术为学生提供了大量的学习资源，包括在线课程、教育应用程序、虚拟实验室等。这些资源可以丰富学生的学习体验，增加他们的学习动力。

3）互动性和参与度：现代教育技术可以通过在线讨论、虚拟课堂和协作工具增加学生的互动和参与度。这有助于提高他们的学习效果，并培养他们的合作和沟通技能。

4）学习过程的监控和评估：教育技术还可以用于监控学生的学习进展，并提供实时反馈。这有助于教师更好地了解学生的需求，以便调整教学方法和内容。

5）在线学习平台的发展：学校可以利用在线学习平台来管理和监控学生的学习活动。这些平台可以记录学生的学习时间、课程进度和成绩，为学生和教师提供了有关学习效果的重要信息。

6）跨时空学习：教育技术使学习不再受时间和地点的限制。学生可以随时随地访问学习资源，这有助于他们更加灵活地安排学习时间。

总的来说，现代教育技术的应用为大学英语教学提供了更多的机会和工具，以满足学生的需求，并提高他们的学习效果。同时，它也为教师提供了更多的方式来指导和监控学生的学习过程。因此，教育技术在大学英语教育中发挥着至关重要的作用，应得到充分的重视和支持。

（4）提高自主学习效率的需要。

提高自主学习效率的关键因素包括自主学习素质和能力、自我管理能力、教师的监控和指导角色等。以下是进一步的讨论和建议：

1）培养自主学习素质和能力：为了提高学生的自主学习效率，教育机构应该致力于培养学生的自主学习素质和能力。这包括帮助他们设定明确的学习目标，制定学习计划，选择适当的学习方法和策略，以及评估他们的学习效果。教育机构可以提供培训和指导，以帮助学生发展这些关键技能。

2）自我管理和自律性：学生需要学会自我管理和自律性，以便有效地进行自主学习。这包括时间管理、学习计划的执行、抵抗诱惑、保持专注等方面的技能。学生可以从教师、辅导员和同学那里获取关于如何提高自我管理能力的建议和支持。

3）教师的监控和指导：教师在自主学习中起着关键作用。他们应该充当学生的导师，帮助他们设定合理的学习目标，并提供学习策略和方法的建议。同时，教师可以定期监控学生的学习进展，提供反馈，鼓励他们坚持学习。

4）多维度的监控：学生的自主学习可以从多个维度进行监控。这包括学习目标、学习计划、学习过程、学习材料的使用等。教师可以利用学习管理系统或在线学习平台来跟踪学生的学习活动，并及时干预和指导。

5）学习社区和合作：学习同伴和学习社区可以提供支持和鼓励，帮助学生更好地进行自主学习。学生可以一起讨论问题、分享资源和相互激励，这有助于提高他们的学习效率。

6）情感因素的调控：除了学术技能，情感因素也对自主学习效率产生影响。教师可以帮助学生建立积极的学习态度，提高他们的学习动机，减轻焦虑和抵抗情感困难。

综上所述，提高自主学习效率需要学生具备一系列的学习素质和能力，同时也需要教师的积极参与和监控，以及学习社区和合作的支持。通过综合利用这些因素，学生可以更好地实现自主学习的目标，提高学习效率。

（5）实现教师与学生角色转换的需要。

教师和学生的角色转变是教育领域的重要趋势，可以更好地满足现代学生的学习需求和社会的发展需求。这种角色转变需要教育机构提供培训和支持，以确保教师和学生都能够成功适应新的教育模式。

1）教师的角色转变：在自主学习模式下，教师的角色确实发生了重大改变。教师不再仅仅是知识的传授者，而是学习过程的组织者和引导者。他们需要根据学生的需求和水平提供指导和支持，帮助他们设定学习目标，选择学习策略，并监控他们的学习进展。这需要教师具备更多的教育技能，包括教学设计、学习资源管理、学习评估等方面的能力。

2）学生的角色转变：学生在自主学习中也扮演着不同的角色。他们不再是积极地接受知识的对象，而是学习的主体。学生需要培养自我管理、自我决策、批判性思维、解决问题的能力以及与他人合作的技能。这些技能在现代社会和职场中都非常重要，因此自主学习可以为学生的终身学习打下坚实的基础。

3）教师和学生的合作：教师和学生之间的合作是成功的自主学习的关键。教师应该了解每个学生的学习需求和水平，以便提供个性化的指导。同时，学生也需要积极与教师互动，寻求帮助和反馈。建立开放的沟通渠道和支持体系对于教师和学生的合作至关重要。

4）学习氛围的营造：教师应该致力于营造积极的学习氛围，鼓励学生参与和分享。这可以通过鼓励讨论、合作项目、小组学习等方式来实现。学生在积极互动和合作的环境中更容易实现自主学习的目标。

5）学习资源的提供：教师可以提供学习资源，包括教材、参考资料、在线课程等，以帮助学生进行自主学习。同时，教师还可以教导学生如何有效地使用这些资源，以提高学习效率。

（五）自主学习监控目标、监控类型、监控原则与监控特征

1. 自主学习监控目标

自主学习监控的目标是确保学习者能够在学习过程中自主地设定学习目标、制定学习计划、选择合适的学习策略，并对学习过程和结果进行自我评估和调整。这样的监控体系的目的不是为了限制学习者的自主性，而是为了帮助他们更好地实现自主学习的目标。

2. 自主学习监控类型

自主学习监控，按监控的发展阶段可以分为外部监控、自我监控和无痕监控三个阶段。

（1）外部监控。

外部监控在学习实践活动中发挥着重要的作用，它涉及到教育机构、教师和其他学校管理者的参与。以下是有关外部监控的一些关键要点：

1）教育机构的监控：教育机构（如学校、大学等）通常会制定一系列规章制度和教学管理程序，以确保学生的学习活动得以管理和监督。这可能包括学习计划的制定、学习资源的提供、学习进度的跟踪以及学习效果的评估等。这些规章制度和管理程序可以为学生提供学习的框架和指导。

2）教师的监控：教师在学习过程中扮演着重要的角色，他们可以对学生的学习活动进行调节、干预和管理。这包括课堂教学、作业分配、学习目标的设定以及学习进展的跟踪等。教师监控有助于学生在学习中保持方向和动力，同时也可以为学生提供反馈和建议。

3）网络技术平台的监控：在网络环境下，教育机构通常会利用网络技术平台对学

生的学习活动进行监督和管理。这包括监控学生的在线学习时间、学习内容的访问、在线讨论的参与等。这种监控可以帮助学校了解学生的学习情况，并及时发现和解决问题。

4）自我监控的培养：外部监控的一个重要目标是帮助学生逐渐发展出自我监控的能力。通过外部监控，学生可以在外界的指导和干预下逐渐学会自主地管理自己的学习，制定学习计划，评估学习效果，并不断改进自己的学习方法。

总之，外部监控在学习实践活动中是必不可少的，它有助于确保学生在学习过程中得到指导和支持，同时也有助于培养学生的自主学习能力。外部监控与学生自我监控相互结合，共同促进学习效果的提高。

（2）自我监控。

自我监控在自主学习中是至关重要的，它有助于学生主动管理和改进他们的学习过程。以下是关于自我监控的一些关键要点：

1）自我监控的过程：自我监控是一个连续的、动态的过程，包括了多个环节。这些环节可以分为以下几个步骤：计划：学生首先需要制定学习计划，明确学习的目标和方法。监察：在学习过程中，学生需要密切关注自己的学习活动，确保按照计划进行。检查：学生需要不断检查自己的学习进度和成果，以确保与目致。评价：学生应该对自己的学习表现进行评估，识别出弱点和需要改进的地方。反馈：学生可以通过反馈机制获取信息，了解自己的学习效果，这可以来自教师、同学、自己的评价等。控制：学生需要根据评估和反馈结果来采取行动，进行必要的调整和改进。调节：最终，学生可以根据之前的经验和反馈来调整学习策略，以实现更好的学习效果。

2）自我监控的内在动力：自我监控的驱动力来自学生内部的意愿和自主性。学生需要有足够的动机来自我监控并改进自己的学习，这可以通过设定明确的学习目标、理解学习的重要性以及对自己的学习过程负责来实现。

3）自我监控的内外结合：自我监控通常需要与外部监控结合起来，以实现最佳效果。外部监控可以提供指导、反馈和支持，而自我监控则让学生能够更好地应对自己的学习挑战。

4）自我监控的知识和体验：学生需要不仅了解如何进行自我监控（自我监控知识），还需要实际运用这些知识进行学习（实际自我监控）。此外，学生的学习经验也是自我监控的重要组成部分，通过不断的实践和经验积累，他们可以提高自己的自我监控能力。

总之，自我监控是学生在自主学习中的关键能力，它有助于学生主动管理和改进自己的学习过程，从而提高学习效果。通过不断培养和发展自我监控能力，学生可以更好地适应不同的学习环境和挑战。

（3）无痕监控。

1）无痕监控作为自主学习监控的最高境界，具有许多优势和价值。以下是一些关于无痕监控的关键要点：

2）高度自主和高效率：无痕监控要求学生具备高度的自主性，能够自发地管理和调整自己的学习过程，而无需外部指导或干预。这种自主性通常与高效率相结合，使学生能够更有效地学习和提高学习成果。

3）不露痕迹的监控：无痕监控不需要过多的干预或提醒。教师和学生可以在不引起学习者不适或干扰学习流程的情况下进行监控。这种监控方式更注重隐性的、不显眼的指导和引导。

4）培养学生的自主性：通过无痕监控，教师可以逐渐培养学生的自主学习能力，使他们能够在没有外部监控的情况下自主地管理自己的学习。这有助于学生发展更广泛的技能，包括自我管理、自我激励和问题解决能力。

5）民主教育理念：无痕监控要求教师树立民主的教育理念，尊重学生的权利和个性，创造一个平等和和谐的学习环境。这有助于建立师生之间更为开放和积极的互动。

6）细心、耐心和爱心：实现无痕监控需要教师具备非凡的细心、耐心和爱心。教师需要细致观察学生的学习过程，提供恰到好处的支持和引导，而不是过多地干预。同时，教师需要在学生需要帮助时提供爱心和理解。

总之，无痕监控是一种高级的自主学习监控方式，强调学生的自主性和自发性，同时注重教师的细致观察和恰如其分的支持。通过实现无痕监控，可以更好地培养学生的自主学习能力，提高他们的学习效率和成果。

3. 自主学习监控原则

自主学习监控原则为实现有效的自主学习提供了有力的指导和方向。

（1）"积极与平等"原则：通过积极的激励和平等的互动，教师可以激发学生的学习兴趣和动力，从而提高学习效果。尊重学生的需求和观点，并与他们协商学习目标和方法，有助于建立积极的学习氛围。

（2）"尊重与宽容"原则：学习过程中，学生可能会面临挫折和困难。在这种情况下，教师和辅导员的尊重、理解和宽容是非常重要的。他们的支持和鼓励可以帮助学生克服困难，保持积极的学习态度。

（3）"有效与适度"原则：学习监控需要有明确的目标和计划，但也需要保持适度。过度干预可能会剥夺学生的自主性，而不足的监控则可能导致学习混乱。因此，监控策略应当既有效又适度，以实现最佳的学习结果。

（4）"实时与长效"原则：监控应该是实时的，与学生的学习活动同步。同时，应建立长效机制，确保监控的持续性和稳定性。这可以通过定期的反馈和评估来实现，以及确保学生在整个学习过程中得到支持和指导。

综合来看，这些原则有助于建立一种有益于学生自主学习的监控体系，同时尊重学生的权利和个性，提高他们的学习效能，促进积极的学习体验。这是一个均衡和综合的方法，有助于培养学生的自主学习能力，并为他们的学术和职业发展奠定坚实基础。

4. 自主学习监控特征

自主学习监控的多元性、监控目标的明确性和监控策略的有效性相互交织，共同促进了学生的自主学习过程，使其更有动力、更有方向感，并且在学术和个人发展方面取得更好的成果。这些原则和特征有助于创造一个支持学生自主学习的教育环境，提高他们的学习能力和终身学习的素养。

（1）监控主体的多元性：自主学习监控的多元性有助于丰富监控的视角和方法。不同的监控主体可能会关注学习的不同方面，从而提供了更全面的反馈和支持。例如，教师可以提供教学方法和资源的建议，学习同伴可以提供学术交流和合作的机会，教务管理部门可以确保学习环境的有效性，而学生本身则可以自我评估和调整学习策略。这种多元性有助于满足不同学生的需求和学习风格。

（2）监控目标的明确性：监控目标的明确性是自主学习监控的基础。只有当学生知道他们的学习目标是什么，他们才能有效地制定计划、采取行动并评估进展。明确的监控目标还有助于教师和其他监控主体提供有针对性的支持和指导，确保学生朝着明确的方向前进。

（3）监控策略的有效性：有效的监控策略是实现自主学习监控的关键。这些策略应该能够帮助学生有效地管理他们的学习过程，包括目标设定、进度跟踪、资源管理和反馈收集。同时，这些策略也应该能够促进积极的学习态度和学习动力，以保持学生的学习动力和兴趣。

（六）自主学习监控内容

自主学习监控内涵广泛，包括对学习目标与计划的监控、对学习内容的监控、对学习时间的监控、对学习过程的监控、对学习结果的评价与总结等，构成了自主学习监控的立体化框架。

1. 对学习目标与计划的监控

对学习目标与计划的监控非常重要，特别是在自主学习的环境中。以下是一些关键观点和策略，有助于实现有效的学习目标与计划监控：

（1）需求分析：需求分析是确保学习目标与计划与学生实际需求相符的关键步骤。了解学生的外语水平、学习动机、兴趣和学习背景，以及他们未来的职业目标，有助于教师和学生共同制定合适的学习目标。这种分析可以通过调查、问卷调查和个人谈话来完成。

（2）协商式大纲：在基于网络环境的大学英语自主学习中，采用协商式大纲是一个有前途的方法。这种方法允许教师和学生共同制定学习目标、计划和评估方式，以确保目标的明确性和可操作性。通过与学生协商，教师可以更好地了解他们的需求，而学生也会更有参与感和责任感。

（3）分阶段的学习目标：学习目标应该分阶段设定，包括短期、中期和长期目标。

这有助于学生逐步实现他们的学习愿望，增强学习的可控性。每个阶段的目标都应该是具体、可测量和可行的，以便学生能够明确地了解他们的进展。

（4）自我教育意识：帮助学生树立自我教育意识是非常重要的。学生需要明白他们的学习是他们自己的责任，并且他们对自己的学习过程有主导权。这种自我教育意识有助于激发学生的学习动机，使他们更愿意参与目标设定和计划制定。

（5）时间管理和自我监控：学生应该学会有效地管理他们的时间，确保他们的计划得以实施。这包括制定学习日程、设定期限、监控进度和进行自我评估。教师可以为学生提供时间管理和自我监控的技巧和工具。

（6）教师的引导：教师在这一过程中扮演着重要的角色，他们可以引导学生制定合理的学习目标和计划，并提供反馈和建议。教师还可以监测学生的进展，确保他们在实现目标时得到支持和指导。

总之，对学习目标与计划的监控需要考虑学生的需求、制定明确的目标、鼓励自我教育意识、培养时间管理和自我监控技能，并通过教师的引导来实现。这有助于确保学生的学习目标与计划能够有效地指导他们的自主学习过程，从而取得更好的学习成果。

2. 对学习内容的监控

对学习内容的监控是自主学习中的关键要素之一，可以通过以下方式来实现：

（1）个性化学习内容：教师应该根据学生的兴趣、需求和水平提供个性化的学习内容。这有助于激发学生的学习兴趣，增强他们的自主学习动机。使用不同难度和类型的学习资源，如阅读材料、视频、音频、在线课程等，以满足不同学生的需求。

（2）资源的收集与评估：教师可以积极收集、整理和评估学习资源，确保它们的质量和适用性。这包括检查教材、在线资源、学习应用程序等。定期更新和修订学习内容，以反映最新的信息和发展。

（3）知识体系的建立：教师可以帮助学生建立自主学习的知识体系，帮助他们理清知识的组织和关联。这有助于学生更好地理解和应用所学内容。教师可以提供指导，例如建议学生创建学习笔记、概念地图或学习计划。

（4）鼓励独立研究：学生应该被鼓励进行独立的研究和探索，而不仅仅是依赖教材和课堂教学。教师可以为学生提供研究课题的建议，引导他们进行深入的学术调查，培养他们的独立思考和问题解决能力。

（5）定期反馈和评估：学生应该有机会提供关于学习内容和资源的反馈。教师可以定期与学生互动，了解他们的需求和反馈，以便及时调整学习内容和资源。

（6）多样性的学习资源：提供多样性的学习资源，包括不同类型的材料和多种学科领域的内容。这有助于学生获得广泛的知识，培养跨学科思维和问题解决能力。

（7）鼓励自主选择和探索：学生应该被鼓励自主选择学习内容，并有机会探索他们感兴趣的主题。这有助于培养他们的主动学习和自我发现能力。

总之，对学习内容的监控应该着重于满足学生的个性化需求、保持学习资源的质量和及时性、帮助学生建立知识体系、鼓励独立研究和反馈、提供多样性的资源，并鼓励学生自主选择和探索学习内容。这些措施将有助于提高学生的自主学习效能和能力。

3. 对学习时间的监控

对学习时间的监控是自主学习中至关重要的一环。学习时间管理可以通过以下方法来实现：

（1）设定明确的学习计划：学生应该制定明确的学习计划，包括每天、每周或每月的学习目标和时间表。这有助于确保学生充分利用时间，有效地完成任务。学习计划可以包括学习目标、计划的学习时间、学习任务的优先级等信息。

（2）制定学习日程表：学生可以创建学习日程表，将学习时间划分为不同的块，并分配给不同的学习任务。这有助于提高学生的时间管理能力，确保每个任务都有足够的时间来完成。

（3）设定时间限制：为每个学习任务设定时间限制，以避免过度投入时间而忽略其他任务。时间限制可以帮助学生保持集中注意力，并更高效地完成任务。

（4）避免拖延症：学生应该学会克服拖延症，即不要将任务推迟到最后一刻。拖延会导致时间不足，增加学习的压力，降低学习效率。学生可以使用一些时间管理技巧来应对拖延症，如番茄工作法、任务清单等。

（5）定期复习和休息：学习时间管理也包括定期的复习和休息时间。学生应该安排时间来回顾已学内容，巩固记忆，并确保休息时间，以保持身心健康。

（6）优化学习环境：学习环境的质量也会影响学习效率。学生应该选择一个安静、舒适、无干扰的学习环境，以提高集中注意力的能力。

（7）使用时间管理工具：学生可以使用时间管理工具和应用程序，如日历应用、任务清单应用等，来帮助他们组织和跟踪学习时间。

（8）灵活应对变化：学生应该具备灵活应对计划变化的能力。有时候计划可能会受到意外事件的干扰，学生需要调整计划，以适应新的情况。

综上所述，对学习时间的监控需要学生制定明确的学习计划和时间表，设定时间限制，克服拖延症，定期复习和休息，优化学习环境，使用时间管理工具，以及具备灵活应对变化的能力。这些方法可以帮助学生更有效地管理学习时间，提高自主学习的效率。

4. 对学习过程的监控

对学习过程的监控是自主学习中至关重要的一环，它有助于学生提高学习效果、纠正学习错误、增强自我认知和自我调节的能力。以下是对学习过程的监控的三个环节的详细说明：

（1）学习活动前的监控：在学习活动之前，学生需要进行计划和准备，这包括以下步骤：设定学习目标：学生应明确自己的学习目标，确定要学习的内容和所需的技能。制定学习计划：学生应制定详细的学习计划，包括学习时间表、学习材料的准备、学习任务的划分等。设定评估标准：学生可以设定评估标准，以便在学习过程中对自己的学习表现进行评估。准备学习资源：学生应确保所需的学习资源，如教材、参考书籍、学习工具等都齐全。

（2）学习活动中的监控：在学习活动进行时，学生应不断监控自己的学习进度和质量，以便及时调整和改进。这包括以下方面：意识监控：学生应保持对学习活动的意识，确保他们专注于任务，避免分散注意力。选择监控：学生需要不断评估他们所采用的学习策略是否有效，如果不是，就要尝试其他策略。执行监控：学生应确保按照学习计划执行任务，并及时解决任何学习障碍或困难。

（3）学习活动后的监控：学习活动结束后，学生应进行反馈、补救和总结，以进一步提高学习效果：反馈监控：学生可以对自己的学习表现进行评估，比较实际表现与设定的评估标准，找出差距。补救监控：如果学生发现在学习过程中有不足之处，他们可以采取措施进行补救，如重新学习特定内容或改进学习策略。总结监控：最后，学生应总结整个学习经验，包括成功的方面和需要改进的地方。这有助于提高未来学习的质量。

总之，对学习过程的监控有助于学生提高自主学习的效果，培养自我反思和自我调节的能力。这个过程应该是一个循环，学生在每个学习周期中都可以不断改进和优化他们的学习方法和策略。

5. 对学习结果的评价与总结

对学习结果的评价与总结非常关键，它有助于了解学生的学习成果和学习效果，以及对教学方法和策略的改进。以下是一些关于评价和总结学习结果的方法和原则：

（1）多元化评价方式：使用多种评价方式，包括考试、作业、项目、口头演讲、小组讨论、课堂参与等。这样可以更全面地了解学生的学习成绩，同时也考虑到了不同学生的学习风格和能力。

（2）形成性评价和终结性评价：结合形成性评价和终结性评价。形成性评价强调在学习过程中的反馈和指导，以帮助学生不断改进。终结性评价则主要关注最终学习成果的测量和总结。

（3）自我评价和同伴评价：鼓励学生进行自我评价，让他们反思自己的学习过程和成果。此外，同伴评价也可以帮助学生从不同的角度看待自己的表现，并提供有价值的反馈。

（4）反馈和改进：及时向学生提供详细的反馈，强调他们的优点和需要改进的方面。教师应该鼓励学生根据反馈来制定改进计划，并持续改进自己的学习策略。

（5）目标导向评价：评价应该与学习目标和学习任务相一致。这有助于确保评价是有意义的，并反映了学生是否达到了既定的学习目标。

（6）记录和追踪：教师可以建立学生的学习档案，记录他们的学术成绩、参与活动、项目成果等。这有助于跟踪学生的学术发展，并为将来的评价和建议提供依据。

（7）反思与总结：鼓励学生参与反思和总结过程，让他们思考自己的学习经验、成就和困难。这可以帮助他们更好地理解自己的学习方式和需求。

（8）透明和公平：教师应该让学生明白评价标准和方法，并确保评价是公平的，不偏袒任何学生。

综合运用这些原则和方法，可以实现全面、客观、科学、准确的教学评价，有助于学生更好地理解自己的学习成果，同时也提供了改进教学和指导学生的机会。

二、自主学习多元监控体系探究

（一）自主学习多元监控体系的构建

自主学习多元监控体系的构建非常有意义，这种体系可以更好地支持学生在自主学习过程中的监控和指导。以下是对每个监控模块的一些进一步思考和建议：

（1）自我监控模块：鼓励学生在学习过程中使用各种自主学习策略，例如制定学习计划、设定学习目标、定期进行自我评估和反馈。提供学习资源和工具，以帮助他们更好地实施自主学习。还可以推动学生积极参与在线学习社区，与同学分享学习心得和策略。

（2）教师监控模块：教师在网络环境下的角色不仅仅是传统的知识传授者，还是学习的导师和指导者。教师应该提供清晰的学习目标，设计启发性的学习任务，鼓励学生思考和讨论。同时，教师可以定期检查学生的学习进度，提供必要的反馈和建议，以确保学生在正确的轨道上。

（3）督导监控模块：教学督导可以提供教育理论和教学方法的专业指导，以帮助教师更好地支持学生的自主学习。他们可以组织教师培训和研讨会，促进教师的专业发展，以适应新的教育技术和教学方法。

（4）教务监控模块：教务监控可以确保学习资源的质量和合理分配，监督教学计划的实施，以及对学习成果的评估。他们还可以协助学生解决学术问题，提供学分认定和课程进展跟踪。

（5）技术监控模块：技术监控可以确保在线学习平台的稳定性和安全性。他们还可以提供技术支持，解决学生和教师在使用在线工具和资源时可能遇到的问题。

这些监控模块的协作和协同工作将有助于建立一个综合的监控体系，促进学生的自主学习，并提供必要的支持和指导。同时，该体系应具有灵活性，以适应不同学科和学习环境的需求。这样的自主学习多元监控体系有望提高学习效果，培养学生的自主学习能力，促进教育的不断改进和创新。

（二）大学英语自主学习监控策略

学习策略在自主学习过程中起着关键作用，有助于学生更有效地组织信息、解决问题、自我监控和评估学习进程。学习策略可以分为不同的类型，包括元认知策略、资源管理策略、情感调控策略等。教育者可以在教学中积极引导学生使用这些学习策略，并提供相应的支持和反馈。通过培养学生的学习策略，教育可以更好地满足学生的自主学习需求，帮助他们成为独立、自主和高效率的学习者。同时，学生也需要积极参与到学习策略的实践中，不断提高自己的策略运用水平，以更好地应对不同的学习挑战。

自主学习监控策略是学习策略的重要组成部分，对于帮助学习者更好地掌握学习过程和提高学习效果至关重要。大学英语自主学习监控涉及到不同的监控过程、维度和路径，这些都是为了确保学习者在自主学习中能够有效地管理和监控他们的学习活动。确保学习者能够有效地管理和提高他们的自主学习能力。内部监控和外部监控相互作用，共同促进学习者的自主学习意识和自主学习能力的提升。

1. 内部监控策略

自我监控策略在外语学习中的重要性确实是不可忽视的。自我监控是指学习者在学习活动中对自己的学习过程进行积极、主动、自觉的管理和调控。这一过程包括了一系列关键步骤，如计划学习活动、监督自己的学习进程、评价学习成果、反思和调整学习策略等。自我监控是外语学习中的关键因素，有助于学习者更好地管理学习过程，提高学习效果，并培养自主学习能力。教育者和学生可以共同努力，以确保自我监控策略得到充分发展和应用。自我调控策略包括元认知监控策略和情感调控策略。

（1）元认知监控策略。

1）元认知与元认知策略。

元认知和元认知策略在学习和语言学习领域中的重要性确实是非常重要的概念。这些概念强调了学习者在学习过程中对自己的认知和学习策略的认知和管理能力。以下是关于元认知和元认知策略的更多信息：

①元认知：元认知是指学习者对自己的认知过程和学习活动的理解和管理。这包括了对自己的学习目标、学习策略、学习进程以及学习效果的认知。元认知不仅涉及到知识的获取，还涉及到对学习活动本身的思考和监控。这种能力有助于学习者更好地规划学习过程、监控学习进展、识别和解决学习中的问题，以及评价学习效果。

②元认知策略：元认知策略是学习者用来管理和监控自己的学习过程的具体方法和技巧。这些策略包括了学习者如何设定学习目标、规划学习时间、选择学习资源、评价学习进程和效果，以及如何调整学习策略以适应不同的学习情境。元认知策略是一种高层次的认知技能，它们帮助学习者更有效地管理和调控自己的学习过程。

在外语学习中，元认知策略对于学习者的成功非常重要。它们可以帮助学习者更好地理解自己的学习需求，提高学习效率，以及更好地应对学习中的挑战。元认知策略的应用使学习者成为更自主和有目标意识的学习者，从而有助于提高外语学习的成果。因此，教育者和学生都应该重视和培养元认知策略的应用。

2）自主学习与元认知的关系。

自主学习和元认知之间的关系是非常重要的，它们在学习过程中相互交织，互相促进。元认知策略是自主学习的关键组成部分，因为它们帮助学习者管理和监控他们的学习过程。学习者需要使用元认知策略来规划他们的学习，选择适当的学习策略，监控他们的学习进展，评价学习效果，并在必要时进行调整。元认知策略使学习者能够更好地理解他们的学习需求，提高学习效率，以及更好地应对学习中的挑战。学习者的元认知能力对于他们的自主学习能力至关重要。强大的元认知能力使学习者能够更好地规划和管理他们的学习，自主学习需要学习者不断地评估和调整他们的学习策略以实现学习目标。因此，元认知能力和自主学习能力是相辅相成的，它们共同促进学习者更有效地学习和实现学习目标。

总之，自主学习和元认知是学习过程中密切相关的概念，它们一起帮助学习者成为更有能力和自主的学习者。元认知策略为自主学习提供了理论基础，并帮助学习者更好地管理和监控他们的学习过程。因此，教育者和学习者都应重视培养和应用元认知策略，以促进自主学习的成功。

3）自主学习中的元认知策略培训。

自主学习中的元认知策略培训对于学习者的发展和提高学习效果非常重要。以下是进一步关于自主学习中元认知策略培训的一些要点和建议：

1）系统性培训：元认知策略培训应该是系统性的，而不仅仅是零散的技巧传授。培训可以持续在一段时间内进行，逐渐引导学习者发展他们的元认知能力。

2）整合到课堂教学：教师可以将元认知策略培训与外语教学相融合，通过教学活动和任务向学生展示和示范这些策略的使用。这有助于学生将理论知识应用到实际学习中。

3）明确学习目标：帮助学生明确他们的学习目标，让他们知道他们正在学什么，以及如何实现这些目标。在课程开始时，教师可以明确课程的学习目标，并在学习过程中不断提醒学生这些目标。

4）学习材料分析：培养学生分析学习材料的能力，包括了解材料的性质、难度、结构以及关键信息。这有助于学生更好地规划学习时间和注意力。

5）学习策略选择：帮助学生了解和选择适当的学习策略，根据不同的学习任务选择最有效的方法。学生应该学会在学习中灵活运用不同的策略。

6）认知特点了解：教师可以引导学生了解自己的认知特点，包括学习风格和个人偏好。这有助于学生更好地选择适合自己的学习方法。

7）自我调节和反思：培养学生对自身学习过程进行有效的自我调节和反思的能力。学生应该能够监控自己的学习进展，识别问题并采取措施解决它们。

8）鼓励自主学习：教师可以通过鼓励学生参与自主学习活动来提高他们的自主学习能力。这可以包括自主研究项目、小组合作、自主阅读等。

9）评估和反馈：帮助学生学会对自己的学习成果进行客观评估，并根据反馈调整学习策略和方法。

10）激发内在动力：激发学生的内在学习动力，让他们对学习充满兴趣和动力，这有助于他们更积极地参与自主学习。

总之，自主学习中的元认知策略培训是为学生提供更多学习工具和技能，帮助他们更有效地管理和监控自己的学习过程。这种培训可以促进学生的自主学习能力的发展，使他们更好地适应不同的学习环境和挑战。因此，教育者应该积极采用这些策略来支持学生的自主学习。

4）元认知监控策略的内涵。

元认知监控策略的内涵非常重要，因为它有助于学习者更有效地管理和优化自己的学习过程。以下是一些关于元认知监控策略的具体内涵和建议：

①意识性：元认知监控的第一个要素是意识性。这意味着学习者应该清楚地知道自己的学习目标、任务和计划。他们应该明确知道他们要学什么，以及他们希望在学习过程中实现什么样的目标。这可以通过制定明确的学习计划和目标来实现。

②方法性：方法性是元认知监控的第二要素。这涉及学习者选择和采用适当的学习策略，以帮助他们达到学习目标。学习者应该了解不同的学习策略，包括记忆技巧、阅读方法、问题解决策略等，并根据具体情况选择合适的策略。

③执行性：执行性是元认知监控的第三要素。这意味着学习者应该能够有效地执行他们的学习计划和策略。他们需要监控自己的学习进度，确保他们按计划进行学习，并且能够克服潜在的干扰因素，如拖延、分心等。

④自我反省：自我反省是元认知监控的关键部分。学习者应该定期反思他们的学习过程和结果。这包括审查他们的学习方法的有效性，评估他们是否达到了学习目标，并确定需要做出哪些调整和改进。

⑤自我调节：自我调节是元认知监控的重要组成部分。学习者应该能够根据他们的自我反思，主动地调整和改进他们的学习方法和策略。这可以包括修改学习计划、重新评估学习目标，以及寻找更有效的学习策略。

⑥提高元认知监控能力：学习者可以通过练习和培养元认知监控能力来不断提高他们的自主学习能力。这可以通过反复实践元认知监控策略来实现，例如定期检查学习计划的执行情况，评估学习效果，并进行必要的调整。

总之，元认知监控策略涉及到学习者对自己学习过程的全面了解和主动控制。通过培养这些策略，学习者可以更好地规划、监控和调整他们的学习过程，从而提高学习效果，培养自主学习的能力。这对于在学术和职业生涯中都非常有用，因为它赋予了学习者更多的掌控自己学习的权力和能力。

（2）情感调控策略。

情感调控策略在外语学习和自主学习中确实起着至关重要的作用。下面将详细介绍学习动机、归因方式和自我效能等情感因素，并探讨如何调控这些因素以提高学习效果：学习动机是学习中最基本的情感因素之一。它可以分为内在动机和外在动机。内在动机是指学习者因为对学习本身感兴趣、认为学习有价值或是因为满足自身成就感而学习。外在动机则是指学习者为了外部奖励或避免惩罚而学习。在自主学习中，培养和维护内在动机非常重要。学习者可以通过明确自己的学习目标、将学习与个人兴趣和目标联系起来，以及设定具体的奖励和目标来提高内在动机。归因方式指的是学习者对学习结果的解释方式。积极的归因方式可以促进学习者的积极情感体验。例如，如果一个学生在一次考试中表现不佳，他可以将失败归因于自己尚未掌握的知识，而不是将其归因于自己的无能或运气不佳。这种积极的归因方式有助于学习者保持学习的积极态度，从失败中汲取教训，继续努力。自我效能是指个体对自己能够完成特定任务的信心和信念。在自主学习中，学习者的自我效能感对于他们是否愿意尝试新的学习任务、坚持克服困难以及取得成功至关重要。学习者可以通过积极的自我对话和自我鼓励来提高自我效能感。教师也可以提供支持和反馈，帮助学习者建立自信。学习态度包括学习者对学习的积极或消极态度。积极的学习态度有助于提高学习者的学习效果。学习者可以通过积极思考、乐观情感表达和培养对学习的兴趣来促进积极学习态度。学习焦虑可能会妨碍学习者的学习效果。学习者可能会感到焦虑、紧张或担忧，特别是在面临挑战性任务或考试时。学习者可以通过深呼吸、放松技巧、时间管理和积极的自我对话来管理焦虑。

在自主学习中，学习者可以采取以下策略来调控情感因素：设定明确的学习目标和计划，以保持学习动机。培养积极的学习态度，认识到学习是一个积极的、有趣的过程。培养积极的归因方式，将失败视为学习和成长的机会。提高自我效能感，相信自己能够克服困难和取得成功。学会管理焦虑，采用放松和冥想技巧来减轻焦虑情绪。寻求社交支持，与同学、教师或学习伙伴分享学习经验和情感体验。总之，情感调控策略在自主学习中至关重要。学习者应该了解自己的情感因素，并采取积极的控制和调节措施，以提高学习效果和学习

1）学习动机。

学习动机在外语学习中是一个极为重要的因素，它直接影响着学生的学习兴趣、投入度以及最终的学习成果。学习动机可以分为不同类型，其中融合型动机和工具型动机是两个常见的分类。①融合型动机：融合型动机指的是学习者对目标语言社会和文化产生浓厚兴趣，他们希望通过学习目标语言来融入或理解这个社会和文化。这种动机通常与学生对目标语言社区的亲身体验、旅行或对目标语言文学、电影等文化产品的热爱相关联。例如，一个学生可能学习法语，因为他梦想着在法国生活或因为他喜欢法国文化。②工具型动机：工具型动机是指学习者将目标语言视为实现特定目标或达到特定目的的工具。这种动机通常与学生在职业、学术或个人发展方面的需求相关。例如，一个学生可能学习西班牙语，因为他认为掌握西班牙语将有助于他在国际商务领域找到更好的工作机会。

影响学习动机的因素是多方面的，包括个体内部因素、外部环境和社会文化因素。以下是一些影响学习动机的因素：①自我概念：学生的自我概念和自我认知可以影响他们对学习的动机。如果学生认为自己具备学习一门外语的能力，他们更有可能有积极的学习动机。②自我效能：自我效能是指个体对自己完成特定任务的信心。如果学

生对自己学习外语的能力有信心，他们更可能保持高水平的学习动机。③态度：学生对外语学习的态度对动机有重要影响。积极的态度有助于维持学习兴趣，而消极的态度可能减弱动机。④需求：学生的个人需求也会影响学习动机。例如，如果学生认为学习外语对他们的职业发展至关重要，他们可能会有更高的工具型动机。⑤社会支持：家庭、教师、同学以及社会环境中的人对学生的支持和鼓励可以增强他们的学习动机。⑥文化因素：社会文化因素也可以影响学生的动机。学生可能会受到家庭、社区或国家文化对外语学习的重视程度的影响。

在教育中，教师可以通过激发学生的兴趣、提供积极的反馈和支持、创造有趣和互动的学习环境，以及将学习与学生的个人目标和需求联系起来，来增强学生的学习动机。了解学生的动机类型和个人因素，并根据他们的需求调整教学方法，也是提高学习动机的关键。维护和提高学习动机对于学生的外语学习成功至关重要。

2）归因方式。

归因方式在学习过程中扮演着重要的角色，它影响着学生对成功和失败的解释以及对未来学习行为的影响。学生的归因方式可以分为内部和外部归因，以及稳定性、可控性和控制点三个维度，这些因素共同影响着学生的学习动机和自主学习能力。以下是一些关于归因方式的关键观点：

①内部归因与外部归因：学生的内部归因是指将成功或失败归因于个人内部因素，如能力或努力。外部归因则将成功或失败归因于外部因素，如运气或任务难度。内部归因有助于培养学生的自主学习意识，因为他们相信自己的努力和能力可以改变学习结果，从而更愿意主动探索学习策略和努力提高。相反，外部归因可能导致学生认为学习结果受到外部因素的支配，降低了他们的自主学习动机。

②稳定性与可控性：稳定性指的是学生将成功或失败归因为稳定的或持久的因素，而可控性指的是学生认为这些因素是可以控制或改变的。例如，如果学生将失败归因于自己的不足能力，而且认为这种不足能力是稳定的和不可控制的，那么他们可能会对未来的学习失去信心。相反，如果学生将失败归因于不足的努力，而且认为可以通过更多的努力来改变结果，那么他们可能会更有动力去改进自己的学习策略。

③控制点：控制点是指学生认为自己是否具有影响学习结果的能力。如果学生相信他们可以控制学习过程中的决策和努力，他们更可能采取积极的学习策略和自主学习行为。相反，如果他们认为学习结果受到外部因素的支配，可能会降低他们的自主学习动机。

④自我保护性归因：自我保护性归因是一种心理机制，学生倾向于将学习成功归因于内部因素，而将学习失败归因于外部因素。这种归因方式可以维护他们的自尊心，但可能阻碍了他们对失败的反思和改进。

了解学生的归因方式可以帮助教育者更好地支持他们的学习，鼓励积极的自主学习态度，并帮助他们克服消极的归因方式。通过积极的反馈和引导，可以帮助学生将失败看作是学习的机会，而不是永久的挫折。教育者还可以帮助学生认识到他们在学习过程中具有控制权，鼓励他们采取积极的学习策略，并提高他们的自主学习动机。最终，培养积极的归因方式有助于学生提高自主学习能力，更好地应对学习中的挑战。

3）自我效能感。

自我效能感是学习过程中的重要概念，它与学生的学习动机和自主学习能力密切相关。自我效能感是指个体对自己能够胜任某项活动的自信程度，它对学生的学习行为和学习成果产生重要影响，具有以下几个关键作用：

①影响行为选择和坚持：学生的自我效能感会影响他们选择和坚持参与某项学习活动的程度。当学生相信他们有能力完成一项任务时，他们更有可能选择去做，并坚持下去。这种自信心可以激发学生的学习动机，促使他们更积极地投入学习。

②影响对待困难的态度：自我效能感还会影响学生对待学习中的困难和挫折的态度。具有高自我效能感的学生更有可能将挑战视为机会，他们会更积极地应对困难，不轻易放弃，而低自我效能感的学生可能会更容易感到挫败和沮丧。

③影响学习策略的选择和使用：学生的自我效能感还会影响他们选择和使用学习策略。自信心高的学生更可能尝试新的学习策略，因为他们相信自己有能力掌握它们。相反，自信心低的学生可能更倾向于使用他们熟悉和舒适的策略，因为他们害怕尝试新的方法可能会失败。

④影响情感反应：自我效能感也与学生在学习过程中的情感反应相关。高自我效能感的学生通常在面对学习挑战时更有自信，情绪更稳定，更能克服焦虑。相反，低自我效能感的学生可能更容易感到焦虑、恐惧和挫败。

⑤影响学业成绩：自我效能感与学业成绩之间存在正相关关系。学生的自我效能感越高，他们更有可能设定更高的学术目标，并付出更多的努力去实现这些目标，从而取得更好的学业成绩。

教育者和教育机构可以通过不同的方法来支持学生的自我效能感的发展。这包括提供积极的反馈和鼓励，帮助学生设定具体的学术目标，鼓励他们尝试新的学习策略，以及提供学习资源和支持。通过帮助学生提高其自我效能感水平，教育者可以促进他们的自主学习能力和学术成功。自我效能感的提高可以帮助学生更自信、积极地面对学习挑战，取得更好的学业成绩。

（3）学习资源管理策略。

学习资源管理策略是指学生为了有效地支持他们的学习目标，管理和利用可用的学习资源和环境的策略。这些资源包括时间、信息、学习工具、人际关系和学习空间等。学习资源管理策略的目标是帮助学生更好地适应学习环境，提高学习效率，增强学习动机，以及更好地满足他们的学习需求。学习资源管理策略包括对学习时间的管理、对学习环境的管理、寻求他人支持等。

1）学习时间的管理。

学习时间的管理对于学生的学习效果和学习动机至关重要。下面进一步探讨学习时间管理的一些策略：①制定学习计划：学生可以通过制定学习计划来合理安排学习时间。这包括确定学习目标、制定学习计划和时间表，以及明确每个学习任务所需的时间。有一个明确的计划可以帮助学生更好地管理时间，并确保每项任务都得到足够的关注。②设定优先级：学生可以根据任务的紧急性和重要性来设定优先级。这有助于他们确定哪些任务应该首先处理，哪些可以稍后处理。这种优先级制定有助于确保学生专注于最重要的任务。③避免拖延：拖延是影响时间管理的主要障碍之一。学生可以采取措施来克服拖延，如制定截止日期、设定自己的小目标、将任务分解成更小的部分等。重要的是学会在拖延情况下采取行动，而不是等待完美的时机。④有效利用碎片时间：学生可以学会有效地利用碎片时间。这些是日常生活中短暂的空闲时间，如等待公交车、排队等。学生可以随身携带学习材料，以便在这些时间段内进行复习或学习。⑤设定时间限制：学生可以设定学习任务的时间限制，以增加学习效率。例如，他们可以决定在某段时间内专注于学习，然后休息一会儿。这有助于防止学习过度或学习不足。⑥定期休息：学习时间管理并不意味着不停地学习。学生需要定期休息，以保持大脑的清晰度和专注力。短暂的休息可以帮助他们恢复精力，提高学习效率。⑦学习日记和反思：学生可以记录他们的学习活动，包括花在每个任务上的时间、遇到的困难和取得的进展。通过学习日记，他们可以更好地了解自己的学习习惯，发现时间管理上的问题，并采取措施来改进。⑨灵活应对变化：有时学生的计划可能会受到突发事件或变化的影响。他们需要学会灵活应对这些情况，重新安排学习时间，而不是因为计划的改变而感到沮丧或失望。

综上所述，学习时间管理是培养学生自主学习能力的重要一环。通过制定计划、设定优先级、克服拖延等策略，学生可以更好地管理他们的学习时间，提高学习效率，增强学习动机，从而取得更好的学业成绩。教育者和家长可以在培养学生这方面的能力上提供支持和指导。

2）学习环境的管理。

学习环境的管理对于学生的学习动机和自主学习能力至关重要。以下是一些帮助学生管理学习环境的策略：①创建有利的学习空间：学生需要一个安静、整洁、充满阳光的学习环境。这个环境应该能够减少干扰，提供足够的舒适度，让学生集中精力学习。教育者和家长可以帮助学生找到或设置适合学习的地方。②提供学习工具和资源：确保学生可以轻松地获得所需的学习工具和资源，如教材、参考书、互联网连接等。有足够的学习资源可以提高学习效率和积极性。③鼓励合作学习：学习环境不仅包括物理环境，还包括社交环境。鼓励学生与同学合作学习，分享知识和经验，可以促进积极学习氛围的建立。合作学习还可以提供互相激励和支持的机会。④建立学习习惯：学生可以通过建立良好的学习习惯来管理学习环境。这包括定期的学习时间、任务分配、目标设定等。有规律的学习习惯可以帮助学生更好地组织学习活动。⑤提供反馈和指导：教育者可以为学生提供反馈和指导，帮助他们了解如何改善学习环境。这可以包括提供学习策略的建议、监督学习进度、回答问题等。⑥激发兴趣：学生更容易在对他们感兴趣的主题上保持积极学习动力。教育者可以努力让学习内容更吸引人，与学生的兴趣和实际生活经验相关联。⑦鼓励自我反思：学生可以通过自我反思来管理学习环境。他们可以定期回顾自己的学习进度，思考哪些策略有效，哪些需要改进，以及如何更好地管理学习时间和资源。⑧培养积极心态：学习环境管理还涉及到心理层面。学生需要培养积极的学习心态，包括自信、毅力和对挑战的积极态度。教育者和家长可以鼓励学生面对困难，相信他们自己的能力。

通过以上策略，教育者和家长可以帮助学生创造一个有利于自主学习的环境，提高他们的学习动机和自主学习能力。这不仅有助于学业成绩的提高，还有助于学生在未来的学习和生活中更好地应对各种挑战。

3）寻求他人的支持。

寻求他人的支持是一种重要的资源管理策略，特别是在自主学习过程中。以下是一些关于如何有效地寻求他人支持的策略：①寻求教师帮助：教师通常是学生最重要的学习资源之一。学生可以随时向教师提问、寻求解答或反馈。教师不仅可以提供学科知识，还可以为学生提供指导和建议，帮助他们克服学习障碍。②与同学合作学习：学生可以与同学一起学习，分享想法、解决问题和复习材料。小组合作学习可以激发讨论和思维碰撞，帮助学生更好地理解和应用知识。③寻求学术指导：学生可以寻求学术顾问、导师或辅导员的指导。他们可以提供学业规划建议、选课建议和职业发展指导，以及在学术问题上提供支持。④参加学习小组或俱乐部：学生可以加入与自己兴趣或专业相关的学习小组或俱乐部。这些组织通常提供学术活动、研讨会和社交机会，有助于学生扩展知识和建立社交网络。⑤寻求在线资源和社交媒体支持：互联网提供了广泛的学习资源，学生可以参与在线学习社区、论坛和社交媒体群组，与其他学习者分享经验和资源。⑥接受个别指导：学生可以寻求个别指导，特别是在需要更深入理解复杂概念或解决个人学习问题时。这可以是由教师、辅导员或专业导师提供的。⑦利用学习中心和图书馆资源：学校通常提供学习中心和图书馆，学生可以在这些地方获得学术支持、图书和研究资源。⑧家庭支持：家长和家庭成员也可以成为学生的支持系统，鼓励他们坚持学习和解决学术问题。

通过积极地寻求他人的支持，学生可以更好地应对学习中的挑战，扩展知识和技能，提高学习效率，增强学习动机，实现自主学习的目标。与他人合作学习和分享经验也可以丰富学习过程，让学习变得更加有趣和有意义。

2. 外部监控策略

外部监控策略指教师、教学管理部门、学习同伴等外在力量对学习者的自主学习活动的适度介入、监督、评价、控制等一系列活动。主要包括：教师角色介入；同伴相互监控；班主任及辅导员介入；教学管理机构（含教学督导）介入；网络技术监控。

（1）教师角色介入。

教师在基于互联网＋环境的大学英语自主学习中扮演了多重角色，这些角色的协调和发挥对于学生的自主学习至关重要。以下是教师在这个环境下可能扮演的十种角色：

帮助者（Facilitator）：教师应该帮助学生建立明确的学习目标，提供指导和建议，鼓励他们制定合理的学习计划，并支持他们在整个自主学习过程中。

组织者（Organizer）：教师可以组织各种在线学习活动，包括个体活动、小组活动和讨论，以帮助学生更好地理解和应用所学知识。

激发者（Motivator）：教师应该激发学生的学习兴趣和动机，鼓励他们积极参与自主学习活动，并提供正面的鼓励和反馈。

监控者（Monitor）：教师需要监测学生的学习进度和学术表现，及时发现问题并采取措施解决。这可以通过在线作业、测验和讨论的评估来实现。

指导者（Guide）：教师应该为学生提供学习方向和策略的指导，帮助他们更好地利用在线资源和工具进行学习。

诊断者（Diagnostician）：教师需要诊断学生的学习问题和困难，并提供个性化的帮助和支持，以确保他们能够顺利完成学习任务。

学习顾问（Counselor）：当学生面临学习或情感问题时，教师应该充当顾问的角色，提供支持和建议，帮助他们克服困难。

协调者（Negotiator）：教师需要协调学生之间的合作和互动，以促进共同学习和知识共享。

个体差异的发现者和指导者（Individual Difference Detector）：教师应该识别并理解学生的个体差异，为不同的学习风格和需求提供定制化的支持和建议。

评估者（Evaluator）：教师需要建立科学的评估体系，评估学生的学习过程和结果，以帮助他们改进学习策略和实现学术目标。

综合来说，教师在基于互联网＋环境的大学英语自主学习中既是学习的引导者，又是学习的组织者、监督者和评估者。他们的角色不仅是传授知识，更是激发学生的学习兴趣，引导他们主动探索和构建知识，以提高自主学习的效果。同时，教师还需要灵活适应不同学生的需求，实施个性化的指导和支持，确保每个学生都能够充分发挥自己的潜力。这种教师的多重角色有助于培养学生的自主学习能力和自主思考能力，使他们在面对未来的学习和工作挑战时更有信心和能力。

（2）同伴相互监控。

同伴相互监控是自主学习的关键组成部分，它可以提供以下几种重要的支持和优势：①共同制订学习计划和互助协议：同伴可以一起制定学习计划，明确学习目标和时间表，并签署互助协议，承担相互监督的责任。这有助于确保学习计划的执行和学习目标的达成。②共同约定学习内容和定期检查：同伴可以一起选择学习内容，并按计划和约定的时间进行定期的学习内容检查。这种相互检查有助于确保学习进度，并及时发现和解决问题。③设计交互活动：同伴可以一起参加结对活动或小组学习与讨论活动。这种交互活动有助于促进学生之间的合作和知识共享，提高学习效率。④相互检查学习结果和评价：同伴可以相互检查学习成果，并提供反馈和评价。这种评价有助于学生了解自己的学习表现，发现不足之处，并改进学习策略。⑤小组成员互评：

在学习周期结束后，小组成员可以给同伴提供真实和合理的评价意见。这种互评可以帮助学生更好地理解自己的学习过程和表现，并从中学到经验教训。

总的来说，同伴相互监控可以增强学生的学习动机，提高学习效率，促进知识共享和合作。它能够创建一个积极的学习氛围，使学习变得更加有趣和有意义。同时，同伴相互监控也培养了学生的团队合作能力和社交技能，这对他们未来的职业发展也是非常有益的。

（3）班主任及辅导员介入。

班主任和辅导员在大学生英语自主学习中发挥重要作用，他们可以通过以下方式积极干预和支持学生的自主学习：①人生观和理想观教育：班主任和辅导员可以与学生进行深入的交流和讨论，帮助他们明确自己的人生目标和理想。他们可以提供指导，引导学生认识到英语学习在个人事业和终身教育中的重要性，从而激发学生的学习动力。②学习策略的引导与培训：班主任和辅导员可以向学生提供学习策略的建议和培训，帮助他们了解不同的学习方法和技巧。这可以包括如何有效地阅读、记忆、组织信息以及解决学习难题等方面的指导。③学习时间的管理：班主任和辅导员可以与学生一起制定学习时间表，帮助他们合理安排学习时间。他们可以教授时间管理技巧，确保学生能够有效地利用时间进行自主学习。④学习结果的积极反馈：班主任和辅导员可以定期对学生的学习成果进行评估和反馈。他们可以赞扬学生的努力和进步，同时提供建议和改进意见。这种积极的反馈可以激励学生继续努力学习。

总的来说，班主任和辅导员可以在学生的自主学习过程中充当导师和指导者的角色，提供情感支持和学术指导。他们的干预可以帮助学生更好地适应大学生活，取得更好的学习成绩，并发展出积极的学习习惯和技能。通过与学生建立亲近的关系，班主任和辅导员可以更好地理解学生的需求，为他们的学术和个人发展提供有力支持。

（4）教学管理机构介入。

教学管理机构在大学英语自主学习中的介入和干预是非常关键的，它可以通过以下方式来支持和管理自主学习：①学分管理制度：教学管理机构可以建立并推行学分管理制度，将自主学习的成果与学分挂钩。这可以激励学生更加积极地参与自主学习活动，因为他们知道这将直接影响到他们的学业成绩和毕业要求。②教学督导制度：教学管理机构可以设立教学督导制度，派遣督导员对自主学习过程进行监督和评估。这包括确保学生按照学校的要求和标准进行学习，同时提供反馈和建议以帮助他们提高学习效果。③理论指导：教学管理机构可以提供理论指导，帮助学生理解自主学习的理论基础和方法。这可以包括培训课程、研讨会和教材资源等，以提高学生的自主学习能力。④信息收集与分享：教学管理机构可以建立信息平台，用于收集和分享与自主学习相关的信息和资源。这可以帮助学生更容易地获取学习材料和工具，并了解最新的学习机会和活动。⑤横向协调和纵向沟通：教学管理机构可以促进横向协调，使不同学科和部门之间的自主学习活动相互衔接和协作。同时，他们也可以建立纵向沟通渠道，与学生和教师保持紧密联系，了解他们的需求和反馈，及时做出调整和改进。通过这些手段，教学管理机构可以更好地管理和支持大学英语的自主学习，确保其有效性和质量。这有助于提高学生的学术成绩，培养他们的自主学习能力，以及促进他们的终身学习习惯。同时，这也有助于学校更好地履行教育使命，提高教学质量。

（5）网络技术监控。

网络技术监控在大学英语自主学习中的作用非常重要，它可以提供有关学生学习行为和进展的关键信息，帮助教师和学校更好地管理和支持学生的自主学习。总的来说，网络技术监控是大学英语自主学习的重要组成部分，可以提供有关学生学习行为和进展的宝贵信息，帮助教师和学校更好地支持学生的学习，提高学习效果和质量。同时，学生也可以通过监控系统更好地管理自己的学习，提高学术成绩和自主学习能力。

第五章　大学英语教学组织和实施

第一节　大学英语学习环境、资源建设

教育终极目标是培养学生独立的学习能力是非常重要的。在现代社会，知识的更新和变化非常快，因此，培养学生具备自主学习的能力，使他们能够不断适应新知识和新技能的要求，是教育的一个核心任务。总之，高校英语教育应该致力于培养学生的自主学习能力，使他们能够在学校和毕业后持续学习和成长。这需要学校提供适当的资源和支持，以及培养学生有效的学习策略和习惯。

一、学习环境的定义及其重要性

（一）学习环境的定义

学习环境是一个多元生态系统，是影响学习活动开展、学习质量和效果的各种条件的总和，包括物质、精神、制度等多种因子。个良好的学习环境对学生的学习和发展具有积极影响，特别是在英语学习这样需要不断练习和实践的领域。

（二）学习环境的重要性

对于英语学习者来说，接触和使用英语的机会非常重要。一个良好的语言交流环境可以提供实际的语言实践机会，有助于学生更自然地掌握听、说、读、写等语言技能。这可以通过组织英语角、英语沙龙、语言伙伴计划等方式在校园中创造出来。学校可以提供丰富的多媒体和在线资源，包括英语电影、英语新闻、在线英语课程等，以便学生能够在课余时间继续学习和实践英语。这些资源可以让学生自主选择学习内容，满足他们的兴趣和需求。利用社交媒体和在线社交平台，学生可以与其他学习者和母语为英语的人交流，分享学习经验，提问和回答问题。这种互动有助于提高口语和书写能力。学校可以提供安静、舒适的学习空间，配备适当的设施，以促进学生的自主学习。这些学习空间可以是图书馆、自习室、多媒体教室等，有助于学生集中精力学习。教师在创造学习环境方面发挥着关键作用。他们可以激发学生的学习兴趣，鼓励他们积极参与学习，提供有针对性的指导和反馈，帮助学生克服困难。学校可以培养一种积极的学习文化，鼓励学生互相学习和分享知识，促使他们成为学习的主动

者。这可以通过组织学术活动、学术竞赛、学习社群等方式来实现。

总之，创造一个良好的学习环境对于学生的学习和发展至关重要，特别是在英语学习领域。学校和教育机构可以通过提供资源、设施和鼓励学习文化的方式来改善学习环境，从而帮助学生更好地掌握英语技能和知识。

二、当代大学英语学习环境的特点

（一）学习环境的"智慧性"

学习环境的"智慧性"是指通过信息技术和创新的教育方法来构建一个更加智能化、灵活性强、学习者中心的学习环境，以提高学习的效率和质量。智慧大学英语学习环境的建设需要考虑多个要素，包括资源、工具、交互和支持，这些要素相互关联，共同促进了学习的发展和知识的协同构建。智慧大学英语学习环境的建设不仅有助于提高学习效率，还能够培养学生的自主学习能力和终身学习的意识。通过结合信息技术和创新教育方法，学校可以创造更适合学生学习和成长的环境，帮助他们更好地掌握英语技能和知识。大学英语智慧学习环境的技术要素集中体现为以下几点。

1. 情景感知技术

情景感知技术在大学英语学习中的应用确实可以提供更丰富、真实的语言环境，有助于提高学生的语言交际能力。以下是关于情景感知技术在英语学习中的一些重要应用：

（1）上下文感知：情景感知技术可以帮助学生更好地理解语言上下文。通过分析文本或对话中的关键词汇、短语和句子，系统可以提供词汇解释、语法说明和文化背景等信息，以帮助学生更好地理解语言材料。

（2）语境感知：这种技术可以模拟不同语境下的语言使用情况。例如，在商务英语学习中，系统可以模拟商业会议、电话谈判、邮件往来等不同情境，让学生练习在不同情境下的语言运用。

（3）学习协作伙伴：情景感知技术可以帮助学生找到适合的学习伙伴。系统可以分析学生的学习兴趣、学习目标和学习风格，然后匹配他们与具有相似兴趣和目标的其他学生，以便他们一起学习和合作。

（4）学习建议：基于情景感知技术的分析，系统可以向学生提供个性化的学习建议。例如，系统可以推荐适合他们水平的学习材料、练习活动或学习策略，以帮助他们提高英语技能。

（5）情境对话：这项技术可以创建虚拟的语言交互情境，让学生参与对话和互动。学生可以与虚拟角色或其他学习者进行对话，练习口语表达和听力理解能力。

总的来说，情景感知技术可以为大学英语学习提供更加真实和个性化的学习体验。通过模拟各种语言情境、提供个性化建议和创建互动机会，这项技术有助于学生更好地掌握英语技能并提高他们的语言交际能力。

2. 移动通信技术

移动通信技术的发展在大学英语学习环境中具有重要的作用，尤其是在提供更多英语学习资源和促进学生自主学习方面。以下是移动通信技术在英语学习中的一些关键应用：

（1）英语学习资源的无线获取：学生可以通过移动设备（如智能手机和平板电脑）随时随地访问英语学习资源，包括在线课程、英语电影、新闻、博客、英语学习应用程序等。这使学生可以根据自己的学习进度和兴趣进行学习，提高了学习的自主性和灵活性。

（2）移动学习应用程序：学生可以使用各种英语学习应用程序，这些应用程序提供了各种练习、词汇学习、听力和口语练习等功能。这些应用程序通常可以根据学生的水平和学习需求进行个性化定制，提供有针对性的学习支持。

（3）在线英语学习社区：学生可以通过移动设备参与在线英语学习社区，与其他学生互动、交流经验和分享学习资源。这种互动可以促进英语学习者之间的合作学习，提高学习动力。

（4）移动考试和评估：移动通信技术使英语学习者能够随时进行练习和测试，从而更好地评估他们的英语水平。这有助于学生了解自己的学习进展并调整学习策略。

（5）英语学习游戏：移动设备上的英语学习游戏可以增加学生对学习的兴趣，通过娱乐方式提高英语技能。

（6）在线英语课程和MOOCs：学生可以通过移动设备参加在线英语课程和大规模开放在线课程（MOOCs），从世界各地的优秀教育机构获取高质量的英语教育。

总之，移动通信技术为学生提供了更多英语学习的机会和工具，使他们能够自主学习、随时随地学习，从而提高英语水平。这种技术的普及和应用有助于构建更智慧、更灵活的大学英语学习环境。

3. 学习分析技术

学习分析技术在大学英语学习环境中的应用对于提高教学效果和满足学生的个性化学习需求非常重要。以下是一些学习分析技术在英语学习环境中的具体应用：

（1）学习行为分析：学习分析技术可以跟踪学生在英语学习环境中的各种学习行为，包括在线学习时间、课程进度、浏览历史、练习和测试成绩等。通过分析这些数据，教师和学生可以了解学生的学习进展和表现，发现学习中的困难和挑战。

（2）学习偏好分析：学习分析技术可以识别学生的学习偏好，包括学习时间、学习方式（如阅读、听力、口语、写作等）、学习资源的选择等。这有助于为学生提供符合其个性化需求的学习资源和建议。

（3）学习社交分析：学习分析技术可以分析学生与其他学生和教师之间的互动和合作情况。这有助于发现学习者之间的合作机会，促进合作学习，提高学习效果。

（4）学习进度监测：学习分析技术可以跟踪学生的学习进度，及时发现学习滞后的学生，并采取措施帮助他们赶上课程进度。

（5）个性化建议和资源推荐：基于学习分析结果，系统可以为学生提供个性化的学习建议，包括哪些课程需要重点学习，如何改进学习策略等。还可以推荐符合学生兴趣和水平的英语学习资源。

（6）教师决策支持：学习分析技术也可以为教师提供有关教学策略的信息，例如哪些教学方法在特定情境下更有效，哪些学生需要额外的帮助等。

通过学习分析技术的应用，英语学习环境可以更好地满足学生的需求，提高学习效果，同时也为教师提供了更多关于学生学习情况的信息，有助于更好地指导和管理教学。这种智能化的学习分析有助于构建更智慧的大学英语学习环境，提高学生的学习成果。

（二）学习环境的"生态化"

在构建生态英语学习环境时，确保各个要素之间的协同工作和互动非常重要。这需要教师、学生和学习环境中的其他要素密切合作，以实现最佳的学习效果。此外，确保学习环境的开放性，使学生能够获得多样化的学习资源和体验，对于促进他们的语言学习非常关键。

1. 开放性

学习环境的开放性，这一特点是构建有效的学习生态系统的关键。开放性学习环境有助于学生获取多样化的学习资源和体验，从而更好地满足他们的学习需求。在英语学习环境中，开放性意味着提供多样化的学习资源，包括各种类型的教材、多媒体内容、互动课程等。这些资源可以通过网络平台、数字化工具和社交媒体等渠道进行访问和分享。学生可以根据自己的兴趣和学习目标选择适合他们的学习资源，从而增强了学习的自主性和个性化。此外，开放性学习环境还鼓励学生将英语学习延伸到社会和实际生活中，与他人进行真实的英语交流。这可以通过参与英语角、社交活动、实践项目等方式来实现。这种开放性的学习环境有助于学生在真实情境中运用所学的英语技能，提高他们的口语交际能力和文化适应能力。总之，开放性学习环境可以丰富学生的学习经验，激发他们的学习兴趣，促进他们在英语学习中取得更好的成果。这对于构建具有生态特点的英语学习环境是非常重要的一部分。

2. 整体性

在整体性的理念下，英语学习环境被看作是一个相互联系和相互作用的生态系统，包括学习者、教师、情景、资源、工具、活动、支架等多种要素。这些要素不仅独立存在，还相互关联和相互影响。例如，教师的教学方法和策略会影响学生的学习效果，学生的学习行为和需求会反过来影响教师的教学决策。学习资源和工具的可用性和多样性也会影响学生的学习体验和教师的教学效果。整体性观念还强调了生态系统的自组织性质，即系统中的各个要素可以相互协调和自我调节，以适应不断变化的学习需求和环境。这种自组织性使得学习环境能够更加灵活和适应性，有助于提供更好的学习体验和学习成果。

总之，整体性观念有助于我们理解英语学习环境的复杂性，强调了各个要素之间的相互关系和相互作用，以及系统的自组织性质。这对于构建具有生态特点的英语学习环境非常重要。

3. 适应性

适应性是指英语学习环境中各要素能够相互适应和相互调整，以满足不同学习者的需求和特点。这是构建生态英语学习环境时非常重要的概念。在生态英语学习环境中，学习者可能具有不同的学习风格、学习目标、知识水平和学习需求。适应性要求学习环境能够灵活地调整教学方法、学习资源、评价方式等，以满足不同学习者的要求。这可以通过个性化学习路径、智能化推荐系统、不同难度水平的学习资源等方式来实现。适应性还意味着英语学习环境应该能够适应不断变化的学习需求和技术发展。随着时间的推移，学习者的需求和技术工具可能会发生变化，因此学习环境需要具有弹性，能够及时调整和更新，以适应这些变化。

总之，适应性是构建生态英语学习环境的关键要素之一，它要求学习环境能够灵活、弹性地满足不同学习者的需求，并适应不断变化的学习环境和技术发展。这有助于提供更具个性化和有效性的学习体验。

4. 平衡性

在构建生态英语学习环境时，平衡性是非常重要的概念。平衡性意味着各个要素之间的相互作用和依存关系，以及它们在学习过程中的相对稳定性。在生态英语学习环境中，不同要素之间存在复杂的相互作用。这些要素包括学习者、教师、学习资源、工具、活动等。平衡性要求这些要素之间能够协调运作，以确保学习过程的有效性和稳定性。例如，在教学中，平衡性要求教师和学习者之间的互动是相对平等和互补的，而不是单向的传授。同时，学习资源和工具应该与学习目标和任务相匹配，以保持输入与输出的平衡。此外，平衡性还涉及到学习内容和学习形式之间的协调，以确保学习过程既具有足够的深度，又兼顾了学习者的兴趣和需求。总之，平衡性是构建生态英语学习环境时需要考虑的重要因素。它有助于保持学习过程的稳定性和有效性，确保各个要素之间的相互作用和依存关系能够协调运作，从而提供更好的学习体验。

二、加强教学资源建设，优化英语自主学习环境

（一）营造良好的学习环境，启发学生自主学习的潜能

建构主义和教育部高校英语教学指导委员会的观点都强调了创造良好的学习环境对于学生自主学习潜能的发挥至关重要。以下是一些关键的要点，有助于营造这样的学习环境：

1. 激发学生的学习兴趣和动力

创造一个激发学生学习兴趣和动力的环境是自主学习的基础。这可以通过设计吸引人的教材、引人入胜的教学活动以及与学生兴趣相关的主题来实现。

2. 提供资源和支持

为学生提供必要的学习资源和支持，包括图书馆、网络资源、导师指导等。确保这些资源易于获得和使用，以帮助学生更好地自主学习。

3. 鼓励合作学习

合作学习可以培养学生的自主学习能力，因为它鼓励他们在小组中分享知识、讨论问题并相互支持。创造一个鼓励合作学习的环境有助于学生发展自主学习技能。

4. 提供反馈机会

及时的反馈有助于学生了解他们的学习进展，并帮助他们更好地调整学习策略。教师和同伴的反馈都可以在这方面发挥关键作用。

5. 设定明确的学习目标

学生需要知道他们正在学什么以及为什么学习。为此，设定明确的学习目标和期望对于激发他们的学习兴趣和自主性至关重要。

6. 提倡批判性思维和问题解决

培养学生的批判性思维能力和问题解决能力有助于他们更好地自主学习。教育环境应该鼓励学生提出问题、寻找答案并进行独立思考。

7. 支持学生的自我管理

帮助学生发展时间管理和学习计划的技能，以便他们能够有效地自主学习。

8. 鼓励反思和元认知

自主学习环境还应该鼓励学生反思他们的学习过程，并提高他们的元认知意识，使他们能够更好地了解自己的学习需求和策略。

总之，创造一个积极的、有组织的学习环境是培养学生自主学习能力的关键。这个环境应该鼓励学生积极参与学习、提供必要的资源和支持，并促使他们不断反思和成长。

（二）加强教学资源建设，优化英语自主学习环境

1. 充分合理利用网络资源，搭建英语自主学习平台

充分利用网络资源和搭建英语自主学习平台的重要性，这是非常关键的步骤，可以帮助学生更好地进行自主学习。以下是一些进一步的建议和方法：

（1）提供多样化的学习资源：确保学生能够访问多种类型的学习资源，包括在线课程、英语学习应用程序、教材、练习题、多媒体内容、英语新闻等。这些资源应该

覆盖听力、口语、阅读和写作等不同方面，以满足不同学生的需求。

（2）建立虚拟学习社区：创建一个在线学习社区，让学生可以互相交流、分享学习经验和资源。这可以通过在线讨论论坛、社交媒体群组或协作工具来实现。教师可以定期参与并鼓励学生积极参与这个社区。

（3）个性化学习路径：利用技术来支持个性化学习，根据每位学生的需求和水平提供定制化的学习建议。这可以包括智能学习系统、推荐引擎等，以帮助学生找到最适合他们的学习资源。

（4）在线评估和反馈：提供在线测验和评估工具，以便学生可以定期评估他们的进展。及时的反馈和建议可以帮助学生调整学习策略。

（5）推广数字素养：帮助学生培养数字素养，包括信息搜索和筛选、在线协作和数据管理等技能。这些技能将有助于他们更好地利用网络资源进行学习。

（6）教师的角色：教师在这一过程中仍然扮演着关键的角色，他们可以提供指导、监督和激励，以确保学生的自主学习是有组织的，有目标的。

（7）网络安全和隐私：确保学生了解如何保护他们的个人信息和隐私，以及如何安全地使用网络资源。提供关于网络安全的培训和资源。

（8）定期评估和改进：定期评估这个自主学习平台的效果，并根据学生的反馈进行改进。不断更新和改进平台，以适应不断变化的学生需求和技术发展。

通过充分利用网络资源和创建一个适合学生的自主学习平台，高校可以更好地满足学生的英语学习需求，帮助他们发展自主学习的能力。

2. 加强英语学习资源库的建设

英语学习资源库的建设非常重要，这可以为学生提供更多的学习材料和工具，促进他们的自主学习。以下是一些具体的方法和建议：

（1）多媒体资源收集与整合：学校可以积极收集和整合各种多媒体资源，包括录音、视频、互动课件、在线课程等，以丰富英语学习资源库。这些资源可以来自学校内部的教学资源，也可以借助外部资源，如开放式教育平台、在线英语学习网站等。

（2）建立在线图书馆：在线图书馆可以提供学生丰富的英语读物，包括英语小说、杂志、报纸等。学校可以购买数字化图书或合作订阅在线图书馆服务，以确保学生能够轻松访问各种英语阅读材料。

（3）英语学习应用程序：推广和引导学生使用英语学习应用程序，这些应用程序可以提供词汇学习、语法练习、听力训练等功能。教师可以为学生推荐合适的应用程序，并提供相关的指导。

（4）自主学习资源库的建设：鼓励学生建立个人的自主学习资源库。这可以是一个电子文档、笔记、书签等形式，用于整理和管理他们在学习过程中发现的有用资源。学校可以提供培训和指导，帮助学生建立这样的个人资源库。

（5）课程设计与资源整合：教师可以将自主学习资源库的构建纳入课程设计中。为学生提供任务，要求他们在学习过程中积极查找、整合和分享学习资源。这可以作为一种课程评估和反馈的方式。

（6）提供导师指导：为学生提供导师或学术顾问，帮助他们规划自主学习的路径，提供学习建议和反馈。导师可以与学生定期会面，讨论他们的学习进展和目标，并提供支持和指导。

（7）评估资源的质量：学校和教师需要确保自主学习资源库中的资源质量良好，内容准确可靠。可以设立评估机制，对新添加的资源进行审核和评估。

（8）定期更新和维护：自主学习资源库需要定期更新和维护，以确保其中的资源仍然有效和有用。学校可以设立专门的团队或委员会负责资源库的管理和更新。

通过这些方法，学校可以建立一个丰富多样的英语学习资源库，为学生提供更多的学习机会和支持，鼓励他们积极参与自主学习。这将有助于提高学生的英语水平和学习动力。

3. 加强校际交流合作与资源共享，丰富英语教学资源

加强校际交流合作与资源共享是非常重要的，可以有效地丰富英语教学资源，提高高校英语教育的质量。以下是一些方法和建议，以加强校际合作和资源共享：

（1）建立校际合作框架：学校可以建立校际合作框架或网络，以促进不同高校之间的合作。这可以包括签署合作协议，建立共享资源平台，共同举办英语教育活动等。

（2）资源共享平台：创建一个在线资源共享平台，让各高校可以上传和下载教学资源，包括课程材料、教案、多媒体课件、英语学习工具等。这个平台可以是学校自己开发或使用现有的在线教育平台。

（3）教师交流与培训：举办教师交流和培训活动，让不同高校的英语教师互相学习和分享教学经验。这有助于提高教师的教育水平和教学方法。

（4）联合研究项目：高校可以共同申请研究项目，进行英语教育方面的合作研究。这不仅有助于提高教育质量，还有助于促进学术交流和合作。

（5）共同举办活动：各高校可以共同举办英语学习活动，如英语角、讲座、研讨会等，让学生有更多的机会参与英语学习和实践。

（6）数字化资源共享：将教学资源数字化，以便更容易共享和访问。这包括数字化课程材料、在线教材、远程教育资源等。

（7）建立质量控制机制：为确保共享资源的质量，建立评估和审核机制，确保资源符合一定的教育标准和要求。

（8）设立奖励机制：为鼓励高校积极参与资源共享，可以设立奖励机制，例如优秀资源的创作者可以获得奖励或荣誉。

通过这些方法，高校可以加强合作，充分利用外语教育资源，提高英语教育的效果，同时也促进教育领域的合作与发展。这将有助于提高高校生的英语自主学习能力和综合素质。

第二节　大学英语课程设计

《全日制义务教育普通高级高校英语课程标准（实验稿）》的实施以及英语教育的质量提高是非常重要的步骤，有助于提高高校英语教学的水平。专业化的英语教师和教学设计是确保这一目标实现的关键要素。高校可以培养和支持专业化的英语教师，促进教学与评价一体化，提高英语教育的质量，以满足学生的学习需求和社会的要求。这对于推动我国英语教育的发展具有积极意义。

一、教学课程设计概述

（一）教学课程设计的定义

教学课程设计的定义从不同的角度来看，都强调了它作为一种系统性的过程，旨在实现教学目标并提高教学效果。以下是对教学课程设计定义的主要要点的总结：

加涅的观点：加涅将教学视为学生在特定环境中对刺激做出适当反应的强化过程。这强调了教学的目的是让学生在特定环境中表现出期待的行为。他引入了"Instructional Design（ID）"的概念，强调了教学设计是为了创造满足学习需求的环境。

布里格斯的观点：布里格斯将教学设计视为一个过程，该过程包括分析学习需求和目标，以构建传达信息的系统。这里强调了教学设计的目标是满足学习需求，并将信息传递作为实现这一目标的手段。

国内外教育工作者的观点：教育工作者认为教学设计是一个以优化教学效果为目标的过程，依托于学习理论、教学理论和传播理论。它强调了系统方法的使用，包括分析教学问题、确定教学目标、制定教学策略、试行和评价解决方案等步骤。

英语教育的角度：从英语教育的角度看，教学课程设计包括提出英语教学的基本理念、执行专业设计程序、了解学生需求、研究教学策略、设定教学目标、规划教学过程、获取教学资源以及进行教学评价。这突出了英语教育中的特定需求和流程。

综合来看，教学课程设计是一种系统性的过程，旨在满足学生的学习需求和实现教学目标。它涉及到对教学环境、学生需求、教学策略和评价方法的综合考虑，以确保教学过程有效、有针对性且具有操作性。这一过程通常包括多个步骤，从需求分析到教学实施和评价，为教育工作者提供了一个有序的框架来设计和改进教学。

（二）教学课程系统化的设计

教学课程系统化的设计，以"Instructional Systems Development（ISD）"模型为基础，包括了五个主要环节：分析、设计、开发、实施和评价。这种系统化的设计方法有助于确保教学过程的高效性和效果，尤其适用于面对复杂的教学需求和多层次的学习目标时。

以下是关于 ISD 模型的主要环节的简要说明：

（1）分析（Analysis）：在这一阶段，教育工作者会仔细分析教学需求和学生的背景信息。这包括确定学习者的先前知识水平、技能和需求，以及明确教学目标和预期的学习成果。分析还包括识别潜在的教学问题和障碍。

（2）设计（Design）：在设计阶段，教育工作者会制定教学计划，包括课程结构、内容组织、教学策略和教材选择。这一阶段的关键是确保教学资源和方法与学习目标相一致。

（3）开发（Development）：在开发阶段，教育工作者开始创建和准备教学材料、资源和工具。这可能包括制作教材、课件、多媒体内容以及其他支持学习的资源。

（4）实施（Implementation）：在实施阶段，教育工作者开始实际进行教学。这包括传授知识、运用教学策略、与学生互动并监控他们的学习进展。实施阶段通常需要灵活性，以应对学生的需求和反馈。

（5）评价（Evaluation）：在评价阶段，教育工作者会对教学过程和学生的学习成果进行评估。这可以包括教学效果的定性和定量评估，以确定教学的成功程度并识别改进的机会。评价结果将指导未来的教学设计和实施。

ISD 模型的优势在于它提供了一个有组织和系统的方法，帮助教育工作者设计、实施和评估教学，以确保学生能够达到预期的学习目标。这种方法强调了不断循环的过程，允许教育工作者根据评估结果不断改进教学设计，以适应学生的需求和变化的教育环境。

二、教学课程设计的基本步骤

教学设计程序的第一大要素就是设计程序的系统化。系统化教学设计要有序、严谨、务实。教学设计需要考虑以下八个方面的问题。

（一）分析学生需求

分析学生的需求是教学课程设计的重要一步，它有助于确保教学内容和方法与学生的实际情况相匹配。分析学生需求是一个动态的过程，需要与学生建立良好的沟通和反馈机制，以便不断调整和优化教学设计，确保教学活动符合学生的需求和背景。这将有助于提高教学的有效性和学生的学习体验。

（二）确定语言学习目标

确定语言学习目标是教学课程设计中的关键步骤，它有助于明确教学的方向和期望结果。确定语言学习目标是教学课程设计的基础，它有助于教师有效地规划教学活动，确保学生在语言学习中取得成功。同时，它也能够激发学生的学习动力，让他们明确学习的方向和期望结果。

（三）设置真实行动目标

设置真实行动目标是教学课程设计中的重要步骤，它有助于确保学生在语言学习中获得实际的应用能力。设置真实行动目标有助于将语言学习与实际情境相结合，提高学生的语言应用能力。这种教学方法可以更好地培养学生的实际沟通技能，使他们在现实生活中能够更自信地运用所学的语言知识和技能。

（四）组织教学资源

组织教学资源是确保教学有效性的重要一环。通过合理组织和应用教学资源，教师可以提高教学的效果，使学生更好地实现学习目标。这需要教师具备资源整合和灵活运用的能力，以满足不同学生和教学情境的需求。下面主要介绍基于 Moodle 的大学英语网络教学资源建设。

1. 协同教务系统课程学习

协同教务系统课程学习是一种有力的教学方法，可以提高教学的效果和学生的学习体验。以下是一些关于协同教学的建议和实践方法：

（1）课前预习：教师可以在协同教务系统中创建一个课前预习任务，包括相关的课程材料和资源。这可以帮助学生在课堂前准备好，更好地理解课程内容。教师还可以通过在线讨论、提问和回答问题的方式激发学生的思考，促进他们在课前积极参与学习。

（2）课中教学：在课堂上，教师可以结合协同教务系统中的在线资源，展示和讲解课程内容。这包括使用多媒体资料、在线文档、互动演示等。同时，学生可以在课堂上使用协同工具，例如在线讨论板、实时投票等，与教师和同学互动，提出问题和分享见解。

（3）课后作业：教师可以布置课后作业，要求学生进一步探讨课程内容。协同教务系统可以用于提交作业、互评和教师的反馈。这有助于巩固学习成果，培养学生的独立思考和问题解决能力。

（4）小组协作学习：协同教务系统可以支持小组协作学习，学生可以在小组内共享资源、讨论问题、解决难题。这种学习方式可以促进学生之间的合作和互助，增强他们的团队合作能力。

（5）实时交流：协同教务系统可以提供实时交流工具，如在线聊天、视频会议等，使学生和教师能够在课堂外进行实时交流。这有助于解决问题、回答疑问和进行讨论。

（6）资源库管理：教师可以在协同教务系统中创建和管理资源库，将相关资源整合在一起，以便学生方便地访问。这包括课程材料、参考文献、在线链接等。

（7）定期反馈和评估：教师可以使用协同教务系统的评估工具，定期收集学生的反馈和评估数据。这有助于了解教学效果，进行必要的改进。

通过结合协同教务系统和创新的教学方法，教师可以更好地满足学生的学习需求，提高教学质量，促进学生的主动学习和参与。此外，这种教学方式还有助于培养学生的信息素养和团队合作能力，为他们未来的职业生涯做好准备。

2. "任务驱动—小组协作"的大学英语个性化学习

基于 Moodle 平台建立"任务驱动—小组协作"学习模式可以增强大学生的英语综合能力。任务设置的多样性：在任务设置环节，教师可以考虑不同类型的任务，以满足不同学生的需求和学习风格。这可以包括阅读任务、听力任务、写作任务、口语任务等。多样性任务可以帮助学生全面发展英语能力。

（1）小组协作培训：小组协作在英语学习中非常重要。教师可以提供指导，帮助学生有效地协作，分享资源和知识。此外，教师还可以定期组织小组讨论和项目，以促进学生之间的互动和合作。

（2）个性化学习路径：每个学生的学习需求都不同，因此可以考虑为每个学生提供个性化的学习路径。这可以通过在 Moodle 平台上使用学习分析工具来实现，以了解每个学生的学习风格和需求，然后提供相应的资源和任务。

（3）评价和反馈：学生在学习过程中需要及时的反馈和评价。教师可以使用 Moodle 平台的在线测验和作业工具来评估学生的表现，并提供反馈和建议，以帮助他们改进。

（4）资源管理和更新：教师和学院应确保 Moodle 平台上的资源始终保持更新和丰富。这需要不断地收集和整理新的学习资源，以适应不断变化的学习需求。

（5）跟踪学生进展：教师可以使用 Moodle 平台上的学生追踪工具来了解学生的学习进展。这有助于及早识别学习困难并提供额外的支持。

（6）教师培训：教师可能需要培训来充分利用 Moodle 平台和实施这种任务驱动的小组协作教学模式。这包括如何创建任务、管理小组、评估学生等方面的培训。

（7）反馈和改进：教师和学生的反馈非常重要。定期收集他们的反馈，以改进课程设计和教学方法。

通过综合考虑这些因素，可以使任务驱动的小组协作学习模式在大学英语教育中取得更大的成功。这种模式有助于培养学生的自主学习能力和综合英语能力，提高他们的学术和职业发展机会。

3. "基于 Wiki 的协作共创"交互在线式学习

基于 Wiki 的协作共创教学模式在大学英语教育中有很大潜力，以下是关于这一模式的进一步讨论和建议：

（1）知识共建与分享：Wiki 的核心特点是知识共建和分享，这对于英语学习尤为重要。教师和学生可以共同创建和编辑维基页面，共享各种类型的学习资源，包括文本、图片、音频和视频等。这有助于学生更全面地理解和掌握英语知识。

（2）实时反馈和指导：教师可以使用 Wiki 平台提供的评论和反馈功能，及时对学生的作品进行指导和评价。这种实时反馈有助于学生不断改进他们的写作和表达能力。

（3）建立资源库：学校可以建立一个包含学生作品的小型范文库，这对于学生的自学和参考非常有帮助。范文库可以包括不同难度级别的范文，以满足不同水平的学生需求。

（4）智能化信息推送：学校可以利用智能化信息软件向学生推送与他们的学习需求和兴趣相关的资源和信息。这有助于学生更容易找到并访问他们需要的学习资源。

（5）跨学科合作：Wiki平台可以鼓励跨学科合作，学生可以在不同领域的知识上进行协作和交流。这有助于他们更全面地发展综合能力。

（6）定期总结和反思：学校可以鼓励学生在Wiki平台上定期总结和反思他们的学习经验和成果。这有助于他们更好地了解自己的学习进展和需要改进的地方。

通过结合Wiki平台和Moodle系统，学校可以打造一个丰富多样的学习环境，促进学生的协作、创新和自主学习能力的发展。这种教学模式有助于提高大学英语教育的质量和效果。

（五）设计教学过程

在教学过程设计中，经验型设计通常是一个起点，但系统型设计的原则可以帮助教师更好地组织和规划他们的教学。系统型设计确保教学过程更加有针对性，有助于学生更好地实现学习目标。同时，宏观设计和微观设计应该协同工作，以确保课程在整体和细节上都是有序的、有意义的。这种综合性的设计方法有助于提高教学质量和学生的学习体验。例如，大学英语写作课堂教学环节设计如下：

（1）准备活动：在这个阶段，可以考虑引入更多的互动元素，例如学生之间的小组讨论或辩论，以激发他们的思维，让他们更深入地探讨写作主题。还可以考虑引入一些创意思维训练活动，帮助学生产生更多的创作灵感。

（2）计划阶段：除了提纲的制定，可以鼓励学生进行头脑风暴或思维导图，以帮助他们组织和展开思路。这有助于他们更清晰地了解他们要表达的内容。

（3）初稿写作：在这个阶段，学生可以尝试不同的写作技巧和修辞手法，例如比喻、排比、反问等，以提高他们的文章表达效果。教师可以提供一些例子和指导，让学生尝试运用这些技巧。

（4）初次修改：除了连贯性，可以关注学生的论证和逻辑。教师可以要求学生检查他们的论点是否有足够的证据支持，以及是否能够合理地推导出结论。这有助于他们提高写作的逻辑性和说服力。

（5）第二稿：学生可以进一步改进他们的文章结构和组织，确保每个段落都有清晰的主题句和支持性的细节。这有助于文章更具条理性。

（6）二次修改：在语法和技术性细节的修改中，可以引导学生关注常见的语法错误和拼写错误，并提供相关的练习和规则解释，以帮助他们改进。

（7）定稿：学生可以考虑将最终稿提交到一个在线平台或博客上，与同学分享或接受更广泛的反馈。这可以激励学生将写作视为一种社交活动，从中获得更多的学习机会。

此外，还可以考虑在整个过程中引入同学间的互评和自评，以帮助他们更好地理解和改进自己的写作。这种对写作过程的全面设计有助于提高学生的写作技能和自主学习能力。

（六）选择学习活动类型

通过合理设计和管理任务型小组活动，教师可以提高学生的参与度，促进他们的合作和沟通能力，并帮助他们更好地掌握课程内容。这种互动性的教学方法有助于激发学生的学习兴趣，提高他们的学术成绩。任务型小组活动是一个非常有效的教学方法，可以促进学生的积极参与和合作学习。任务型小组活动在大学英语课堂中的实施应包括以下环节：

1. 合理的分组

合理分组对于小组活动具有重要作用，这是确保学生在小组内有效合作和互动的关键因素之一。以下是一些关于合理分组的进一步建议：

（1）差异化分组：了解学生的英语水平、学科兴趣和学习风格，确保每个小组内有一定的差异性。这将有助于激发学生之间的互补性，使得弱项学生能够从强项学生那里学到更多。

（2）同寝室分组：如果同寝室的学生之间具有合适的差异性，可以考虑将他们分在同一个小组。这有助于提高小组成员之间的亲近感和沟通效率。然而，也要确保不会因为同寝室而导致小组内过于相似，从而缺乏多样性。

（3）小组规模：你提到了每个小组最好由 4－6 人组成，这是一个很好的建议。小组成员不宜过多，以免导致沟通不畅，也不宜过少，以确保有足够多的观点和创意。

（4）定期更换小组：在一学期内，可以考虑定期更换小组，以便学生有机会与不同的同学合作。这有助于扩大学生的社交圈子，培养不同人际关系。

（5）考虑特殊需求：如果有学生有特殊需求，如语言障碍或特殊学习需求，教师应根据情况进行特殊分组或提供额外的支持。

（6）建立合作技能：在分组前或分组后，教师可以为学生提供合作技能培训，教导他们如何有效地合作、沟通和解决冲突。这将有助于小组内的协作更加顺畅。

分组是小组活动的基础，合理的分组可以促进学生之间的积极互动和共同学习。通过综合考虑学生的差异性和需求，教师可以更好地设计和管理小组活动，以实现教育目标。

2. 多元化的任务设计

多元化的任务设计需要考虑到学生的合作、思维和语言技能发展，这些活动有助于创造积极的学习环境，激发学生的学习兴趣，培养他们综合能力。小组合作绘制课文插图：这个活动不仅锻炼了学生的合作和创新能力，还提高了他们对课文情节的理解。为了更深入地推动学生思考，你可以在活动后要求每个小组分享他们的插图，并解释为什么选择这些插图来表达课文的情感和主题。这将促使他们进一步反思课文的含义。

（1）小组拼图活动：这个活动促使学生积极合作，理解语篇连贯性和衔接。为了增加挑战性，你可以在每个小组的拼图中故意加入一些错误或缺失的信息，要求学生通过合作来发现并纠正这些问题。这将鼓励他们更细致地分析文章，并提高他们的团队沟通能力。

（2）小组集体备课和授课：这是一个很有价值的活动，可以帮助学生培养独立学习和领导能力。为了进一步提高学生的备课和授课技能，你可以提前为他们提供一些指导，例如如何组织演示、有效使用幻灯片、保持观众的兴趣等。这将有助于他们在小组授课时更加自信和专业。

（3）小组交换意见活动：辩论是培养批判性思维和口头表达能力的极好方式。你可以进一步增加辩论的挑战性，让学生在有限的时间内准备和陈述自己的观点，同时也要能够回应对方的观点。这将提高他们的思维敏捷性和辩论技巧。

3. 及时的监控和反馈

及时的监控和反馈在任务型小组活动中非常重要。以下是一些建议，以进一步完善监控和反馈过程：①建立监控机制：在小组活动进行期间，教师可以巡视各小组的工作，倾听他们的讨论，并观察学生的互动。同时，可以使用技术工具（如摄像机或录音设备）记录小组活动，以便事后分析和评估。②提供实时反馈：如果在活动中发现学生的困难或错误，可以立即提供反馈并提出建议。这可以通过教师与小组的短暂交流或记录问题和解决方案的方式来实现。③定期小组检查点：在小组活动的不同阶段，可以设立检查点，以便教师可以与小组讨论进展情况。这有助于确保每个小组都在正确的轨道上，并可以解决可能出现的问题。④组内评价和同伴评价：鼓励学生在小组内互相评价，并提供对同伴的反馈。这有助于学生更好地了解彼此的贡献和改进机会。⑤记录和总结：教师可以在每个小组活动结束后记录下主要观察和反馈。这有助于教师更好地理解学生的需求，并为未来的活动提供指导。⑥建立学生自我评估机制：鼓励学生在小组活动结束后自行评估他们的表现，并提出改进建议。这有助于培养学生的自我反思和自我管理能力。⑦持续改进：基于活动的监控和反馈，教师可以不断改进任务型小组活动的设计和实施，以确保学生在合作学习中获得最大的益处。

最重要的是确保反馈是建设性的，旨在促进学生的学习和成长。与学生建立积极的反馈文化，使他们感到他们的努力和贡献得到认可，同时也鼓励他们接受改进和挑战。这将有助于任务型小组活动的成功实施。

（七）设计教学评价方案

过程评价在课堂教学中扮演着重要角色，有助于确保教学的有效性，并为教师提供改进教学的机会。评估教师的教学效果是一个持续的过程，需要多种方法和数据来源的结合。这些评估结果可以帮助教师不断改进自己的教学方法，以更好地满足学生的需求。

1. 教学目标、授课内容、过程考核内容的合理制定

在教育领域，制定明确的教学目标、授课内容和过程考核内容至关重要，因为它们为课程的有效实施和学生的学习提供了指导和方向。以下是一些建议，以确保这些元素的合理制定：

（1）教学目标制定：教学目标应该是明确、具体、可衡量的。使用 SMART 原则（Specific 具体，Measurable 可衡量，Achievable 可实现，Relevant 相关，Time － bound 有时间限制）来确保目标具备这些特点。考虑学生的背景和能力水平来制定目标。不同层次的学生可能需要不同层次的目标。目标应该与课程内容和学科标准一致，确保教学是有针对性的。

（2）授课内容制定：控制课程内容的广度和深度，确保在有限的时间内可以充分涵盖重要概念和主题。结合学生的需求和兴趣来选择相关的内容，使课程更具吸引力。将内容分为逻辑有序的单元或模块，以便于教学组织和学习。

（3）过程考核内容制定：过程考核内容应与教学目标一致，反映出学生是否达到了目标。选择不同类型的考核任务，包括笔试、口试、实验、项目作业等，以评估多种学习技能。考虑使用形成性评价方法，例如定期小测验、课堂讨论、作业等，以便及时发现和纠正学生的误解和困难。

（4）统一规范：确保教学团队对教学目标、授课内容和过程考核内容有一致的理解和认知。在教案和教学计划中清晰地记录教学目标、授课内容和考核计划，以便教师和学生理解和遵循。

（5）定期审查和更新：定期审查课程，以确保教学目标和内容与时俱进，反映当前的知识和技术进展。根据学生的反馈和表现，调整过程考核内容和方法，以提高教学效果。通过以上步骤，可以确保教学目标、授课内容和过程考核内容的合理制定，从而支持课程的有效实施和学生的成功学习。这需要教师、教研室主任和系教学负责人之间的密切合作和沟通，以确保课程的质量和一致性。

2. 对任课教师授课的具体执行与落实的考核

对任课教师的授课具体执行与落实的考核是确保课程质量和教学效果的关键步骤。以下是一些关于如何进行这种考核的建议：

（1）听课评价：①随机抽查：随机选择某些授课时间段进行听课，以确保对不同时间和不同教室的授课情况都有涵盖。②定向检查：根据教学计划和教案，选择特定的授课课程进行深入检查。这可以用于评估教师对重要概念和主题的涵盖情况。③考核要点：教研室主任和系教学负责人应有清晰的考核要点，包括教学方法、学生参与、教材使用、知识传授等方面。这些要点应在听课过程中得到详细记录和评价。

（2）问卷调查：①选择适当的问卷：问卷应设计成能够全面评价教师的教学质量，

包括教学方法、内容传递、与学生互动等方面。问题应具体，以便学生提供有用的反馈。②问卷分发和收集：确保问卷分发给所有学生，以获取广泛的反馈。问卷的匿名性可以鼓励学生提供真实的意见。确保及时收集并整理问卷结果。③综合反馈：教研室主任和系教学负责人应该综合分析问卷结果，识别出需要改进的方面和教学方面的亮点。

（3）信息反馈：①向任课教师提供反馈：根据听课评价和问卷调查的结果，及时向任课教师提供具体的反馈和建议。这可以通过面对面会议、书面反馈或电子邮件等方式来实现。②支持教师发展：鼓励教师参与教育培训和专业发展活动，以帮助他们不断提高教学质量。

（4）持续监督：考核应该是一个持续的过程，而不仅仅是一次性的活动。定期进行听课和问卷调查，以确保教师的教学质量始终得到关注和改进。教研室主任和系教学负责人应与任课教师保持开放和定期的沟通，以了解他们的需求和挑战，并提供支持和资源。通过这些方法，可以确保对任课教师的授课执行和落实进行有效的考核，有助于提高教学质量，促进教育改进。

3. 对任课教师关注学生学习状态的考核

对于考核任课教师关注学生学习状态的工作，以下是一些具体建议：

（1）教案中的"教学后记"：①及时填写：确保任课教师在每次授课后都能及时填写教案中的"教学后记"，这有助于记录教学过程中的重要观察和发现。②详实记录：鼓励教师在"教学后记"中详细记录学生的表现、问题和建议。这可以包括学生的参与程度、理解水平、需要额外支持的领域等等。③学生个性特征：教师应特别关注学生的个性特征，包括学习风格、兴趣、弱点等，以更好地满足他们的需求。

（2）过程考核中的关注与引导：①主动关注学生：教师在教学过程中应主动关注学生的学习状态，包括他们的参与、提问、理解程度等。通过观察和互动，教师可以更好地了解学生的需求。②引导和支持：如果教师发现学生存在问题或需要额外支持，他们应该及时采取措施来解决问题。这可能包括提供额外的解释、练习、辅导或建议。③鼓励反馈：教师可以鼓励学生提供反馈和建议，以帮助他们更好地了解学生的期望和需求。

（3）学期教学反思与建议：①汇总经验：在学期结束后，任课教师应根据填写的"教学后记"汇总经验，反思整个学期的教学过程。这包括教学中的成功和挑战。②提出建议：基于反思，教师可以提出针对下学期的具体建议。这可能涉及到课程内容的调整、教学方法的改进、学生支持服务的提供等方面的建议。③参与改进：教研室主任和系教学负责人应认真审阅学期教学反思与建议，参与讨论和改进计划。这可以帮助提高教学质量和学生满意度。

通过这些步骤，可以确保任课教师关注学生学习状态，并将这些观察和反思整合到课程的不断改进中。这有助于提高教学质量和学生的学习体验。

（八）合理地利用媒体的力量

对于媒体在教学中的有效设计，无论是常规媒体还是现代技术媒体，都需要教师有系统的方法来规划和运用。通过综合考虑这些因素，教师可以更有效地设计和运用媒体，提高教学的质量和学生的学习体验。无论是常规媒体还是现代技术媒体，都应该成为支持教育的强大工具。下面以多媒体教学手段在大学英语精读课堂上的应用为例。

（1）利用多媒体教学手段，搞好学生课前预习。

通过利用多媒体教学手段，教师可以更好地引导学生进行有效的预习，提高他们的课堂参与度和理解能力。这种方法不仅可以提高英语课文教学的效果，还可以为学生提供更广泛的学习技能，使他们更好地掌握英语和其他学科的知识。

1）多媒体工具的应用：多媒体教学工具可以包括幻灯片、视频、音频等，它们可以生动地呈现课文内容，激发学生的兴趣。在预习阶段，可以用多媒体幻灯投影呈现生词的发音和词义，这有助于学生更好地理解和记忆生词。

2）难点的突出：在多媒体幻灯中特别强调课文中的难点部分，如复杂句子、文化背景等。这有助于学生有针对性地进行预习，并准备好提问或讨论这些难点。

3）问题引导：使用多媒体幻灯提出一些开放性或引导性的问题，鼓励学生思考课文中的主题、情节发展等方面。这可以在课前激发学生的思考，增加他们的主动性。

4）学生互动：让学生在课前或预习过程中通过在线平台或讨论小组分享他们的理解和预习笔记。这种互动有助于学生相互学习，扩展他们的见解。

5）检查和反馈：确保跟踪学生的预习情况，可以通过小测验、问答或书面反馈来实现。这有助于教师了解学生对课文的理解程度，并提供必要的帮助和指导。

6）鼓励自主学习：教师可以鼓励学生积极参与预习，并提供额外的资源和推荐阅读材料，以满足不同学生的学习需求。

7）评估预习效果：定期进行预习效果的评估，以确定哪些方法最适合你的学生和教学目标，并不断改进预习策略。

（2）运用电教媒体，充分激发学生的学习欲望。

创造充满激情、高昂和活泼的英语教学环境是非常重要的，因为这种积极的学习氛围可以激发学生的学习兴趣，提高他们的学习积极性。通过创造积极、互动和有趣的英语教学环境，可以提高学生的学习效果，增强他们的英语沟通能力，同时也提高他们对英语学习的兴趣和自信心。这种积极的教学氛围对于成功的英语教育至关重要。

例如，我们在讲授"Journey West"（《大学英语·修订本》第四册 Unit 9）这篇课文时，首先利用介绍美国西部自然风光的地理教学录像（抹去解说词），再配上一段轻松欢快的美国乡村音乐，让学生在具有民族特色的背景音乐中，一睹美国西部波澜壮丽的河山，极大地刺激了学生的感官，自觉不自觉地产生了要了解美国西部的欲望。见"催化"的目的已达到，这时，我们利用媒体幻灯投放几个问题：

1）What was the author's overall impression of the American West when their journey came to an end?

（引导学生对文中作者西行印象做一个概括）

2）How did the Doherty family feel when they saw the Tetons?

（引导学生抓住文章中心思想，领会作者对祖国壮丽河山的热爱之情）

多媒体教学方法确实是非常有利于激发学生内驱力和提高学习效率的。不同形式的多媒体可以根据不同的教学内容和学生需求进行有针对性的选择，以创造一个吸引人的学习环境。通过巧妙运用多媒体教学方法，教师可以创造一个有趣、引人入胜的学习环境，激发学生的学习兴趣和动力，从而提高他们的学习效率和成就感。这种方法有助于将学习从被动转变为积极主动的状态，提高学生的学习动力和内驱力。

第三节　大学英语师资队伍建设

《高校英语教学指南》是教育部高等学校高校外语教学指导委员会根据中央政策制定的重要文件，它的制定旨在促进高校英语教育的质量提高和适应新形势的需求。高校可以更好地满足学生的英语教育需求，提高教育质量，使英语教育更加符合学校的办学目标和社会的需求。这对于培养高素质的英语人才和提升学校的国际竞争力都具有重要意义。

一、高校英语教师的基本特征

高校英语教师是高等教育体系中的关键角色，他们的专业知识、教育技能和职业道德都对学生的成长和社会的发展产生深远影响。因此，高校应该为教师提供必要的支持和培训，以确保他们具备上述基本特征，并持续提高教育质量。以下是一些关于高校英语教师基本特征的重要观点：

（一）责任心和敬业精神

高校英语教师应该对自己的教育工作充满责任心，尽职尽责地履行教育使命，并且表现出高度的敬业精神，不断提高自己的教育水平和专业素养。

（二）职业道德和品格

高校英语教师的职业道德和品格对于塑造学生的道德观念和价值观具有深远影响。他们应该成为学生的榜样，传授正确的道德和价值观。

（三）学科知识和专业素养

高校英语教师必须具备坚实的学科知识和专业素养，以确保他们能够传授准确、深入的英语知识，帮助学生提高语言能力。

（四）教育科学知识

了解教育科学的基本理念和教育心理学原理，可以帮助教师更好地理解学生的需求，采用更有效的教育方法。

（五）教学组织和技术

具备良好的教学组织和教学技术，能够设计合理的教学计划，使用多样化的教学方法，满足不同学生的学习需求。

（六）独立研究和创新

具备独立研究和创新的能力，不断提升自己的知识水平，将新知识和新技术应用到教学中，促进教育的发展和改进。

（七）跨学科知识

涉猎多个领域的知识，拓宽自己的知识基础，以便将多元化的视角和内容融入教育教学中。

（八）教育研究和贡献

积极参与教育研究，为教育领域的发展和改进做出贡献，不仅限于教室教学，还包括对教育政策和实践的参与和反思。

高校英语教师是高等教育体系中的关键角色，他们的专业知识、教育技能和职业道德都对学生的成长和社会的发展产生深远影响。因此，高校应该为教师提供必要的支持和培训，以确保他们具备上述基本特征，并持续提高教育质量。

二、高校英语师资队伍建设的建议

《国家中长期教育转型和发展规划纲要》对高校人才培养提出了明确的目标，强调培养国际化人才，这反映了教育发展的国际趋势和中国高等教育的发展方向。在这个背景下，高校英语教育具有重要的意义和价值，它不仅仅是学生英语语言能力的提升，更是培养学生综合素质和国际竞争力的关键。

（一）教学科研并重

确实，高校英语教师应该平衡教学和科研，将科研成果融入教学实践中。这有助于使教学更富有活力和创新，同时也提高了教师的学术水平。此外，科研也可以为教师提供与学生分享最新知识和方法的机会。

（二）教学团队建设

教师团队合作非常重要，可以促进经验和资源的共享，共同制定教学计划和课程体系，提高教学的连贯性和一致性。团队还可以在教学研究方面合作，开展跨学科的项目。

（三）人才引进与培养

多元化师资队伍是非常重要的，吸引来自不同背景和学校的教师可以带来不同的观点和经验。同时，为教师提供跨领域的培训也有助于丰富他们的知识结构。跨界发展也有助于创新。

（四）绩效考核与评价

建立科学的绩效考核机制可以激励教师积极投入教育教学和科研工作。多元评价方式可以更全面地评估教师的工作，包括同事和学生的反馈，以及专家评价。

（五）更新专业知识

不断更新专业知识和教学技能对于应对不断变化的教育环境至关重要。教师应该积极追踪最新的教育趋势和技术，并将其应用于教学中，以满足学生的需求。

（六）学科建设

明确高校英语教育的学科属性可以有助于教师明确自己的职业发展方向，同时也有助于提升学科的地位和影响力。建设学科氛围可以激发教师的学术热情和创新意识。

总之，高校英语师资队伍建设需要综合考虑多个因素，包括教学、科研、团队合作、人才引进和培养等。这些建议可以帮助高校英语教育更好地满足国家和学生的需求，提高高校的教育质量和国际竞争力。

第四节　大学英语课堂教学方法

高校英语教育的改进需要教师、学生和学校的共同努力。通过创新教学方法、关注学生的需求、提升教育质量，可以有效提高高校英语教育的效果，为学生提供更好的英语学习体验和综合素质的培养。

高校英语教学的转型确实是一项复杂的任务，但如果学校、教师和学生能够积极配合并采取适当的方法，就可以更有效地提高英语综合实用能力。以下方法可以帮助学校实现高校英语教学的转型，提高学生的英语综合实用能力，使他们更好地应对英语在实际生活和职业中的需求。同时，这需要学校、教师和学生的共同努力和积极参与。

一、课堂趣味教学法

课堂趣味教学法、课堂辩论法和影音欣赏教学法是非常有效的方法,可以激发学生学习英语的兴趣,提高他们的语言技能和沟通能力。这些方法强调了学生的积极参与和实际运用英语的机会,有助于使英语学习更生动和有趣。以下是一些关于如何实施这些教学方法的建议:

(一)课堂趣味教学法

创造多样化的课堂活动,如角色扮演、小组讨论、游戏等,以吸引学生的注意力和积极参与。在角色扮演活动中,让学生模拟真实场景,例如餐厅订餐、旅游咨询等,以提高他们的英语口语表达能力。鼓励学生使用英语与同学互动,分享自己的观点和经验,营造友好的学习氛围。

(二)课堂辩论法

选择具有争议性的主题,让学生分成两组,各自为不同的观点辩论。提供足够的材料和信息,让学生准备好辩论论据,并提供时间让他们练习演讲和反驳对方。鼓励学生尊重对方的观点,培养辩论和表达能力,同时提高听力和批判性思维能力。

(三)影音欣赏教学法

选择与课程内容相关的英语电影、纪录片、歌曲等材料,让学生通过观看和聆听来提高听力技能。提供字幕或歌词以帮助学生理解,鼓励他们尝试模仿并背诵对白或歌词。定期组织讨论或分享学生对影音作品的感想和评论,以提高他们的口头表达能力。

通过这些方法,教师可以创造有趣且互动性强的英语课堂,激发学生的学习兴趣,同时帮助他们提高英语技能。此外,教师还可以根据学生的兴趣和水平调整教学内容,以更好地满足他们的需求。

二、反馈式教学方法

反馈式教学方法是一种很有前景的教学方法,它有助于教师更好地满足学生的学习需求,提高教学的针对性和有效性。反馈式教学方法的阶段和特点,以及通过其他媒介进行课堂教学反馈的方式,这些都是很重要的实施细节。以下是一些关于如何有效应用反馈式教学方法的建议:

(一)问卷设计

确保问卷设计充分考虑到学生的背景、学习水平和学习需求,以便收集有针对性的反馈信息。使用清晰、简洁、易于理解的语言编写问卷问题，以避免引起学生的困惑或误解。为了确保匿名性和诚实反馈，明确向学生解释他们的回答将被保密。

（二）反馈分析

对学生的反馈数据进行仔细分析，识别出常见的问题、需求和趋势。将反馈结果与教学目标和课程内容进行比较，看是否需要进行调整。确保教师在分析反馈时保持开放的思维，愿意接受建议和改进。

（三）课堂实施

根据反馈结果调整课堂教学方法和策略，以满足学生的期望和需求。在课堂中积极关注学生的反应和参与，及时调整教学进度和内容。鼓励学生提供实时反馈，例如通过电子投票、在线讨论或即时反馈工具。

（四）其他媒介的应用

利用在线平台、社交媒体、电子邮件等渠道与学生进行沟通，收集他们的反馈和建议。可以定期开展在线反馈活动，以便更广泛地收集学生的看法。保持开放的沟通渠道，让学生随时提出问题和反馈意见。

（五）改进循环

每学期都应对反馈进行总结和反思，以不断改进教学方法。与其他教师分享成功的经验和教训，促进教学改进的共享经验。

通过反馈式教学方法，教师可以更好地满足学生的需求，提高课堂教学的效果，并促进学生的积极参与和学习动力。这种方法有助于建立更具互动性和个性化的教育环境，有利于学生的综合素质提升。

三、互动教学方法

互动式教学确实是提高学生参与度、激发学习兴趣以及提高教学效果的有效方法。以下是一些关于互动教学方法的补充建议：

（一）小组讨论和合作

鼓励学生在小组中讨论和合作，共同解决问题、完成任务或者讨论课程相关的话题。分配不同的角色，如组长、记录员和发言人，以确保每个学生都有机会参与和贡献。

（二）案例研究和实际应用

将课程内容与实际案例和应用联系起来，帮助学生理解知识的实际用途。鼓励学生分析和解决真实世界的问题，培养他们的批判性思维和问题解决能力。

（三）使用科技工具

利用在线平台、虚拟教室和教育科技工具，促进学生之间和学生与教师之间的互动。利用在线讨论板、社交媒体和协作工具来扩大互动范围，使学生可以随时随地参与课程讨论。

（四）角色扮演和模拟

创造角色扮演或模拟的情境，让学生在不同的角色中运用所学知识。这种方法可以增强学生的实际运用能力，提高他们在现实生活中的适应性。

（五）反馈和评估

提供及时的反馈和评估，帮助学生了解自己的学习进展，并指导他们进行改进。鼓励学生互相提供反馈，促进同学之间的互动学习。

（六）多样性和包容性

考虑到学生的多样性，包括不同的学习风格、背景和水平，以确保每个学生都能够参与互动式教学。创建一个包容性的学习环境，鼓励学生分享他们的观点和经验。

（七）鼓励提问

鼓励学生提出问题，不仅仅是回答问题。激发学生的好奇心和主动学习意愿。教师应该欢迎并积极回应学生的提问，不论问题是否与课程直接相关。通过采用这些互动教学方法，教师可以创造更有趣、更具参与度的学习环境，激发学生的学习兴趣，提高他们的英语综合实用能力。同时，这也有助于培养学生的批判性思维、沟通技巧和团队合作能力，这些技能在他们未来的职业生涯中将非常有价值。

第六章　大学英语教学评价概述

第一节　大学英语教学评价的基本内涵

教学评价是教育过程中不可或缺的一部分，它有助于提高教育质量，推动教学和学习的不断改进。教育者应该关注评价的全面性、客观性、科学性和反馈性，以实现教育目标。同时，评价也应该鼓励学生的主动学习和教师的专业成长。

一、大学英语教学评价的内涵

教学评价确实是一个涵盖广泛且多层次的过程，其目的在于帮助教师和学生更好地理解教学效果、改进教学方法、提高学习效果。以下是对大学英语教学评价的一些补充和总结：

（一）教学评价与教学测验的区别

您指出了教学评价与教学测验之间的本质区别，特别是在于教学评价不仅关注量化的教学效果，还包括了主观性评价和评估教学的过程。这一观点强调了教学评价的多样性和复杂性，而不仅仅是一种量化的测试。

（二）教学评价与专业判断

教学评价与专业判断并不等同，因为教学评价不仅仅是对教学的主观判断，还应该包括客观性的评估和反馈。专业判断可能更侧重于主观看法，而教学评价更注重综合性的认知。

（三）比较实际表现与理想目标

这一观点强调了教学评价与课程目标之间的关系。评价的目标是将学生的实际表现与理想目标进行比较，以便更好地了解学生在课程中的进展。

（四）搜寻资料以帮助决策

您提到教学评价可以被视为一种搜寻资料的过程，以便支持决策制定。这一观点强调了评价的目的是提供信息，以便作出更好的教学和学习决策。

综上所述，教学评价是一个多层次、多维度的过程，旨在提供有关教学和学习的信息，以支持教育决策和改进教育质量。不同的观点强调了评价的不同方面，但都突显了其在教育中的重要性。评价应该是全面的、客观的、科学的，并且应该提供有关教育过程和效果的有价值的反馈信息。

二、大学英语教学评价的特点

大学英语教学评价的各种特点有助于我们更好地理解这一过程的复杂性和多样性。以下是对您提到的特点的一些总结：

（一）以教师为主导

教学评价的设计和执行通常由教师主导，教师决定评价内容、方式和处理反馈信息，以指导下一步的教学。

（二）以学生为中心

评价的主要目的是帮助学生改进学习，了解他们的学习情况和需求，因此以学生为中心是评价的关键。

（三）具有特定性

评价需要根据具体的课堂、学生和教学内容进行定制，不能一概而论，因此具有特定性。

（四）具有连续性

评价通常是一个连续的过程，经常需要多次重复以检测教学方法和效果，这种连续性有助于提升教学和学习的质量。

（五）具有选择性

评价需要选择性地区分优点和不足之处，以便鼓励和改进，评价方式也应根据具体情况选择。

（六）具有统一性

评价者和被评价者之间存在统一的关系，评价者与被评价者在目标和教学过程中协同工作，评价是协同的过程。

这些特点突显了教学评价的复杂性和综合性，强调了它是一个有机的教育过程，涉及多个参与者、变量和因素。了解这些特点有助于教育工作者更好地规划和执行教学评价，以改进教育质量并提高学生的学习成果。

三、大学英语教学评价的内容

范晓玲提出的观点强调了教学评价的三大核心要素：评价者、评价对象、评价过程。这些要素在评价的整个过程中都发挥着至关重要的作用，它们不仅影响评价结果，还对评价内容产生深远的影响。基于这三大要素，笔者认为可以将教学评价的内容分为五大类：教师评价、学生评价、课程评价、教学过程评价、教学管理评价。下面对这五点逐一进行说明。

（一）教师评价

师评价是教学评价中的重要组成部分，对于确保教学质量、指导教师的专业发展以及提高学生学习效果都至关重要。教师评价的内容可以分为多个方面，如下所述：

1. **教学质量评价**

这包括评估教师的教学方法、教学资源利用、教学组织和管理等方面。教师的教学质量是评价他们是否能够有效地传授知识、激发学生学习兴趣和提高学生学习成绩的关键因素。

2. **教学成果评价**

评估学生在教师指导下的学习成果，包括学生的知识水平、技能和能力的提高。这可以通过考试、作业、项目成果和学生表现等多种方式来衡量。

3. **教学研究评价**

这包括评估教师是否积极参与教育研究、教育改革和教育创新。教师的研究活动可以有助于改进教学方法和课程设计。

4. **教学经验评价**

评估教师的教育经验和教育教育发展历程，以及其对学生和教育的影响。这可以通过教师的教学经验、教育领域的贡献、教育领导地位等方面来评估。

5. **教师能力评价**

评估教师是否具备独立进行教学活动的能力，包括教学设计、课堂管理、学生关怀和问题解决等。

6. **政治素质评价**

评估教师的政治素质，包括教师的政治态度、政治思想水平、遵纪守法、为人师表、政治教育能力等。

7. **可持续发展素质评价**

评估教师的可持续发展潜能，包括自觉追求发展的能力、接受新方法与新理论的能力、自主学习和继续教育的能力等。

教师评价应该是全面的、公正的，涵盖多个方面，旨在为教师提供有针对性的反馈，以帮助他们提高教育质量，并为学校决策提供信息。评价应该是基于可衡量的标准和定量数据，同时也要考虑到教师的个体特点和教育环境的差异。最终，教师评价的目标是促进教育的不断改进和提高，以更好地满足学生的学习需求。

（二）学生评价

对学生的评价确实需要多方面的考虑，包括学业评价、学力评价以及品德与人格评价，这些方面共同构成了对学生综合素质的全面评估。下面对这三个方面进行更详细的讨论：

1. 学业评价

（1）学科知识水平：评价学生是否掌握了课程所教授的学科知识，包括基本概念、理论、原理和应用能力。

（2）学术技能：考察学生的学术技能，如写作、阅读、研究能力、信息获取和分析等。

（3）学习能力：评估学生的学习方法和学习策略，包括时间管理、自主学习、问题解决等方面的能力。

（4）课程参与：考察学生在课堂上的参与度、提问、讨论和互动能力。

2. 学力评价

（1）认知能力：评估学生的思维能力，包括分析、综合、创新、批判性思维等。

（2）问题解决能力：考察学生解决实际问题的能力，包括应用学科知识解决现实挑战的能力。

（3）沟通能力：评价学生的口头和书面沟通技巧，包括表达清晰、交流能力等。

（4）团队合作：考察学生在团队中合作和领导的能力，包括协作、协调和解决冲突等。

3. 品德与人格评价

（1）道德品质：评估学生的道德观念、诚实守信、公平正义、社会责任感等品德特征。

（2）领导力：考察学生是否具备领导和组织能力，是否能够在团体中起到积极作用。

（3）社会责任感：评价学生对社会的关注和参与，包括志愿活动、公益事业等方面的参与。

在进行这些评价时，需要采用多种方法和工具，包括考试、作业、项目、口头报告、自评、同学评价等。同时，评价要具有公正性、客观性，避免歧视，考虑到学生的个体差异和背景。综合性评价能够更全面地反映学生的素质和潜力，有助于学校和教师更好地了解学生的需求，提供个性化的教育和指导，帮助学生全面发展。这也符合现代教育的发展趋势，强调培养学生的多元能力，不仅仅是学科知识，还包括综合素质的培养。

（三）课程评价

对课程进行评价是教育领域中的一项重要工作，有助于提高教学质量和课程设计的有效性。不同的课程评价模式提供了不同的方法和角度来评估课程的质量和效果。以下是对三种常见的课程评价模式的进一步讨论：

1. 行为目标评价模式

（1）基本原理：该模式的核心思想是将课程的教学目标作为评价的中心，强调教学活动是否达到了预定的目标。评价的侧重点在于测量学生是否掌握了特定的知识、技能和能力。

（2）优点：能够明确课程目标，易于量化和测量，提供了直观的评价结果，有助于对教学过程进行改进。

（3）局限性：忽略了教学过程中的其他因素，如教学方法的效果、学生的参与度以及课程对学生的实际应用价值。过于强调目标可能会导致教育的狭隘性。

2. 决策导向评价模式（CIPP 模式）

（1）基本原理：CIPP 模式综合考虑了课程评价的不同层面，包括背景（Context）、输入（Input）、过程（Process）、结果（Product）。这个模式强调了评价应该以支持决策制定和课程改进为目标。

（2）优点：综合性评价，能够考虑更广泛的因素，包括教材选择、教学方法、学生反馈等，有助于制定更有效的决策。

（3）局限性：可能需要更多的时间和资源来执行，复杂度较高，不适合所有类型的课程。

3. 目标游离评价模式

（1）基本原理：该模式强调评价者不受预定活动目标的影响，允许评价者独立评估课程的效果，避免受到目标的约束。

（2）优点：减少了主观偏见，允许评价者自由评估课程，提供了更加客观的评价结果。

（3）局限性：可能导致评价缺乏明确的方向和目标，不够有针对性，评价者需要具备更高的专业素养。

在实际应用中，可以根据具体的评价目的和情境选择合适的评价模式，甚至将不同模式结合使用，以更全面地了解课程的质量和效果。评价过程应该是透明和参与式的，涉及多方利益相关者，包括教师、学生、管理者等，以确保评价的综合性和公正性。

（四）教学过程评价

教学过程评价是一种重要的教育评价方法，旨在深入了解教学过程中各个环节的有效性和质量，以便进一步改进教学方法和提升学习效果。以下是对教学过程评价的两个层面的进一步讨论：

1. 对教学过程的系统性评价

（1）核心目标：此类评价的核心目标是全面理解并评估整个教学过程，包括课前准备、课堂教学、课后作业、复习和测试等各个环节。

（2）方法：系统性评价通常涉及多种数据收集方法，包括观察、学生反馈、教师自我评估、教材分析等。这些方法有助于识别教学过程中的亮点和问题。

（3）优点：系统性评价可以提供全面的视角，帮助教师更好地理解教学的整体效果。它还有助于发现教学过程中可能存在的瑕疵和改进点。

2. 对教学过程各个环节的评价

（1）核心目标：这种评价旨在深入研究教学过程的各个环节，以确定每个环节的有效性和质量。

（2）方法：评价各个环节通常需要使用不同的方法。例如，在课前准备阶段，可以考察教师的课程设计，包括目标的明确性和教材的选择。在课堂教学中，观察和学生互动以及教师的教学方法可以提供有关课堂效果的信息。在课后练习和复习中，可以分析学生的作业和测试成绩，以及他们的反馈和问题。

（3）优点：各个环节的评价有助于识别教学过程中的具体问题和挑战，使教师能够有针对性地改进这些环节，从而提高整体教学质量。

综合而言，教学过程评价是为了全面了解和改进教学而进行的一项重要工作。通过系统性评价和对各个环节的评价，教育工作者可以更好地满足学生的需求，提高课程的质量，从而促进学生的学习和发展。

（五）教学管理评价

教学管理评价在确保教育机构的有效运作和教学质量的提高方面起着关键作用。以下是一些与教学管理评价相关的要点：

1. 评价内容

（1）教学课堂的管理评价：这包括对教师在课堂中的教学方法、时间管理、学生互动、教室秩序等方面的评价。教育机构可以通过观察、学生反馈和教师自我评估来进行这种评价。

（2）学校及下属单位的教务管理评价：这包括对学校的教学计划、课程设置、教材选用、师资配置、教务流程等方面的评价。这通常需要更全面的数据分析和评估。

2. 评价指标

（1）教学计划和教学质量标准：评价者可以审查教学计划，确保其符合学校或课程的标准，并评估教学目标的明确性和实施情况。

（2）教学资源：这包括教材、教具、教室设施等的评价，以确保它们满足教学需求。

（3）师资力量：评价教师的教育背景、教育培训、教学经验等，以确保教师拥有足够的专业知识和能力。

（4）学生反馈：收集学生对教学质量和教学管理的反馈，以了解他们的需求和关注点。

3. 数据收集方法

（1）观察：通过直接观察教学过程和管理实践，评估其有效性和效率。

（2）问卷调查：收集学生、教师和其他相关方的意见和反馈，以获取更广泛的观点。

（3）数据分析：分析学校的教务数据、学生学术表现数据等，以发现潜在的问题和趋势。基于评价结果，制定改进计划和策略，以解决发现的问题和挑战。进行定期的跟踪和监测，以确保改进措施的实施和效果。

教学管理评价的目标是帮助教育机构提高教育质量、提升教育服务的水平，并确保学生获得良好的学习体验。通过不断的评价和改进，教育机构可以更好地满足学生和社会的需求。

四、大学英语教学评价的前提

进行网络多媒体环境下的大学英语教学评价需要满足一些基本前提条件，以确保评价的准确性和可信度。

（一）系统应满足的基本要求

网络多媒体教学系统能够提供全面的教学支持和管理功能。以下是对这些基本功能的更详细说明：

（1）多媒体素材和教材管理：系统应能够容易制作、整理、收集、管理和存储各种多媒体素材，如图像、音频、视频、文档等，以及教材。这些素材和教材可以根据需要进行检索和分享。

（2）备课支持：教师应能够使用系统中的多媒体素材和工具进行备课，以更好地准备和优化他们的教学设计。这包括创建课程计划、设计教学材料和制定教学策略。

（3）多媒体终端和设备支持：系统应支持设置多媒体终端和显示设备，以便在课堂上进行网络多媒体教学。这些设备可以包括计算机、投影仪、互动白板等。

（4）交互式学习：学生应能够使用交互式的网络多媒体终端，以便在学习过程中进行查询、复习、小组合作学习和练习。这可以提高学生的参与度和学习效果。

（5）科研和教学管理支持：系统应为教师和研究人员提供各种类型的资料和工具，以支持他们的科研工作和教学管理。这可以包括科研文献的检索、教学资源的管理、教学计划的制定等。

这些功能可以帮助教育机构更好地利用网络多媒体技术来提高教学效果，满足不同类型的教学和管理需求。此外，确保系统的可用性、稳定性和数据安全性也是至关重要的，以确保系统能够顺利运行并保护用户的信息。

（二）教师应满足的基本要求

教师在网络多媒体环境下需要满足一系列基本要求，以更好地发挥他们的教育作用和指导学生。以下是一些教师在网络多媒体环境下应满足的基本要求：

（1）多媒体技术能力：教师需要具备基本的多媒体技术操作和应用能力，包括熟练使用计算机、互联网、多媒体教学软件和硬件设备等。他们应该能够创建、编辑和分享多媒体教育资源。

（2）教育技能：教师需要具备教育技能，包括教学设计、课堂管理、学生评估和个性化教学等方面的能力。他们应该能够根据学生的需求和教学目标有效地使用多媒体技术。

（3）信息素养：教师需要具备信息素养，包括信息搜索、评估、筛选和整合等能力。他们应该能够帮助学生在互联网上找到可信赖的信息资源。

（4）创新意识：教师需要有创新意识，积极探索和应用新的教育技术和教学方法。他们应该能够适应不断变化的技术和教育环境。

（5）学生导向：教师应该以学生为中心，关注学生的学习需求和进步。他们应该能够与学生互动，鼓励他们积极参与学习过程。

（6）跨学科知识：教师需要具备跨学科知识，以便能够将多媒体技术与不同学科的教育内容相结合。这有助于创造跨学科的教学体验。

（7）自我学习和发展：教师应该具备自我学习和发展的能力，不断更新他们的教育知识和技能，以适应不断发展的教育技术和需求。

（8）教育伦理：教师需要遵守教育伦理，保护学生的隐私和安全，确保教学过程的公平和公正。

这些基本要求有助于教师在网络多媒体环境下更好地履行他们的教育职责，提高教育质量，同时也促进了学生的学习和发展。教师可以通过培训和继续教育来提升这些要求所需的技能和知识。

（三）学生应满足的基本要求

学生在网络多媒体环境下需要满足一系列基本要求，以确保他们能够充分利用这一教育资源，并取得更好的学习效果。以下是一些学生在网络多媒体环境下应满足的基本要求：

（1）技术素养：学生需要具备基本的计算机和互联网技术素养，包括操作计算机、使用网络浏览器、处理电子邮件和文件等基本技能。他们应该能够有效地利用多媒体教育工具和资源。

（2）信息素养：学生需要具备信息素养，包括信息搜索、评估、筛选和整合等能力。他们应该能够独立查找和利用在线学习资源，同时具备批判性思维，判断信息的可信度。

（3）自主学习：学生应具备自主学习的能力，能够制定学习计划、管理学习时间、解决学习问题和跟踪学习进度。他们应该能够自主选择适合自己学习风格的资源和工具。

（4）协作与沟通：学生需要具备协作与沟通的能力，能够与教师和同学进行有效的互动和合作。他们应该能够利用在线协作工具和社交媒体与他人分享学习经验和资源。

（5）批判性思维：学生应具备批判性思维和问题解决能力，能够提出问题、分析信息、做出决策和解决复杂问题。他们应该能够在多媒体环境下进行批判性思考和学术探究。

（6）学科知识：学生需要具备所学学科的知识和理解，以便能够在多媒体环境下理解和应用学科内容。他们应该具备学科专业性，将多媒体资源与学科知识相结合。

（7）学习动力：学生需要有积极的学习动力和学习兴趣，愿意在网络多媒体环境下主动学习。他们应该有清晰的学习目标和动机。

（8）学术诚信：学生需要遵守学术诚信原则，不抄袭、不作弊，正确引用信息来源，并尊重知识产权。

这些基本要求有助于学生更好地适应网络多媒体环境下的学习，并发挥其最大的潜力。学生可以通过积极参与培训和学术辅导，提高这些要求所需的技能和素养。

（四）教材应满足的基本要求

网络多媒体教材在大学英语教学中发挥着重要作用，确保其质量和适用性对于教学效果至关重要。基于您提出的基本要求，下面进一步探讨网络多媒体教材应满足的基本要求：

1. **教学性要求**

（1）恰当选题：多媒体教材的主题和内容应与教学目标和课程大纲一致，能够满足学生的学习需求。

（2）突出重难点：重点内容和难点应得到突出呈现，以帮助学生理解和掌握关键概念。

（3）启发性：教材应具有启发性，能够激发学生的兴趣和思考，引导他们主动学习。

（4）思维能力发展：多媒体教材应促进学生的思维能力和问题解决能力的发展，而不仅仅是传递信息。

2. **科学性要求**

（1）正确性：教材内容必须准确无误，不包含错误的信息或概念。

（2）逻辑性：教材应具有良好的逻辑结构，帮助学生理清知识体系和思考过程。

（3）层次清晰：多媒体教材应有清晰的内容层次，以便学生逐步理解和吸收。

（4）场景符合：多媒体素材和场景应与教学内容相关，以提供更好的学习体验。

3. 技术性要求

（1）设计合理：声音、图像和视频等多媒体元素的设计应符合教育原则，确保内容可理解和清晰。

（2）画面清晰：图像和视频的质量应高，以避免歧义和混淆。

（3）声音清晰：声音质量应清晰，以确保学生听得清楚。

（4）声像同步：声音和图像的同步性非常重要，以避免信息不一致。

4. 艺术性要求

（1）创意新颖：多媒体教材应具有创造性和新颖性，吸引学生的兴趣。

（2）节奏合理：多媒体元素的呈现应具有合理的节奏，以保持学生的专注。

（3）表现力和感染力：教材应具备良好的表现力，能够传达情感和观点，激发学生的共鸣。

5. 使用性要求

（1）友好界面：多媒体教材的用户界面应友好，易于学生导航和操作。

（2）容错能力：教材应具备一定的容错能力，允许学生犯错并从中学习。

网络多媒体教材应满足教学性、科学性、技术性、艺术性和使用性的要求，以提供高质量的学习体验和支持学生的学习效果。这需要教师和教材设计师在教材的开发和使用中精心策划和执行。

（五）教学媒体应满足的基本要求

教学媒体在大学英语教学中扮演着重要的角色，确保其选择和使用满足一系列基本要求对于教学效果至关重要。以下是对教学媒体应满足的基本要求的进一步讨论：

1. 最小代价原则

教学媒体的选择应根据实际需求，确保它们满足教学和学习的需要。在物质和经济资源上的投入应该最小化，以保证资源的有效使用。

2. 共同经验原则

教学媒体的设计和选择应考虑学生的固有经验和背景知识，以便建立联系和促进理解。媒体内容和情境应与学生的生活和文化经验有所共通。

3. 多重刺激原则

教学媒体应提供多样化的刺激，以满足不同类型的学习者的需求。通过不同的视觉、听觉、触觉和思维方式呈现相同的概念，以便学生更好地理解和记忆。

4. 抽象层次原则

教学媒体应提供不同抽象层次的内容，以满足不同水平的学生。从基础概念到更深入和高级的概念，教学媒体应该覆盖多个层次，以适应不同学生的需求。

这些原则有助于确保教学媒体的有效性和适用性，帮助学生更好地理解和吸收教学内容。在选择和设计教学媒体时，教师和教育者应特别关注这些要求，以满足不同学生的需求和提高教学效果。

第二节　大学英语教学评价的原则

教学评价原则是帮助指导和规范教育评价实践的重要依据。这些原则有助于确保评价过程的有效性、公平性和准确性。在网络多媒体环境下的大学英语教学评价中，了解和遵循适当的评价原则非常关键。了解并应用这些评价原则有助于确保网络多媒体环境下的大学英语教学评价是合理、有效和公正的。这有助于提高教学质量，帮助学生更好地学习和成长。

一、发展性原则

发展性教学评价原则非常重要，特别是在网络多媒体环境下的大学英语教学中，它可以促进学生的全面发展和自主学习。以下是与发展性教学评价相关的几个重要原则：

（一）以学生为中心

发展性评价强调学生的主体性，鼓励他们积极参与学习和评价过程。教师应该创造一个支持学生自主学习的环境，鼓励他们提出问题、探索解决方案，并参与评价的制定。

（二）关注学生的发展进程

发展性评价注重学生的学习过程，而不仅仅是结果。教师应该密切观察学生在不同学习阶段的进展，为他们提供及时的反馈和指导，以便他们不断改进和成长。

（三）综合性评价

发展性评价应该涵盖多个方面，包括知识、技能、情感和价值观等。这有助于培养学生的多元素养，使他们在综合能力上有所提高。

（四）反馈和改进

发展性评价的关键是为学生提供有针对性的反馈，帮助他们了解自己的强项和改进空间。同时，教师也应该根据评价结果不断改进教学方法和资源。

（五）个性化学习

发展性评价鼓励个性化学习，因为每个学生的学习进程都是不同的。教师可以根据学生的需求和兴趣调整教学方法，提供个性化的支持和资源。

（六）目标导向

发展性评价应与教学目标保持一致，帮助学生实现这些目标。评价的内容和方式应与课程标准和教育目标相匹配。

（七）自我评价和同伴评价

除了教师的评价，学生也可以参与自我评价和同伴评价，这有助于他们发展批判性思维和合作能力。

（八）动态性和连续性

发展性评价是一个动态和连续的过程，应该在整个学期中进行，并与教学过程相结合。评价结果应该用于调整和改进教学策略。

通过遵循这些发展性评价原则，教师可以更好地引导学生在网络多媒体环境下进行大学英语学习，实现他们的全面发展和自主学习目标。这种评价方法有助于提高教学质量，培养学生的批判性思维和问题解决能力。

二、差异性原则

差异性原则在教学评价中的应用非常关键，因为每个学生都具有独特的特点和学习需求。以下是在基于网络多媒体的大学英语教学评价中应用差异性原则的一些关键考虑因素：

（一）个性化评价

差异性原则鼓励个性化评价方法，根据每个学生的特点和需求来制定评价策略。教师应该了解每个学生的学习风格、兴趣、强项和改进空间，并根据这些信息调整评价方法。

（二）多元化评价

使用不同的评价方法和工具，以满足不同学生的需求。有些学生可能更喜欢口头表达，而其他人可能更喜欢书面作业或项目。差异性原则强调提供多种评价方式，以反映学生的多样性。

（三）个别指导

针对每个学生的评价结果，提供个别指导和反馈。这有助于学生了解自己的强项和改进点，并制定个人学习计划。

（四）支持学生的自主学习

教师应该鼓励学生在网络多媒体环境中自主学习。为不同水平和兴趣的学生提供适当的学习资源和挑战性任务，以激发他们的学习动力。

（五）反思和调整

根据学生的反馈和表现，及时反思评价方法和课程设计。教师应该灵活地调整教学策略，以满足学生的需求。

（六）促进同伴学习

鼓励学生在小组中合作学习，以便他们互相支持和学习。同伴评价可以是一个有益的工具，帮助学生从同伴的反馈中获得不同的视角。

（七）关注学习差距

差异性原则也要求关注学生之间的学习差距，并采取措施来减小这些差距。这可以通过提供额外的支持和资源来实现。

通过应用差异性原则，教师可以更好地满足不同学生的需求，提高教学的包容性，确保每个学生都有机会取得成功。这有助于创造一个更加包容和多元化的教育环境，促进学生的个人发展和学术成就。

三、导向性原则

导向性原则在基于网络多媒体的大学英语教学评价中发挥了重要作用，它有助于确保评价活动与教学目标保持一致，同时激励教师和学生朝着这些目标前进。以下是导向性原则在该背景下的一些关键应用：

（一）明确教学目标

在网络多媒体环境中，明确的教学目标至关重要。导向性原则要求确保每个教学活动都有明确的目标，并且这些目标与课程的长期目标相一致。教师和学生都应该清楚地了解他们要达到的目标，以便在评价中对照实现程度。

（二）制定评价标准

导向性原则鼓励制定清晰的评价标准，以便在评价过程中对照学生的表现。这些标准应该与教学目标一致，并强调期望的学习结果。评价标准的明确性有助于教师和学生理解什么是成功的标志。

（三）提供反馈和指导

导向性原则强调提供及时的反馈和指导，以帮助学生不断改进。这可以包括针对个人的反馈，指出学生在哪些方面做得好以及需要改进的地方。教师还可以提供建议和资源，以帮助学生实现目标。

（四）定期评估和调整

导向性原则要求定期评估教学活动的有效性，并根据评价结果进行调整。教师应该不断地检查是否已经取得了预期的进展，如果需要，就应该采取措施来纠正课程和评价策略。

（五）激发自主学习

导向性原则鼓励学生主动参与自主学习，积极追求目标。教师可以提供资源和指导，但也应该鼓励学生制定自己的学习计划，并在实现目标时拥有一定的自主权。

通过导向性原则，教师可以引导学生朝着明确的目标前进，确保评价不仅仅是一种评判工具，而且是一种引导学习的工具。这有助于创造一个积极的学习环境，促进学生的学术发展和个人成长。同时，教师也可以通过反思和调整不断提高教学质量。

四、开放性原则

在网络多媒体的大学英语教学中，开放性原则确实具有重要意义。以下是一些关于开放性原则在这种教学环境下的更详细解释和应用：

（一）学生的心态和思维处于开放状态

在网络多媒体环境下，学生有机会接触到丰富多样的学习资源，这有助于他们打开思维，积极参与学习。他们可以自主选择学习的路径和资源，从而更好地适应个人学习需求和兴趣。

（二）激发学生的思考、体验、领悟和探索能力

开放性原则鼓励教师采用启发性教学方法，以激发学生的主动思考和探索欲望。这可能包括引导学生参与讨论、研究项目、自主学习和解决问题的活动，以培养他们的批判性思维和解决问题的能力。

（三）开放性教学评价

在开放性教学环境中，评价也应当是开放的，以充分反映学生的个体差异和多样性。评价不仅仅关注知识的获取，还应考虑学生的思维过程、学习方法和创造性表现。教师可以采用多种评价方法，如项目作业、小组讨论、反思日志等，以更全面地了解

学生的学习进展。

（四）强调个性化学习

网络多媒体环境使个性化学习更加容易实现。教师可以根据学生的兴趣、学习风格和水平提供不同的学习资源和支持，以满足他们的个体需求。这有助于每个学生更好地发挥自己的潜力。

（五）鼓励合作学习

开放性原则还鼓励学生之间的合作学习，以促进知识共享和互动。学生可以通过协作项目、小组讨论和对等学习互相学习和支持，从而扩展他们的知识和技能。

总之，开放性原则在网络多媒体的大学英语教学中能够促进更富有活力、灵活性和创造性的学习环境。它有助于学生更好地适应现代教育技术的发展，提高他们的学习动机和成就。同时，教师也需要积极采纳这些原则，以更好地满足学生的需求，提高教学效果。

五、客观性原则

客观性原则在基于网络多媒体的大学英语教学评价中确实至关重要。以下是一些关于客观性原则的更详细解释和应用：

（一）实事求是

客观性原则要求评价是基于客观事实和准确数据的，而不是主观情感或个人观点。评价应该反映学生的真实表现，而不受评价者的主观感受或喜好的影响。这可以通过使用客观的测量工具和标准来实现，如标准化测试、评分规范和量化数据分析。

（二）教学目标导向

客观性评价应该与教学目标紧密相关。在大学英语教学中，教学目标可能包括语言能力的提高、文化理解、批判性思维等。评价标准和方法应该与这些目标一致，以确保评价结果能够反映学生在实现这些目标方面的表现。

（三）多因素考虑

客观性评价不应仅仅依赖于单一的评价方法或指标。而是应该综合考虑多种因素，包括学生的学习历程、表现的一致性、作业、考试、项目和参与度等。这有助于减少任何一个因素对评价结果的不当影响。

（四）标准的一致性

客观性评价要求评价标准的一致性和公平性。评价标准应该在评价开始之前明确定义，不应受到个人或主观意见的干扰。教师应该尽量确保评价标准对所有学生都适用，并且能够被学生理解和接受。

（五）透明度和反馈

客观性评价也包括透明度和为学生提供反馈。学生应该清楚了解评价标准和方法，以便他们知道如何提高自己的表现。同时，教师也应该及时向学生提供有关他们的表现的客观反馈，以帮助他们改进。

总之，客观性原则在大学英语教学评价中是非常重要的，它有助于确保评价过程公正、准确，并能够为学生提供有益的信息和指导，以提高他们的学习效果和成就。这也有助于教师更好地了解他们的教学效果，进行教学改进。

第三节　大学英语教学评价改革

当前大学英语教育领域普遍存在的挑战是传统的侧重考试成绩的评价方式可能限制了学生的全面发展，丧失了培养学生兴趣和创造性的机会。改进大学英语教学评价方式是一个长期的努力，但可以显著提高学生的学习动力和兴趣，培养更全面的语言技能和批判性思维能力。这需要学校、教师和学生的共同努力，以创造更富有活力和有益的教育环境。

一、大学英语教学评价改革的必要性

改革大学英语教学评价方式是为了更好地满足学生的学习需求，培养他们更全面的能力，提高他们的学习动力和兴趣，以及适应现代社会的要求。这需要教育机构和教师的共同努力，以创造更富有活力和有益的英语教育环境。以下是一些关于为何需要改革大学英语教学评价方式的理由：

（一）促进全面发展

传统的以考试成绩为唯一评价标准的方式可能限制了学生的全面发展。大学英语课程应该不仅仅是为了应付考试，而是为了培养学生的语言能力、沟通技能、批判性思维和创造性解决问题的能力。新的评价方式可以更好地反映这些方面的发展。

（二）提高学习兴趣和动力

传统的评价方式可能导致学生仅仅关注分数，而不是真正的学习兴趣。通过采用多元化的评价方法，鼓励学生参与实际项目和实践，可以提高他们的学习动力和积极性。

（三）个性化学习

新的评价方式可以更好地支持个性化学习。每个学生都有不同的学习风格、兴趣和能力水平，因此评价应该考虑这些因素，并为学生提供更适合他们的学习路径。

（四）培养终身学习能力

传统的评价方式可能强调了短期的记忆和应试技巧，而不是长期的终身学习能力。新的评价方式应该有助于培养学生的批判性思维、问题解决能力和自主学习技能，使他们能够在未来持续学习和适应不断变化的环境。

二、大学英语教学改革路径

（一）明确角色定位

大学英语教师在教育大数据背景下需要拥有更多的多元化技能，不仅仅是语言教学，还包括信息技术的运用、跨文化交际能力的培养、自主学习策略的引导等。这些角色的明晰定位有助于提高教育质量，使学生更好地适应数字化学习环境。

1. 信息技术的指导者

教师应当作为信息技术的指导者，这点非常关键。在数字化时代，教师需要熟悉各种教育技术工具和在线学习平台，以便能够有效地引导学生的学习。教师的角色还包括帮助学生理解和应对数字化学习环境中可能遇到的挑战，如信息过载和虚假信息的识别。

2. 自主学习策略的培养

教师应该指导学生自主学习策略的培养。这包括帮助学生发展信息检索、批判性思维、问题解决和学习计划制定等技能。这些技能在教育大数据时代特别重要，因为学生需要能够主动获取和分析信息。

3. 跨文化交际技能

网络学习中的参与者来自不同的文化背景。因此，教师的角色还包括促进跨文化交际技能的发展，以帮助学生更好地理解和尊重不同文化的观点和价值观。

3. 评估和反馈

教师在教育大数据时代也可以充当学生学习进展的监测者。通过分析学习数据，教师可以提供个性化的反馈和建议，以帮助学生改进他们的学习策略和技能。

总之，大学英语教师在教育大数据背景下需要拥有更多的多元化技能，不仅仅是语言教学，还包括信息技术的运用、跨文化交际能力的培养、自主学习策略的引导等。这些角色的明晰定位有助于提高教育质量，使学生更好地适应数字化学习环境。

（二）整合教学资源

目前有大量的学习资源可供学生使用，但如何有效整合和利用这些资源是至关重要的。以下是一些关于整合教学资源的更多思考：

1. 个性化学习

教育大数据可以用于个性化学习路径的创建。英语教师可以利用数据分析来识别每个学生的学习需求和水平，然后为他们提供定制的学习资源和建议。这有助于提高学生的学习效率和满意度。

2. 混合式教学

整合教学资源还可以支持混合式教学。英语教师可以将在线学习资源与传统面对面教学相结合，创造更丰富的学习体验。在线资源可以用于自主学习和预习，而课堂时间可以用于互动和实际应用。

3. 评估和反馈

教育大数据可以用于学生的学习进展和成绩的实时监测。英语教师可以利用这些数据来提供个性化的反馈和建议，帮助学生改进他们的学习策略和技能。

4. 资源的质量评估

教育大数据还可以用于评估在线学习资源的质量。教师可以根据学生的反馈和学习数据来判断哪些资源对于实现教学目标最有效，然后推荐给学生使用。

5. 教师专业发展

教育大数据也可以用于英语教师的专业发展。教师可以通过分析学生学习数据和教学效果数据来不断改进自己的教学方法和内容选择。

总之，整合教学资源是教育大数据时代中的一项重要工作，可以提高教学效果和学生学习体验。英语教师需要不断学习和适应新的教育技术和数据分析工具，以更好地服务学生的学习需求。

（三）完善教学评估

在大学英语教育中，完善教学评估是非常关键的，特别是在教育大数据背景下。以下是一些关于如何完善英语教学评估的建议：①数据收集与分析：利用教育大数据技术，英语教师可以定期收集学生的数据，包括课堂互动、作业完成情况、考试成绩等。这些数据可以帮助教师更好地了解每位学生的学习情况。②个性化评估：教育大数据使评估可以更加个性化。英语教师可以根据每位学生的表现，为他们提供定制化的反馈和建议，以满足他们的学习需求。③实时反馈：通过教育大数据，教师可以实时监测学生的学习进展，及时发现问题并采取行动。这有助于及早纠正学生的学习困难，避免问题积累。④课程调整：根据教育大数据的分析结果，英语教师可以调整课程内容和教学方法，以更好地满足学生的需求。这有助于提高教学的效果和学生的学习体验。⑤学生参与：教育大数据背景下，学生可以更积极地参与自己的学习评估。他们可以访问他们自己的数据，了解他们的学术表现，并参与制定学习计划。⑥跨学科合作：大数据分析通常需要多学科的合作。英语教师可以与数据分析专家和教育技术专家合作，以确保评估工作的准确性和有效性。⑦隐私保护：在收集和使用学生数据时，必须严格遵守隐私法规和伦理准则，确保学生的数据安全和隐私权得到保护。⑧教师培训：为了充分利用教育大数据，英语教师可能需要接受相关培训，以熟练掌握数据分析工具和技术。⑨评估结果共享：英语教师可以将评估结果与学生、家长和其他教育工作者分享，以促进合作和改进。

通过充分利用教育大数据，英语教师可以更好地了解学生的学习需求，提供个性化的支持，推动英语教育的现代化和数字化发展。这有助于提高学生的学术成绩和学习体验，促进教育质量的提升。

第四节　大学英语教学评价反思

在高校英语课堂教学评价体系的构建过程中，确实需要更多地关注学生的学习兴趣、学习态度、学习情感和学习策略目标的达成，以及强调学生为主体、听说能力的提高、互动式教学等特点。高校英语课堂教学评价体系的构建需要根据具体的教育目标、学生群体和课程特点进行定制化设计，同时需要不断反思和改进，以满足教育大数据时代的要求，培养更具实际应用能力的英语学习者。

一、正确的评价理念

评价理念在教学评价中起到至关重要的作用。不同的评价理念会影响评价的方法、侧重点和结果，因此在高校英语课堂教学评价中，研究和明确定义适当的评价理念非常重要。通过这些措施，可以更好地确立并实施符合现代英语教育理念的评价体系，从而提高高校英语课堂教学的质量。科学的评价理念至少能影响以下三个方面。

（一）教师的教学方式

教师的教学方式在英语课堂中确实需要根据不断变化的教育理念和教学目标进行相应的调整和改进。高校英语教学已经从单纯注重语言知识转变为注重语言知识与实际应用、学习策略和跨文化交际的综合素养培养。因此，教师需要灵活地调整自己的教学方式，以更好地满足学生的需求，帮助他们在多元化的语言和文化环境中取得成功。同时，不断的教学评价和反馈也是教师提升自己的关键工具，有助于不断改进和创新教学方式。

（二）学生的学习方式

在大学英语教学中，教师的角色是至关重要的，他们负责提供知识、引导学生、激发兴趣、传授技能和培养综合应用英语的能力。然而，学生的积极参与和主动学习同样至关重要，因为他们最终是知识的获取者和能力的实践者。教师和学生之间的合作非常关键，教师的角色是引导和激发学生，同时学生需要积极参与和主动学习。通过这种互动，才能够实现大学英语教学的最终目标，培养学生综合应用英语的能力，促使他们转变学习方式并在未来的职业生涯中成功应用所学。

（三）教师和学生的共同发展

教育应该是一种相互促进的过程，教师和学生应该共同努力，互相激发学习激情，共同成长和进步。科学的评价方法可以帮助确保评价是有意义的、积极的，有助于教师和学生的发展，而不是简单地将其视为负担。通过建立积极的教育生态系统，可以创造出"教师乐评、学生乐评，欢迎他评"的良好局面，促进更全面和可持续的学生发展。

二、评价的目的

科学的课堂教学评价可以对教师和学生的发展产生积极影响，并有助于实现教育的"人人进步"目标。科学的课堂教学评价是促进教师和学生共同成长的关键工具。它应该以教学质量的提高和学生学习效果的增强为导向，帮助建立积极的教育生态系统，从而实现"教师乐教，学生乐学，教学相长"的愿景。这种评价方法将有助于建构更具智慧和发展性质的教育环境，为每个参与教育的人提供更多机会和潜力。

三、评价的主体

教育评价需要更加注重教师和学生的主体性，以便更好地实现教学和学习的目标，提高教育质量。这种转变反映了教育领域朝着更加个性化、主动式学习方向发展的趋势。

（一）传统教育评价的主体

在传统教育评价中，评价的主体通常是学校管理人员、领导、专家和同行教师。教师在这个过程中是被动的接受者，没有参与评价的主动权。

（二）现代科学教育评价

现代科学教育评价更加强调调动教师和学生的兴趣和动力，不仅仅关注教学目标的完成程度。这种评价方式要求教师和学生在评价中发挥主体作用。

（三）教师的主体性

教师是教学的主导者，也应该在教育评价中扮演主体角色。教师应该参与自我评价，并对自己的教学情况进行全面、客观、准确的分析和评价。他们的观点和意见应该得到尊重和采纳。

（四）学生的主体性

学生是课堂学习活动的主体，他们的学习方式和效果最终决定了教学质量。因此，学生应该在评价中发挥重要作用，包括自评、互评以及评价教师等方式。

（五）多极主体评价模式

新的评价模式提出了建立多极主体评价模式的要求，其中包括教师评价学生、学生自评、学生互评等。特别强调了学生自评的重要性，因为它有助于培养学生的自主性和独立性。

四、评价的指标

大学英语课堂教学评价的重要性以及评价指标的制定。以下是一些关键观点：

（一）课堂教学评价的对象

课堂教学评价涵盖了教师和学生的活动，但主要评价学生的活动。因为教学质量和效果最终可以从学生的课堂行为观察。

（二）评价指标的多样性

评价指标包括教学目的、内容、方法、步骤、结构、态度、效果等多个方面。这些指标的选择应该充分考虑整体情况，避免过于强调单一局部目标。

（三）学生的参与

在评价指标的制定过程中，应该允许学生的参与。学生的感受和评价能够反映教学的真实情况，因此应该将其纳入评价体系中。

（四）根据不同情境制定标准

评价标准应该因学校、课程和专业而异。不同类型的课程和教学活动可能需要不同的评价指标和标准，以保证公平和准确性。

（五）标准的可比性和特殊性

评价标准既需要具有可比性，以便进行横向比较，又需要具有特殊性，以适应不同情境和需求。

评价指标的制定需要综合考虑教学过程的各个方面，包括教师和学生的活动，以及不同情境和需求。这样的综合性和灵活性有助于更准确地评价课堂教学质量，并推动教育的进步。

五、评价指标体系的制定程序

评价指标体系制定的程序强调了合作和不断改进的重要性。以下是关键步骤：

（一）形成初步框架

由学校教学管理部门牵头，教师、专家、教学管理人员一起根据国家要求、学科动态和教学实际形成初步的教学标准框架。这个阶段主要是收集各方意见，勾勒出整个评价体系的基本轮廓。

（二）评价标准的共同讨论

教师和评价专家一起深入讨论，从不同的角度出发，根据教学改革的要求提出课堂教学评价标准。评价专家提供应然角度的标准，教师则提供实然角度的标准，学生从学习者的角度提出建议。这个过程强调了多方面的参与，以确保综合性和全面性。

（三）标准的构建

三方结合共同构建课堂教学评价标准。这一步骤将不同角度的标准相互融合，以形成一个综合的、全面的评价指标体系。

（四）定期修订和完善

评价标准应该被视为一个动态的工具，不断修订和完善。由于教育领域不断发展和变化，评价标准也需要随之调整，以反映新的教育实践和需求。这需要一个持续的反馈和改进机制。

总的来说，这个程序强调了多方合作、综合性和动态性，以确保评价指标体系能够切实反映实际情况并不断适应变化的教育环境。这有助于提高教育评价的准确性和有效性。

六、评价的方式

（一）定性评价与定量评价

在语言教育中，特别是语用能力的培养和评价方面，需要综合运用不同的方法，以确保全面、准确和有效的评价。这有助于更好地理解学生的语言能力，改进教学方法，并提高语言学习的实际应用能力。

1. 语用能力的重要性

学习语言的终极目的是能够在实际语境中进行有效的交流。这需要培养语用能力，即在特定场景中正确表达和理解话语的能力。语用能力的培养通常需要通过实际的对话、表演、朗读和练习等活动来实现。

2. 多方面、多层次、多角度的评价

要全面评价语用能力，需要采用多种方式和多种工具，包括录音、摄像、照相和网络等，以广泛收集和分析信息。这样可以确保评价是全面的，不仅仅依赖于一种方法或工具。

3. 定性评价的重要性

教学任务的多样性和复杂性决定了课堂教学质量评价应该采用定性和定量相结合的方法。定性评价主要关注质量和效果，能够提供更多的详细信息。这种方法特别适用于评估语言的实际运用情况。

4. 定量评价的局限性

虽然定量评价有其优点，但它可能丧失一些重要信息，因为它通常通过数字来表示结果。定量评价也容易受到人为因素的影响，可能不够客观和准确。

（二）形成性评价与终结性评价

结性评价和形成性评价在英语教学中具有重要的作用。以下是一些关键观点：

1. 终结性评价的限制

终结性评价，特别是基于考试的评价方式，有时过于强调分数，可能导致学生只关注记忆和背诵知识，而忽视了语言的实际应用和交际能力的培养。它也可能降低了学习英语的积极性和持久性。

2. 形成性评价的优势

形成性评价更关注学习过程，包括学生的情感、态度、策略、方法以及努力程度等。它有助于培养学生的学习能力和实际运用能力，可以为教师和学生提供更多有关学习过程的反馈信息。

3. 双向互动的教学过程

英语教学是一个双向互动的过程，评价应该涵盖整个学习过程，包括知识、技能、情感、态度和策略等方面。这种综合性评价可以更好地反映学生的学习情况。

4. 测试和非测试性评价的结合

评价可以采用多种方式，包括测试性和非测试性的方法。测试可以提供某些信息，但非测试性评价也同样重要，因为它们可以揭示学生的实际表现和思考过程。

5. 全面的评价体系

建立一个全面务实高效的大学英语课堂教学质量评价体系需要综合考虑各个方面，统筹把握各种评价方法，以确保评价的全面性和准确性。

总的来说，您的观点呼吁教育界更多地关注形成性评价，将其纳入英语教学的主要评价方式，以更好地满足学生的综合发展和实际应用需要。这样的评价方式有助于提高教育的质量和效果。

第七章　大学英语教学评价的方法

第一节　形成性评价

形成性评价在大学英语教学中扮演着关键的角色，它不仅有助于提高教育质量，还能够帮助学生更好地发展英语语言技能。因此，在教育实践中，形成性评价的有效应用至关重要。

一、大学英语形成性评价概述

（一）形成性评价的内涵

形成性评价关注整个教育教学过程，旨在监管和监控教学的各个环节。它通过获取与教学和学习相关的信息，针对性地评估教学和学习模式，以帮助个体构建更好的教育和学习模式。形成性评价在大学英语教学中具有系统性和针对性。它将学生置于评价的中心，评估教学活动、学习内容、教学模式等各个方面的问题，然后通过反馈和调整，优化教育和教学，以提高教育质量。形成性评价强调学生的参与和自我评价。它通过了解学生在英语教学活动中的实际情况，提供有效的反馈，帮助学生建立自信，认清自己的不足之处，并通过调整来提高英语语言学习能力。形成性评价整合了多个教学环节和步骤的信息，包括课堂教学、观察、学生档案、学习报告和单元测试等。这有助于促进教学评价的全面实施。

总的来说，形成性评价在大学英语教学中具有重要的作用，它不仅有助于教师更好地指导学生，也有助于学生更好地理解和提高英语语言学习能力。这种方法有助于实现教育教学的不断优化和改进。

（二）形成性评价的特性

形成性评价具有学生主体性、过程性、实践性和反馈性等特点，这些特性使其成为一种强大的工具，有助于提高大学英语教学的质量和效果。它不仅关注学生的学习成果，还关注他们的学习过程和能力的发展。

1. 学生主体性评价地位

形成性评价强调学生的主动参与和自我评价。在大学英语教学中，将学生置于评价的中心，鼓励他们参与评价过程，有助于提升学生的学习动机和自主性。

2. 过程性评价

形成性评价强调对教学和学习过程的监控和评估。与传统的结果导向评价不同，形成性评价将重点放在教学和学习的过程中，以了解学生的学习进展，从而更好地指导和调整教学。

3. 实践性和反馈性

形成性评价注重将教学与实践相结合，并提供及时反馈。在大学英语教学中，实践性教学活动和反馈机制可以帮助学生更好地理解和应用英语，同时也丰富了教学内容。

二、大学英语教学中形成性评价的实践路径

（一）转变评价思维理念

转变评价思维理念是实现形成性评价在大学英语教学中成功运用的关键步骤。这需要教师认识到评价的重要性，并积极探索适合自己教学环境的评价方式。这种转变不仅有助于提高教育质量，还可以促进学生的学习和能力发展。

1. 重视形成性评价的价值和效果

教师需要认识到形成性评价在大学英语教学中的重要性和价值。这意味着要改变过去对英语教学评价方式的传统观念，更加关注学生的学习过程和能力发展，以及如何通过形成性评价来提高教学质量。

2. 建立理论基础和实践模式

为了有效地应用形成性评价，教师需要建立相关的理论基础，并开发适合自己教学环境的实践模式。这可能包括了解评价方法、工具和技巧，以及如何将它们融入教学过程中。

3. 寻找评价方式的融合点

教师应该思考如何将形成性评价与传统评价方式融合，以实现良性运用并提高教学效果。这可能需要定期的评估和反思，以确定最有效的方法。

4. 推动学生学习观念的转变

形成性评价不仅可以提高教学质量，还可以帮助学生更好地理解和应用课程信息。通过形成性评价，教师可以鼓励学生更主动地参与学习过程，帮助他们改变学习观念，提高英语学习能力。

（二）明确学生评价主体身份

明确学生评价主体身份是实现形成性评价在大学英语教学中成功运用的关键。教师需要根据教学需要设计相关方案，并积极引导学生参与评价过程，以提高英语教学

的质量和效果。为了明确学生的评价主体身份，教师应该设计适合形成性评价的教学方案。这包括确定评价的目标、方法和工具，以及明确评价活动在课程中的位置。通过形成性评价，教师可以激发学生对英语学习的兴趣。这可以通过设计有趣和互动性强的评价活动来实现，使学生更积极地参与和学习。引入形成性评价可能需要学生适应新的评价模式。教师应该配合引导学生，确保评价活动顺利进行。这可能需要提供培训或说明，以帮助学生理解和参与评价过程。借助在线教育平台，教师可以更容易地实施形成性评价，并监控学生的学习进展。这种混合式教学模式可以有效地支持形成性评价的实施。

（三）设计形成性评价制度体系

设计形成性评价制度体系需要综合考虑多个因素，以确保评价体制在大学英语教学中的有效运用。这将有助于提高教学质量，满足不同学生的需求，推动大学英语教育的创新和发展。在设计形成性评价制度体系时，应考虑多个维度的评价。这包括评价学生的语言技能、学习兴趣、情感态度、学习策略等多个方面。多维度的评价可以更全面地了解学生的学习情况。形成性评价的体制应该考虑学生的多样性和个体差异。不同学生可能在学习风格、能力水平和学科兴趣上存在差异，评价体制应灵活适应这些差异，为每个学生提供个性化的评价和反馈。形成性评价体制还应考虑多种评价方法和工具的使用，包括课堂观察、作业评价、小组讨论、自我评价等多种方式。这样可以更好地捕捉学生的学习情况，并提供多样化的反馈。

第二节　过程性评价

一、在英语教学中开展过程性评价的必要性

过程性评价在混合式大学英语教学中是非常重要的，它有助于提高教学质量，满足学生的需求，推动教学的不断改进和发展。通过了解学生在学习过程中的表现和需求，教师可以更好地引导他们，帮助他们取得更好的学习成果。

1. 促进学生自主学习能力的提升

混合式教学模式依赖于学生的自主学习。通过过程性评价，教师可以了解学生在自主学习过程中所面临的挑战和需求，从而为他们提供更好的支持和指导，帮助他们提高自主学习能力。

2. 发现和解决问题

过程性评价有助于发现学生在学习过程中可能遇到的问题，无论是理解困难还是学习方法上的挑战。这样可以及早采取措施来解决这些问题，以确保学习不受阻碍。

3. 优化教学策略

通过了解学生的学习态度、方法和习惯，教师可以调整教学策略，更好地满足学生的需求。这可以帮助教师优化混合式教学模式，提高教学效果。

4. 多元化评价

传统的纸笔测验方式存在一些问题，如反馈滞后和评价目的单一。过程性评价允许教师使用多种方法和工具来评价学生，从而更全面地了解他们的学习情况。

5. 贯穿教学全过程

过程性评价将评价融入教学的全过程中，而不仅仅是在课程结束时进行。这有助于建立持续的反馈循环，提高教学的动态性和灵活性。

二、过程性评价在大学英语教学中的应用策略

（一）依托科学化的评价理念开展过程性评价活动

评价主体在大学英语混合教学模式中应依托科学化的评价理念开展过程性评价活动，这是确保评价工作能够适应混合式教学模式的重要步骤。以下是一些关键观点和建议：

1. 了解教学大纲要求

评价主体应深入了解教学大纲对学生的要求，以确保评价活动与教学目标保持一致。教学大纲通常会明确指出学生应该具备的知识、技能和素养，评价工作应基于这些要求来确定评价内容和方法。

2. 关注混合式教学的特点

混合式教学模式要求评价主体关注学生在线下和在线上的学习情况。评价不仅应包括传统课堂教学的表现，还应涵盖在线学习的方面。评价主体需要适应这一模式，确保评价工作全面、客观。

3. 重视学生反馈

学生反馈是过程性评价的重要组成部分。评价主体应积极收集学生的反馈信息，了解他们在学习过程中的困难和需求。这有助于调整教学策略，改进教学质量。

4. 不将过程性评价与终结性评价对立

过程性评价和终结性评价应当相辅相成。评价主体不应将它们看作是对立的，而是应该在课程中综合使用，以便更好地理解学生的学习情况并提高教学效果。

5. 前瞻性思考

评价主体应保持前瞻性思考，了解大学英语评价的最新发展趋势。定期参与专业培训、研讨会和教育研究，以不断提高评价工作的水平，并确保评价方法和理念与时俱进。

总之，依托科学化的评价理念进行过程性评价活动对于混合式大学英语教学模式的成功非常重要。评价主体的积极参与和持续学习将有助于提高教学质量，满足学生需求，并推动混合式教学模式的不断改进和发展。

（二）引导多元化的评价主体开展过程性评价活动

多元化的评价主体在大学英语混合教学模式中的参与确实能够促进过程性评价的全面展开。以下是关于如何引导多元化的评价主体开展过程性评价活动的一些建议：

1. 教师的角色

（1）明确评价标准和指导：教师应明确评价标准，为学生提供评价准则和指导，以确保评价活动的一致性和公正性。

（2）提供反馈和建议：教师可以根据学生的线上学习情况提供定期反馈和建议，帮助他们改进学习策略和方法。

（3）激发学生自主学习动力：教师可以鼓励学生积极参与线上学习，建立学习社区，分享资源和经验，从而提高学生的自主学习能力。

2. 学生的角色

（1）自我评价：学生可以定期对自己的学习进展进行自我评价，反思学习策略的有效性，及时调整学习计划。

（2）同伴评价：学生可以相互进行同伴评价，分享对彼此学习进展的观察和建议，促进互相学习和成长。

（3）参与反馈对话：学生应积极参与教师和同伴之间的反馈对话，解决学习中的问题，改进学习策略。

3. 教学督导的作用

（1）监督和支持：教学督导可以监督教师和学生的线上学习情况，提供支持和指导，确保教学质量。

（2）数据分析：教学督导可以分析学生的学习数据，识别潜在问题，为学校提供改进教学的建议。

（3）培训和发展：教学督导可以为教师提供培训和发展机会，帮助他们更好地适应混合式教学模式。

4. 协同合作

（1）教师、学生和教学督导之间的协作：建立一个团队合作的氛围，鼓励各方分享信息和经验，共同解决教学中的问题。

（2）定期沟通：定期召开会议或讨论，以确保评价主体之间的沟通畅通，共同制定评价策略和目标。

综上所述，多元化的评价主体在大学英语混合教学模式中可以相互配合，共同推动过程性评价活动的开展。这有助于更好地了解学生的学习情况，提供有针对性的支持和反馈，从而提高教学质量和学生的学习成效。

（三）依据个性化的评价标准开展过程性评价活动

个性化的评价标准在大学英语混合教学模式中的应用确实能够更好地满足学生的学习需求，提高评价的针对性和有效性。以下是关于如何依据个性化的评价标准开展过程性评价活动的一些建议：

1. 了解学生的差异性

在开展评价活动之前，教师应认真了解每位学生的英语学习背景、学习兴趣、学习目标和学习需求等方面的信息。可以通过问卷调查、个别面谈、学习档案等方式来获取学生的个性化信息，以便为他们制定合适的评价标准。

2. 制定个性化的评价标准

根据学生的差异性，教师可以为每位学生制定个性化的评价标准，考虑到他们的学习目标和需求。评价标准可以包括语言技能、学术成就、学习策略、参与度等方面，以全面评价学生的学习情况。

3. 灵活性和适应性

评价标准应具有一定的灵活性和适应性，以便根据学生的学习进展进行调整和修改。教师和学生可以定期审查和更新评价标准，确保其与学生的学习需求保持一致。

4. 学生参与评价标准的制定

鼓励学生参与评价标准的制定，让他们能够表达自己的学习期望和目标。学生可以与教师一起讨论和制定评价标准，增加他们对评价过程的投入和认同感。

5. 定期反馈和讨论

定期与学生进行反馈和讨论，了解他们对个性化评价标准的看法和感受。教师和学生可以共同评估学习进展，确定下一步的学习目标和策略。

6. 跟踪学生的学习进展

教师可以使用学习管理系统或其他工具来跟踪学生的学习进展，及时发现问题并提供支持。个性化的评价标准可以帮助教师更好地理解学生的学习情况，为他们提供有针对性的建议和指导。

综上所述，依据个性化的评价标准开展过程性评价活动有助于更好地满足学生的学习需求，提高评价的针对性和有效性。这需要教师和学生之间的密切合作，共同制定和调整评价标准，以实现混合教学模式下的个性化教育目标。

（四）凭借高质量的评价反馈开展过程性评价活动

确保高质量的评价反馈在大学英语教学中的开展需要教师采取一系列策略和方法，以促进学生的学习和持续发展。以下是一些建议：

1. 积极的反馈沟通

教师应当与学生建立积极的反馈沟通渠道，鼓励学生提出问题、疑虑和建议。可以定期安排个别会谈或小组讨论，以便深入了解学生的学习情况并提供有针对性的反馈。

2. 明确的评价标准

在进行过程性评价之前，教师应明确评价标准和期望的学习结果，以便学生了解评价的依据。使用具体的、可操作的评价标准，帮助学生明确自己的目标和改进方向。

3. 个性化的反馈

评价反馈应根据每位学生的实际情况和需求进行个性化处理，避免一刀切的方式。教师可以针对学生的强项和需改进的方面提供有针对性的建议和指导。

4. 正面的强化

在反馈中强调学生已经取得的进步和成就，以增强他们的学习信心。使用正面的语言和鼓励性的反馈，激发学生的学习动力。

5. 目标设定和行动计划

与学生一起制定具体的学习目标和改进计划，帮助他们设定明确的学习方向。目标设定和行动计划应具体、可测量，并包含时间表，以便学生能够跟踪自己的进展。

6. 反馈追踪

教师可以定期追踪学生的进展，检查他们是否在实施行动计划方面取得了进展。反馈追踪有助于确保学生按照设定的目标持续改进。

7. 鼓励自我评价

鼓励学生参与自我评价，让他们能够反思自己的学习过程和成就。自我评价可以帮助学生更好地理解自己的强项和需改进的方面。

8. 定期评估和调整

定期评估评价反馈的有效性，并根据学生的反馈和进展调整反馈策略。教师应不断改进自己的反馈技巧和方法，以适应学生的需要。

通过以上策略和方法，教师可以确保评价反馈在大学英语教学中发挥高质量的作用，帮助学生实现学习目标，提高学习动力，并促进持续发展。

综上所述，混合教学模式为大学英语教学带来了新的机遇和挑战。过程性评价作为一种关注学生学习过程和发展的评价方式，能够更好地适应混合教学的特点，促进学生的自主学习、个性化学习和持续改进。教师在混合教学模式下需要不断更新自己的评价理念，灵活运用多种评价方法和工具，引导学生参与评价过程，以提高英语教学的效果和学生的学习体验。混合教学模式和过程性评价的结合有望为大学英语教育带来更大的成功和创新。

第三节 基于产出导向法的教学评价

大学英语教育的改革和创新是非常重要的，因为英语在当今世界上具有重要的地位，不仅是一门语言，还是一种国际交流和合作的工具。其中重要的是要不断关注英语教育领域的最新趋势和最佳实践，以满足不断变化的学生需求和社会需求。

一、理论基础与相关研究

产出导向法（Production－Oriented Approach，POA）是一种教学方法，强调学生的英语语言产出能力，以提高他们的口头和书面表达能力。这种方法确实可以帮助学生更好地运用英语，但您提到的问题，即教师难以在课后给予及时反馈，以及评价方法的选择，是需要仔细考虑的关键问题。选择哪种评价方法应该取决于您的教学目标、学生的需求以及可用的资源。不同的情境可能需要不同的评价方法，因此灵活性和适应性都很重要。同时，继续研究和尝试新的评价方法也是不断提高评估效果的关键。

二、基于产出导向教学的教学评价模式探讨

教学评价改进可以帮助提高大学英语四级通过率和学生的英语综合能力。基于产出导向教学的教学评价是非常有前景的，因为它可以更全面地了解学生的英语能力。确保评价方式合理，并根据学生的需要进行适当的调整。此外，透明度和清晰的评价标准对于学生理解如何提高和满足要求非常重要。最后，不要忘记为学生提供反馈和指导，以帮助他们改进他们的英语能力。

（一）读写与口语评价相结合

产出型教学评价是一种以学生为中心，以输入为主，以输出驱动，以教师为媒介的教学方法。在这一方法的基础上，教师对学生的英语写作及口头表达能力进行了全面的评价。为此，为了提高学生在英语口语方面的学习热情，提高他们在课堂上的口头和书面交流能力，在英语期末考试中，两种测试应各占一部分。除了考勤、笔头作业（写作、翻译）、电脑自学等方面的成绩之外，还应该包括能反映英语口语能力的评分。比如，大学英语的阅读、写作和口语考试，都会根据考试的总分，设置不同的阶梯，每一阶梯之间的差距都在 3 到 5 分之间，每一步之间的差距，都是以 3 到 5 为一个级别，而考试的级别，又可以分为 3 到 4 个级别，比如优秀、良好、一般，在优秀之中，还可以分为优秀＋、优秀、优秀－，这样的级别，再加上相应的评分，就可以得到学生的阅读和写作能力，从而对英语阅读和口语进行全面的评价。在打分过程中，教师将根据英语阅读、写作和口语考试的内容，比如英语的发音，以声音洪亮、标准、清晰、语调、语气、重音等为满分，并根据英语阅读、写作和口语考试中的不足，扣

除相应的分数，并根据分数进行打分，通过对考试结果的分析，对教学方法、教学方法等进行改革，并对英语阅读、写作、口语考试的评价方式进行探讨。

（二）终结性评价和形成性评价相结合

从教学管理的角度出发，对大学英语学科教育评价进行了统一的制订。终结性评价主要是以期末试卷成绩为主要内容，其所占的比重不能低于50％（包括口试和笔试），教师需要对教学内容与试题展开综合研究，保证其信度和效度。尤其要强化形成性评价（占50％以上），保证产出型知识的评价在其中占有很大比重。有关研究表明，如果使用50％形成性评价（具体包括：10％口语表达能力＋10％听力测试＋10％翻译能力＋5％背诵课文＋5％相关竞赛活动参与与获奖情况＋10％出勤及表现）＋50％终结性评价（期末统一考试）的方式，这样更有利于对学生的真实学习情况进行判断，从而提高评价的效果。

（三）学生自评，小组互评与教师总评相结合

按照产出导向法的理念，以教师为主导，推动学生的全员参与，所以，对写作与口语能力的评价将采取学生自评、小组互评、教师总评及机器评价等多种形式。在学期开始的时候，每一个班级都会组建一个5—6人的学习小组，在这个小组中，学生们可以独自地完成老师布置的书面和口头作业，并按照老师给出的详细评分细则进行自评。在这个过程中，小组成员可以在课堂上展示自己的作文范文或者口头汇报作业，并且按照一定的标准进行互评。之后，老师会对这些内容进行总结，并提出一些修改意见和综合评分，最后把书面和口头作品传到句酷批改网或者在FIF口语平台上进行评分，这四项评分的综合评分将会成为形成性评价中作业与小考试的最终评价分数。

适当的评估制度可以提高学生的学习水平，提高教学效果。本节以"成果导向"理论为指导，将高校英语教学与教学相结合，以桂林电子理工北海校区为例，分三个步骤进行了具体的实施。

1. **课前阶段**

"产出导向法"的理论体系是以产出为目的的，所以，对其进行的评价也是以学生的产出结果为基础的，而产出结果并不是狭义上指的课后结果，课前也有可以被评估的结果。在课前阶段的实践过程中，教师应该事先准备好教学计划，布置好课前学习任务，比如在进行某一个单元课程之前，会有单词、阅读任务或者写作任务，学生要按照教师的安排去完成这些产出任务，当教师收到学生的产出成果时，应该找出其中的典型样本。

2. **课中阶段**

在英语教学中，由于课时的限制，再加上老师自身水平的限制，很难做到对学生所犯的错误、所遇到的问题进行全面、全面的评估，所以，在教学中引入协作式评估就显得尤为重要。在教学过程中，让学生先独立思考，再进行个人自评，再根据分配

好的小组进行小组讨论，实现互评、自评。

在这一阶段，我们仍然要注重教师的引导，尽管以输出为导向的方法强调了教师的主导性，但是这并不意味着否认了学生的主体性，我们希望通过教师的引导，来提高英语学习的有效性。一是鼓励学生表达自己的观点。在互评的过程中，由于英语水平和评价水平的不同，有些同学的文章可能无法被准确地评价，因此，在这个过程中，老师应该鼓励同学们表达自己的观点，并通过对一些具有代表性的观点的解释，来帮助同学们更好地了解自己的观点。二是为团队间的相互评估提供反馈。在一次又一次的评价中，对学生的评价能力进行了不断的优化，这样可以提高合作评价的效率和效果。所以，在小组间进行评估时，老师应该及时地给予反馈。三是纠偏。对评估中存在的共性问题，及时进行修正。

3. 课后阶段

从本校的具体情况来看，应用型本科院校英语教学中的"课后环节"与传统教学中的"课后环节"并没有太大的不同，但随着网络新媒体的快速发展，这种"课后环节"的教学方法也在不断地变化着，因此，有必要将"云班课""FiF 口语"等新媒体手段应用到教学中，对教学方法和教学方法进行改革。

在大学英语教学中，英语教学评估是一个非常关键的问题。在英语教学中，要在英语基本测验的基础上，在多种形式的测验中，强化形成性测验，使其在学生学习中起到积极的促进和积极的反馈作用。所以，在外语教学中，教师的考试能力就成了一个重要的基础。在未来的教学过程中，教师应该更多地关注课堂测试与独立命题的终结性评价，以及定期进行形成性评价的研究，使学生能够更好地理解课程的目标和侧重点，进而提升教学的效果。

三、基于"产出导向法"的大学英语课程思政智慧教学评价

（一）基于"产出导向法"（POA）理论的大学英语课程思政智慧教学评价模式

在教学过程中，教师教学评价是一个非常关键的环节。它不但可以评价学习的结果，而且可以提高学习的效率。为此，作者根据"以评为学"的 POA 理论，结合 TSCA 的实施原理与程序，构建了一套基于 TSCA 的大学英语课程思政课教学评估模型（如图 7-1 所示），并对该模型的应用进行了初步探讨，以期为该模型的应用提供一种切实可行的方法。

（二）具体实施路径

1. 课前：聚焦问题定目标

课前，老师可以使用智能学习平台，将学生的作业布置出来，并在课堂上将作业交出来。针对学生作业中存在的问题，并与本课程的教学目标相结合，形成了一个完

图 7-1　基于 POA 理论的大学英语课程思政智慧教学评价模式

整的评价体系。要注意，所分配的输出任务和所设定的评估目标要融入课程思政的内容。就拿《全新版大学进阶英语综合教程》Unit 1 The Pursuit of Dreams 来说，本单元题目为"追逐理想"，其教学目的是：使学生在学习过程中提高英语运用能力，并能运用所学来的知识来表达他们对于追逐理想的观点；在进行诸如小组讨论这样的学习活动的过程中，学生可以提升他们的合作能力、思辨能力和创新能力，还可以提升他们不畏艰难、敢于追求梦想的人文素养。通过本课的学习，让学生了解 Deaf DJ 如何完成自己的梦想，并在此基础上提出自己的想法。在回收学生作业后，以"因中国式英语在句法层次上产生兼语结构"这一共同问题为切入点，并与教学目标相结合，设计评估指标：①总结"Deaf DJ"成功的理由、句法通顺、句法语义模糊等问题。②从文章中可以看出作者对于"追梦人"成功之路的思考。

2. 课中：合作评价促思辨

首先，在课堂上，将所选取的范例及评估指标在课堂上展示，并以小组讨论的形式，引导学生对评估结果进行评估。在这段时间里，老师不能直接告诉学生答案，而应该用提问的方式来引导他们自己去辨认。老师就像是一个"脚手架"，只要有需要，就可以提供帮助，这样才能循序渐进地指导学生解决问题。当学生确定了焦点问题后，教师再对造成该问题的原因（新知识）进行说明，并用更多的学生作业来引导他们进行师生合作的分析和评价，反复练习，边评边学，最终达到以评为学，评学融合的目的。另外，在语言表达的后面，还隐藏着作家的思想感情。所以，这个时候，教师需要与课文学习相结合，来引导学生对同伴作业/作品中所要表达的态度、情感及立场等进行评价。还是拿《全新版大学进阶英语综合教程 I》第一单元"梦想"作为例子吧。在此基础上，提出了一种新的方法来提高学生对"追逐梦想"的认识。在深入讨论主题时，老师可以指导同学们对梦中实现的因素进行剖析。之后，需要小组代表发表自己的观点，或者是使用人工智能学习平台，比如学习通的词云功能，让学生打出 5 个追梦成功的要素，以此来了解学生最认可的要素有哪些。就拿《全新版大学进阶英语综合教程 II》的 Unit 1 The Pursuit of Dreams 来说，在深度探究这一环节，作者以"Do you have any ways to develop new energy?"为例，让同学们分组讨论，并发表自己的看法。在这些人当中，有一个团体提议，"把噪声收集起来，发展成为一种新的能量来源。"尽管在评价过程中存在着两种不同的观点，一种是支持，一种是反对，但最终，他们的新能源开发方案被评为了最有创意的想法。由此可以看出，学生在表达自己观点和评估他人想法的过程中，不仅可以锻炼他们的语言应用能力，还可以提升他们的思辨能力、合作能力和创新能力。与此同时，通过评价和递进式的问题引入，教师不仅可以对学生在学习过程中所发生的思想变化进行评估和了解，还可以点燃他们的学习热情，让他们关心社会、热爱国家等人文意识得到提升，从而达到让外语课程思政价值引领的育人目标。

3. 课后：应用内化达创新

课后，教师依据课堂教学中对学生的知识、技能、情绪等方面的评价，布置出相应的作业。一是让学生按照自己的评估目标，对课堂上生成的作业进行自我评估或相互评估。二是让学生依据评估指标，在诸如"评分网"等的网上平台上，提交一项新的输出作业，为学生运用新的语言知识和表达新的观点提供一个实际的平台，从而促进其创造性思维的发展，并促进其自身建立起一个正确的价值观。举个例子，在《全新版大学进阶英语综合教程 II》Unit 1 Living Green 教学中，教师可以让同学们在评分网上以"The Ways to Live Green"为主题，写一份论文，有的同学不但写出了论文，还用废品做了一份小工艺品，比如用废品瓶子、废纸盒子等，做成了精致的风铃、笔筒、鞋盒等。从这一点可以看出，环境保护的观念在同学们心中根深蒂固。

（三）"产出导向法"理念下大学英语课程思政智慧教学实践

项目组在学校大学英语教学大纲指导下，结合学生特点和学校特色对每一单元进行商讨，设定单元思政育人目标，并挖掘思政育人融合点。以《新理念大学英语读写教程1》Unit 4 Heroes of our time 为例，对 POA 理念下大学英语单元课程思政实施路径进行具体说明，详见表 7-1。

表 7-1 大学英语单元化课程思政案例介绍

单元	Unit 4 Heroes of our time
单元主题简介	该单元主要探讨了当代的英雄和英雄行为，学生在致敬英雄的同时从中获得鼓舞；不管是履行职责还是在日常生活中，在平凡的岗位上也要作出不平凡的贡献
思政育人目标	学习中国新时代背景下的英雄精神； 学习时代楷模，弘扬英雄精神
思政育人融合点	以讲述英雄故事为出发点，引发学生对英雄和英雄行为的思考； 引导学生在学习语言的同时联系中国国情，学习中国英雄精神； 鼓励学生在产出的过程中学习楷模、弘扬英雄精神

1. 单元任务驱动

单元产出驱动指的是在单元学习之前，向学生提供与单元主题有关，具有一定真实性和意义性的交际任务和话题，并要求学生在单元学习之后，提交相应的产出成果。这实际上是一种在 POA 的教学思想中产生的压力与动力。在第四单元上课前，先将本单元的生成任务在"超星一平三端"的课堂上发放给学生。每一次课后，同学们都要用英语说一段关于中国英雄的真人真事，并将其上传到短片上，并将短片记录下来，计入同学们的进程评分。虽然对于"英雄"这个词，同学们已经见怪不怪了，但如何用英语把中国英雄的故事以录像的方式表现出来，仍然是一个挑战。在产出目标的驱动下，学生会产生主动学习的压力和动力，并会对单元思政目标——英雄精神有初步的思考。

2. 语言教学促成

（1）课前自主学习。

首先，在课程开始之前，我们会在"超星一平三端"的教育平台上上传一些与思政有关的学习资源，并让学生们自己学习，同时，我们还会让学生们观看中国网的《英雄精神》和《英雄新传》两部英文电影。《英雄新传》则是以武汉人民为主题，讲述每个平凡的人们在抗击疫情过程中作出贡献的故事。透过收看，可以获取本单元完成的作业所需的语料资料，初步认识中国新时代的英雄精神。

（2）课中教学促成。

通过设置多个子任务，从简单到困难的顺序来指导学生的单元产出。在教学过程中，教师应针对学生的特征，设置"脚手架"，协助他们完成每一次作业，并利用及时有效的评价方法，使他们在学习中感悟。

任务 1：优秀文化——通过多媒体展示中国古代诗词中有关"英雄"的诗句英译，如"Our golden armor pierced by sand，we fight the foe；we won't come back till we destroy the hostile state"，"Everyone will one day die；when my day comes，may my loyalty be inscribed in the pages of history"等，引导学生根据理解翻译出对应诗句。此任务能够促成学生了解我国古代的英雄精神，同时也能够欣赏中国古典诗词之美。

任务 2：观点探讨——请同学们以小组形式讨论："How do you define a hero？"在讨论中，老师扮演组织者的角色，为有需要的学生提供语言支持。在讨论完毕后，请各组代表发表自己的看法，运用即时评估法，适时引导学生树立正确的价值观，树立正确的英雄观。

任务 3：篇章理解——根据本单元课文的特点，将"英雄"三个问题串联起来，让同学们找出答案，领会课文的大意，从而对课文的主旨有一个共同的认识：英雄是在危机关头本能地做出英勇行为，与时代背道而驰的人通过阅读课文，并利用《英雄精神》这一课文，引导学生了解中国的英雄精神。

任务 4：时政实事——联系甘肃省兰州市，由于新冠肺炎疫情的特殊情况，要求学生分组，讲述兰州战"疫"中出现在他们身边的英雄事迹，并鼓励他们运用在课堂中所学到的知识，老师则提供必要的语料，并及时做出评估，促进他们的学以致用。

在 POA 投入关联假说中，及时、恰当地提供对输出有促进作用的投入，会使学生获得更好的学习结果。所以，在本单元的语言教学过程中，教师将思政元素融入到了每一个子任务中，在每一个子任务开始之前，都会有与之相对应的思政元素输入，比如：任务 1 的信息输入、任务 2 的观点输入、任务 3 的篇章结构输入、任务 4 的场景输入。学生在完成每个任务的过程中，都能得到相应的思政要素，这与 POA 输入促成假设相吻合，可以更好地促进学生的有效学习。

3. 师生合作评价

在 POA 理念中，评价可分为即时评价和延迟评价。在课堂中的任务促成环节，在每一个任务结束之后，老师们都会进行即时评价，这样才能保证评价的针对性和辨识性，用即时评价来推动学生对思政元素的内化。在对单元产出任务进行评价的时候，主要采用了延时评价的方式，也就是学生在单元学习完毕之后，将产出成果上传到"超星一平三端智慧教学平台"，老师会使用平台的功能，对其进行师生协作评价。

在《Heroes of our time》单元开始之前，老师们利用"超星一平三端智慧教学平台"，给学生们布置了一个单元产出任务，那就是把英雄们的真实故事讲出来，然后用视频的方式提交。在课堂上，在任务的引导下，学生对于"英雄"的理解越来越明确，输出的目标也越来越明确。每一节课结束后，都能及时上交结业报告。在收到所有小组的作业后，教师通过师生合作评价的方式对各组产出进行评价，再通过平台的教学功能对学生的产出成果进行分配，使每组产出能够通过教师评价、自我评价和同学评价这三次评价。利用师生合作评价，教师能够更好地对学生的学习效果进行把握，同时，学生也有机会对更多的英雄故事进行了解，并通过对他人的评价，从中发现自己的优点和不足。

参考文献

[1]张学新.对分课堂:大学课堂教学改革的新探索[J].复旦教育论坛,2014,12(05):5
    —10.

[2]汪军,严晓球.近十年来国内大学英语大班教学研究综述[J].教育学术月刊,2011,
    (11).

[3]杨淑萍,王德伟,张丽杰.对分课堂教学模式及其师生角色分析[J].辽宁师范大学
    学报(社会科学版),2015,(09).

[4]张博雅.对分课堂:大学英语课堂教学改革的新思路[J].科学与财富,2015,
    (12):803.

[5]柴霞.基于"对分课堂"的大学英语教学实践与反思[J].曲阜师范大学公共外语教
    学部,2016,(06).

[6]谷陟云.罗杰斯的人本主义教育观及其启示[J].现代教育科学,2009,(10).

[7]陈爱梅.人本主义学习理论及对外语教学的启示[J].辽宁师范大学学报,2003,
    (3).

[8]王健芳.外语教学改革与实践[M].南京:南京大学出版社,2016.

[9]孙立伟.对数字化教学资源建设的思考[J].新西部,2007,(12).

[10]杜振华.英语资源服务器及网络语音室的安全管理与实践[J].中国科教创新导
    刊,2008,(1).

[11]李建萍.分级教学背景下大学生英语词汇学习策略的调查和分析[J].黄山学院学
    报,2009(8):99.

[12]汤闻励.非英语专业大学生英语学习"动机缺失"研究分析[J].外语研究,2012
    (1):70—75.

[13]李艳,韩文静.孔子因材施教的教育思想简述[J].吉林教育学院学报,2008
    (4):39.

[14]刘英爽.国际化背景下大学英语跨文化教育的瓶颈和转型趋势[J].教育评论,
    2016(7):115—117.

[15]王汉英,胡艳红,徐锦芬.美国康奈尔大学外语教学观察与思考[J].教育评论,
    2015(7):165.

[16]秦秀白,张凤春.综合教程3(学生用书)[M].上海:上海外语教育出版社,2014.

[17]王允庆,孙宏安.高效提问[M].高等教育出版社,2016.

[18]赵周,李真,丘恩华．提问力[M]．北京:电子工业出版社,2018。

[19]陈帅．大学英语修辞教学探析[J]．湖北经济学院学报,2013(9):203－205.

[20]王涛．大学英语教学中英语修辞格的赏析[J]．英语广场,2013(10):97－99.

[21]夏俊萍．浅析大学英语教学中学生修辞鉴赏能力的培养[J]．吉林工程技术师范学院学报,2014(10):68－70.

[22]张红．浅谈英语教学中常见的修辞[J]．教师,2015(11):47－48.

[23]张永平,黎载波．基于POA的混合教学法与传统课堂教学法的对比研究[J]．英语广场,2022,208(28):96－99.

[24]韦慧媛．混合式教学法在高职英语阅读教学中的运用[J]．散文百家(新语文活页),2019(10):111.

[25]何然．线上线下混合教学法在大学英语公共课中的应用刍探[J]．成才之路,2021,678(14):18－19.

[26]程宏．大学英语教师课堂教学法的选择技巧[J]．文教资料,2017,769(29):215－216.

[27]徐晓军．混合式教学法在大学英语课程中的应用探讨[J]．校园英语,2019,490(50):30.

[28]杨芳,魏兴,张文霞．大学英语混合式教学模式探析[J]．外语电化教学,2017,173(01):21－28.

[29]蒙岚．混合式教学模式下大学英语课程思政路径[J]．社会科学家,2020,284(12):136－141.

[30]索格飞,迟若冰．基于慕课的混合式跨文化外语教学研究[J]．外语界,2018,186(03):89－96.